Schwarzbuch VW

Hans-Joachim Selenz

Unter Mitarbeit
von Detlef Gürtler

Schwarzbuch VW

Wie Manager, Politiker und Gewerkschafter den Konzern ausplündern

Eichborn

2 3 4 06 05

Umschlaggestaltung: Christiane Hahn
Lektorat: Carmen Kölz, Dr. Barbara Werner
Layout: Susanne Reeh
Satz: a.visus, München
Druck und Bindung: Fuldaer Verlagsanstalt, Fulda
ISBN 3-8218-5612-2

Verlagsverzeichnis schickt gern:
Eichborn Verlag, Kaiserstraße 66, D-60329 Frankfurt am Main
www.eichborn.de

Inhalt

7 **Vorwort**

9 **Die Plünderer**
12 Topmanager
28 Gewerkschafter
43 Politiker

60 **Und der Aufsichtsrat?**

74 **Die Geplünderten**
75 Mitarbeiter
87 Aktionäre
101 Kunden

111 **Halbzeit: Volkswagen – eine mafiöse Vereinigung?**
112 Volkerts Freud'sche Fehlleistung
123 Wolfsburg: Casa Nostra

138 **Die Komplizen**
140 Wirtschaftsprüfer
151 Justiz
167 Journalisten
179 Mitarbeiter

187 **Gegen die Wand**
190 Zu teuer
200 Zu abgehoben
211 Zu schlecht

217 **Die Zukunft**

222 **Personenregister**

Vorwort

Immer wieder neue Nachrichten über Skandale bei Volkswagen. VW-»Insider« können da nur müde lächeln. Was außerhalb von Wolfsburg als Skandal erscheint, ist bei VW »business as usual« – Tagesgeschäft. Die Firma ist ein Geflecht aus Beziehungen und Abhängigkeiten. Ein Moloch aus Intrigen, Parteienfilz und so genanntem »Co-Management«. Käuflichkeit als Geschäftsprinzip. Und so wie das Dickicht im Unternehmen ist auch das Gestrüpp um den Konzern herum: Alle auch nur denkbaren Kontrollmechanismen sind aus- oder gleichgeschaltet – die Politik, die Justiz, die Staatsanwaltschaft, die Presse, die Wirtschaftsprüfer, die Gewerkschaft sowieso. Nicht einmal die VW-Eigentümer, die Aktionäre, haben eine Chance, ihre Interessen gegen die große Koalition von Macht und Geld durchzusetzen.

Erstmals in den vergangenen Monaten wurden Schneisen in das Filz-Dickicht geschlagen. Der erste Axthieb kam weder von einem der Beteiligten noch von einem der potenziellen Kontrolleure, er kam auch nicht aus Deutschland – den ersten Schlag gegen das »System VW« setzte die Regionalregierung von Andhra Pradesh, jenem indischen Bundesstaat, der glaubte, zwei Millionen Euro an VW überwiesen zu haben, und dessen Geld auf Nimmerwiedersehen verschwand. Eine Ironie der Geschichte: Die Mächtigen bei VW stolperten darüber, von einer Landesregierung bestochen zu werden.

Die Profiteure des bisherigen Systems setzten sich verbal an die Spitze der Aufklärungsbemühungen, aber die Beharrungskräfte innerhalb und außerhalb des Konzerns sind bemüht, alle Untersuchungen, alle Reformbestrebungen im Sande verlaufen zu lassen. Das soll dieses Buch verhindern. Ich bin zutiefst davon überzeugt, dass der Volkswagen-Konzern, seit Jahrzehnten die Wiege so vieler großartiger Produkte, nur eine Überlebenschance hat, wenn er zurück auf den Boden des Aktiengesetzes, des Bürgerlichen Gesetzbuches, des Strafgesetzbuches und der Grundregeln gedeihlichen Geschäftslebens kommt. Der Weg dahin ist weit – wahrscheinlich noch weiter, als auf der Basis des hier ausgebreiteten Materials zu vermuten ist. Doch es gibt keine Alternative.

Ein spezielles Dankeschön gebührt an dieser Stelle der Staatsanwaltschaft Braunschweig. Schließlich beruht ein guter Teil meiner Ausführungen auf Unterlagen, die der VW-Mitarbeiter Holger Sprenger den Ermittlungsbehörden überreicht hatte – und die ich wiederum ganz offiziell Anfang dieses Jahres in Braunschweig abholen durfte, nachdem die Staatsanwälte beschlossen hatten, das Material nicht mehr zu benötigen. Hätte ich diese Dokumente damals nicht bekommen, wäre dieses Buch wohl nicht möglich gewesen. Aber hätte die Staatsanwaltschaft zuvor so gründlich ermittelt, wie es ihre Aufgabe gewesen wäre, wäre dieses Buch auch nicht nötig gewesen.

Peine-Woltorf, im September 2005

Die Plünderer

Wenn ein Konzern vor die Hunde geht, weil keiner mehr auf Recht, Gesetz und Profitabilität achtet und jeder nur noch an sich denkt, ist davon eine Zeit lang praktisch nichts zu merken. Das ist ein bisschen wie bei einem Auto, das am Straßenrand abgestellt worden ist und steht und steht und steht und steht. Eine ganze Weile bleibt es so stehen, man könnte es jederzeit wieder starten; aber irgendwann, wenn Staub und Schmutz anzeigen, dass der Wagen herrenlos sein könnte, fängt es an. Einer – oder eine Clique – schlägt eine Scheibe ein und holt sich das Autoradio. Und ist der erste Stein geworfen, gibt es kein Halten mehr: Innerhalb weniger Tage sind die Räder weg, die Scheinwerfer, die Batterie, ist das Auto bis aufs Blech ausgeschlachtet. Wenn sich kein Eigentümer kümmert, kommen die Plünderer aus ihren Löchern.

Bekannt ist dieses Phänomen vor allem bei Gütern, die der Allgemeinheit gehören, sowie beim Umgang mit Steuergeldern. Bei Beamten, die über die Vergabe von öffentlichen Geldern entscheiden, ist es weltweit üblich, dass den Zuschlag nicht einfach der preiswerteste Anbieter bekommt, sondern der Anbieter, der die entscheidenden Personen am besten dafür bezahlt. Das Unrechtsbewusstsein ist denkbar gering: Schließlich ist das Gehalt, das der Staat seinen Beamten zahlt, in vielen Ländern lächerlich niedrig, nicht zuletzt, weil Schmier- und Trinkgelder bei der Gehaltsfestsetzung schon einkalkuliert werden. Zudem gilt bei öffentlichen Projekten regelmäßig der eigentümerlose Anfangsverdacht: Öffentliche Güter gehören allen. Damit niemandem. Da ist die Versuchung groß, einen Teil davon aufs eigene

Konto zu privatisieren. Das macht doch nichts, das merkt doch keiner…

In Deutschland ist die öffentliche Korruption noch verhältnismäßig gering ausgeprägt: Im Korruptionsindex von Transparency International erreicht die Bundesrepublik derzeit 8,2 von 10 Punkten (10 steht für die geringstmögliche Wahrnehmung von Korruption) und liegt damit auf Platz 15 von 146 bewerteten Nationen – weit hinter Spitzenreiter Finnland (9,7 Punkte), aber immerhin deutlich vor den USA (7,5) und Japan (6,9 Punkte). Von den sprichwörtlichen preußischen Tugenden ist also auch ein Menschenalter nach dem Ende des preußischen Staates noch immer etwas übrig geblieben, zumal die deutschen Beamtengehälter im internationalen Vergleich so hoch sind, dass sie keinen Anreiz zur Korruption bieten sollten. Wie weit diese vergleichsweise gute Platzierung auf die in Teilen »zurückhaltende« oder rechtsstaatlich nachlässige Arbeit deutscher Staatsanwaltschaften zurückzuführen ist, steht auf einem anderen Blatt. Fälle von Betrug und Schlimmerem, die in anderen Ländern vor Gericht landen, verschwinden in Deutschland sehr oft unter dem Teppich. Der Grund ist die Weisungsgebundenheit deutscher Staatsanwälte, die an einer ganz kurzen politischen Leine hängen.

Geld allein macht nicht ehrlich. Bestochen wird bis in die allerhöchsten Gehaltsklassen. Und der Anfangsverdacht des nicht vorhandenen Eigentümers gilt eben nicht nur bei öffentlichen Gütern. Er besteht ebenso bei allen Vermögenswerten privater Unternehmen, wenn nicht oder nicht hinreichend kontrolliert wird, wie die Beschäftigten innerhalb ihres Verantwortungsbereiches damit umgehen. So wird fast die Hälfte aller Ladendiebstähle von den eigenen Angestellten begangen. Wenn in einem Unternehmen erst einmal die Botschaft durchgedrungen ist, dass die Chefetage nicht mehr kontrolliert, gibt es für die Mitarbeiter auf allen Ebenen kein Halten mehr. Diese Botschaft scheint bei VW irgendwann Mitte der Neunzigerjahre, in der Anfangszeit der Ära Piëch, durchgedrungen zu sein. Piëch war am 1. Januar 1993 Vorstandsvorsitzender bei VW geworden. Als Bernd Pischetsrieder ihn 2002 in diesem Amt beerbte, wechselte er in den Vorsitz des Aufsichtsrates. Geändert hat sich an der Fahrlässigkeit der Konzernspitze dadurch nichts. Daher konnte sich die Botschaft von der mangelnden Kontrolle zwölf Jahre lang so in das Unternehmen hineinfressen, dass es allen Beteiligten zunehmend als völlig herren- und verantwortungslos vorgekommen sein muss.

In den Topetagen bei VW bestach und erpresste fast jeder jeden, und alle zusammen plünderten sie das Unternehmen aus, das sie ohnehin fürstlich bezahlte. Zusammengeschweißt wurde das »Team« von Managern und vorgeblichen Kontrolleuren durch Geld, Machtmissbrauch und gemeinsame Rotlichtabenteuer. Viele Topmanager des Konzerns und ihre Co-Manager von der IG Metall spielten den Playboy, VW bezahlte. Und zahlte und zahlte und zahlte. Dabei hätten die Verantwortlichen wirklich Dringlicheres zu tun. Hielte nicht die Politik die schützende Hand über Wolfsburg, wäre der Konzern längst von effizienteren Konkurrenten aufgekauft und neu justiert worden. Doch dass die beteiligten Politiker völlig uneigennützig, rein aus Sorge um die Arbeitsplätze und den Wirtschaftsstandort Deutschland oder Niedersachsen handeln, ist angesichts der filzig-verschwitzten Atmosphäre bei Volkswagen nicht sehr wahrscheinlich. Mehr dazu später. Zuerst möchte ich Sie bitten, mich auf einem Ausflug in die beiden Topetagen der Volkswagen AG zu begleiten: in die offizielle, die des Vorstands, und in die tatsächliche, die des Betriebsrats.

Topmanager

Auf den ersten Blick sind sie geradezu bescheiden. Gerade einmal 11,6 Millionen Euro haben die sieben Vorstandsmitglieder der VW AG im Jahr 2004 kassiert: Einkaufsvorstand Francisco Javier Garcia Sanz, Audi-Chef Martin Winterkorn, Produktionschef Folker Weißgerber (zum 30. Juni 2005 ausgeschieden), Personalvorstand Peter Hartz (im Juli 2005 ausgeschieden), Finanzvorstand Hans Dieter Pötsch, Strategievorstand Jens Neumann (Ende 2004 ausgeschieden) und Pischetsrieder als Vorsitzender – Dienstwagen und die »variable Jahressondervergütung« von 7,4 Millionen Euro schon mitgerechnet. Josef Ackermann von der Deutschen Bank bekam mit seinen 10,1 Millionen Euro allein fast so viel wie der gesamte VW-Vorstand. Warum nur weigerte sich Volkswagen bei derartiger Bescheidenheit bislang, die Empfehlung des Corporate-Governance-Kodex zu befolgen und im Geschäftsbericht die Bezüge der einzelnen Vorstandsmitglieder offen zu legen? Einzig das Jahreseinkommen des Vorstandsvorsitzenden Bernd Pischetsrieder wurde im Geschäftsbericht 2004 erstmals veröffentlicht: 2 631 479 Euro brutto, gerade mal die Hälfte des Noch-DaimlerChrysler-Chefs Jürgen Schrempp.

Aber die Angaben zu den Bezügen der Vorstände, zu denen seit dem 1. 2. 2005 der ehemalige Chrysler-Sanierer Wolfgang Bernhard gehört, betreffen nur die Einnahmen, die diesen gemäß ihrer regulären Arbeitsverträge zufließen. Nicht enthalten sind:

- Die geldwerten Vorteile, die den Managern entstehen, weil das Unternehmen Kosten übernimmt, die eigentlich reine Privatsache wären.
- Die Zuwendungen, die der Konzern ihnen zukommen lässt, ohne sie im Geschäftsbericht zu erwähnen oder in der Buchhaltung ordnungsgemäß zu verzeichnen.
- Die Beträge, die sich die Manager so wie der Škoda-Vorstand Helmuth Schuster durch Schmiergelder zu Lasten des Unternehmens in die eigene Tasche stecken.

Solche Extras fangen bei Kleinigkeiten jenseits der Legalität an, die man in einem Unternehmen, in dem sowieso niemand mehr auf korrekte Abläufe achtet, diskret unter den Tisch fallen lässt. Sie enden, wie wir in den weiteren Kapiteln sehen werden, bei Geldsummen, die durch kein Gesetz mehr zu rechtfertigen, geschweige denn zu legitimieren sind. Das Prinzip ist immer dasselbe.

Pay-TV für Pischetsrieder

Wer berufsmäßig öfter in einem Hotel übernachten muss, kennt das Phänomen. Da kommt man nach einem harten Arbeitstag endlich ins Zimmer, wirft sich aufs Bett, zappt sich durchs Fernsehprogramm und landet, rein zufällig, im Pay-TV-Angebot des Hotels, das regelmäßig einen ziemlich hochwertigen Spielfilm und einen ziemlich minderwertigen Pornofilm enthält. Und so wie der *Playboy* grundsätzlich nur wegen der hochklassigen Reportagen gekauft wird, werden spätabends auf dem Hotelzimmer natürlich nur hochwertige Spielfilme gesehen.

Nun ist es wie in den meisten Unternehmen auch bei VW ausdrücklich verboten, die Kosten für Pay-TV und Minibar über Spesen abzurechnen. Die Hotels drucken deshalb beim Auschecken regelmäßig zwei Rechnungen aus: eine für Übernachtung und Frühstück, die zahlt die Firma, und eine für Whisky und Fernsehen, die zahlt der Gast privat. Aber was kümmert das den Chef? Bernd Pischetsrieder gönnte sich laut Rechnung vom 1. März 2001 im Hotel »President Wilson« in Genf am 26. Februar Pay-TV für 25 Schweizer Franken und am 26. sowie am 27. Februar je einen Jack Daniels für jeweils 40 Franken. Macht insgesamt 105 Schweizer Franken, umgerechnet gut 67 Euro. Bei einem Gehalt von mehr als 2,6 Millionen Euro im Jahr sind 67 Euro für die abendliche Unterhaltung im Hotel nichts, was Herrn Pischetsrieders Girokonto sprengen könnte – entspricht sein Gehalt doch einem Stundenlohn von 300 Euro. Nicht pro

Arbeitsstunde wohlgemerkt, sondern für jede Stunde des Jahres. Ein Vorstandsvorsitzender ist schließlich immer im Dienst, ganz gleich ob er die Fäden seines Unternehmens oder das Whiskyglas oder die Fernbedienung in der Hand hält. So gesehen, scheint es nur logisch, dass Pischetsrieder seine persönliche Abendgestaltung auf Spesen abrechnete. Und persönlich abzeichnete.

Dem Chef ist offensichtlich sein eigenes Ansehen in der Firma völlig gleichgültig. Denn was passiert mit einer solchen Rechnung? Sie wandert durch viele Hände. Sie wird von allen Mitarbeitern, die sie dienstlich lesen, begierig studiert – und natürlich kopiert. Und dann das Gerede: Was denkt sich unser Chef eigentlich? Hat der Mann das nötig? Der verdient zweieinhalb Millionen Euro im Jahr, wohnt fürstlich auf Firmenkosten für 1700 Franken pro Nacht und lässt sich auch das noch von der Firma bezahlen? VW hat's ja.

Quod licet Iovi, non licet Bovi, hieß das im alten Rom – was den Göttern erlaubt ist, gilt noch lange nicht für das Volk. Der Chef bricht ostentativ die Regeln. Herrscher und Diktatoren haben sich zu allen Zeiten an dieses Motto gehalten. Ob der Prophet Mohammed, der seinen Anhängern »nur« vier Ehefrauen erlaubte, es selbst aber auf mehr als zehn Frauen brachte, oder die SED-Spitze, die sich in Wandlitz den für ihre Untertanen unerfüllbaren Traum von der Einhebelmischbatterie gestattete. Nur: Wie soll man in einem Milliardenkonzern mit ein paar 100 000 Mitarbeitern weltweit glaubhaft zu Kostendisziplin aufrufen, wenn man selbst so mit dem Geld des Konzerns umgeht?

Der kurze Weg zum Betriebsrat

Ein schlimmer Befund. Aber es kommt noch schlimmer. Das Unternehmen in Wolfsburg hat einen »Organisationsgrad« von 97 Prozent: Nahezu alle Mitarbeiter sind Mitglieder der IG Metall, an allen wichtigen Schaltstellen sitzen Gewerkschafter. Kein Wunder also, dass ein Beleg wie der aus dem »President

Wilson« spätestens fünf Minuten nach dem Eingang in der Konzernbuchhaltung auf dem Schreibtisch des Vorsitzenden des Konzernbetriebsrats landet. Wenn Herr Pischetsrieder nun zum Beispiel seinen Betriebsratsvorsitzenden, der bis zum 30. Juni 2005 Klaus Volkert hieß, ins Gebet nehmen wollte, weil dieser wieder einmal seine Geliebte auf Firmenkosten aus Brasilien einfliegen ließ, dürfte das Gespräch zwischen den beiden vermutlich so verlaufen sein:

> *»Lieber Herr Volkert, das mit den Flugtickets für Ihre Freundin geht so nicht weiter. Das ganze Unternehmen weiß mittlerweile davon. Das kann ich nicht mehr durchgehen lassen. Das wissen Sie.«*
>
> Darauf der coole Konter:
>
> *»Mein lieber Herr Pischetsrieder, das mit Ihren Whiskys und dem Pay-TV in Genf, das geht aber auch nicht. Und das als Vorstand. Das ganze Unternehmen spricht mittlerweile davon. Das wissen Sie.«*

Eine Hand wäscht die andere, man könnte auch sagen: erpresst die andere. So läuft das in einem Unternehmen, in dem sich weder der Herr noch das Gescherr um die Einhaltung der Gesetze und der konzerninternen Regeln kümmern. Immerhin können wir Bernd Pischetsrieder zugute halten, dass er diese Art des Einsatzes der Konzernfinanzen für private Zwecke bei VW nicht eingeführt hat. Selbst wenn mir sonst kein einziger weiterer Beleg aus der VW-Buchhaltung vorläge, schon die Rechnung aus dem »President Wilson« macht das plausibel. Während seiner Geschäftsreise zum Genfer Automobilsalon im Februar 2001 war Pischetsrieder nämlich noch gar nicht Vorstandsvorsitzender, sondern nur einfaches Vorstandsmitglied, zuständig für Seat. Erst am 17. April 2002 löste er Ferdinand Piëch als Konzernchef ab. Jeder Fehltritt hätte seinen Karrieresprung an die Spitze des Gesamtkonzerns verhindern können. Wenn er in dieser Situation eine solche Spesenabrechnung persönlich abzeichnet, muss er sich sehr sicher gewesen sein, dass er damit nicht gegen geschriebene oder ungeschriebene VW-Gesetze verstößt, sondern, ganz im Gegenteil, völlig im Einklang mit diesen handelt.

Montecristo für Kostenstelle 1860

Aber natürlich sind wir auf solche Indizienbeweise nicht angewiesen; es gibt schließlich ein ganzes Bündel von Abrechnungen, die auf »Kostenstelle 1860« lauten. Und das war bis zu seinem Rücktritt im Juli 2005 die Kostenstelle von Peter Hartz. Der langjährige Personalvorstand war für seine diskrete Vorliebe für Zigarren bekannt. Nur vom Feinsten natürlich – kubanische Montecristo Nr. 1, die Kiste mit 25 Stück für 600 D-Mark. Zwei Kisten lieferte die Tabakwaren Union Südniedersachsen aus Nörten-Hardenberg am 23. Dezember 1999 an die Volkswagen AG. Handschriftlicher Zusatz auf der Rechnung: »Bitte Kostenstelle 1860 belasten.« In den beiden folgenden Jahren, am 20. Dezember 2000 und am 11. Dezember 2001, war es jeweils nur eine Kiste, aber wieder die gleiche Kostenstelle.

Oder waren die Zigarren gar nicht für Hartz persönlich, sondern vielleicht für, sagen wir mal, die Weihnachtsfeier im kleinen Kreis mit den Genossen von der IG Metall? Unwahrscheinlich. Schließlich werden Zigarren, die betrieblich veranlasst verqualmt werden, auch entsprechend verbucht: So etwa eine Rechnung der Tabakwaren Union vom 29. März 2001 über 2078,64 DM für Davidoffs, Cohibas und Montecristos, auf der vermerkt wurde: »Catering belasten!«

Sicher, außer der Höhe des Gehalts gibt es eine ganze Reihe von Leistungen, auf die Vorstände bei ihren Vertragsverhandlungen Wert legen. Dazu gehören Dinge wie Dienstwagen, die Zahl der persönlichen Assistenten, die Größe des Büros, Flüge in der First Class, die Lage des Firmenparkplatzes und viele, viele mehr. Auch ein Hausdeputat Zigarren kann theoretisch unter die so genannten »Fringe Benefits« fallen. Wer weiß, vielleicht hatten sich ja die Vertragsverhandlungen zwischen Peter Hartz und der VW-Spitze seinerzeit festgefahren, und dann zauberte Hartz die Kompromissformel aus dem Hut: Na gut, die paar 1000 Euro weniger kann ich verschmerzen – aber nur, wenn ihr mir dafür jedes Jahr eine Kiste Montecristo Nr. 1 in den Adventskranz appliziert. Der Ordnung halber müsste solch ein Tabak-Deal im Arbeitsvertrag fixiert und als »geldwerter Vorteil« steuerlich berücksichtigt sein. Ich empfehle dem zuständigen Finanzamt Wolfsburg, sich einmal alle einschlägigen Belege vorlegen zu lassen.

Dienst ist Dienst, und Schnaps ist auch Dienst

Peter Hartz hat inzwischen die Konsequenzen gezogen und den VW-Vorstand verlassen. Bei dieser Entscheidung musste die *Bild*-Zeitung allerdings nachhelfen: Erst als das Boulevard-Blatt ihm ankündigte, auf der Titelseite des kommenden Tages würde »seine« Brasilianerin Joselia R. zu sehen sein, warf Hartz das Handtuch. Denn nicht nur Klaus Volkert vom Betriebsrat liebte eine Brasilianerin auf Konzernkosten, auch Peter Hartz pflegte ein inniges Verhältnis zu einer brasilianischen Prostituierten, die – in bar ausbezahlt von VW-Manager Klaus-Joachim Gebauer – in ihrem Stamm-Etablissement »Elefante Branco« in Lissabon, aber auch in Paris und São Paulo im Einsatz war. Aber Hartz brauchte sich nicht mehr angesprochen zu fühlen, als Bernd Pischetsrieder am 11. Juli einen Brandbrief an die Mitarbeiter des VW-Konzerns schickte. Darin versicherte der Vorstandsvorsitzende, »dass wir alles daran setzen, so schnell wie möglich und lückenlos für Aufklärung zu sorgen«. Und weiter: »Soweit Verfehlungen aufgedeckt werden und sie Nachteile für das Unternehmen gebracht haben oder strafrechtliche Relevanz besitzen, haben die betroffenen Personen die notwendigen persönlichen Konsequenzen zu ziehen, unabhängig von der Person oder ihrer Position.«

Bis in die VW-Pressestelle scheint dieser Ruf allerdings nicht gedrungen zu sein. Noch am 11. Juli 2005, dem Tag, an dem Pischetsrieders privat getrunkener und dienstlich bezahlter Jack Daniels bei *Report* in der ARD auftauchte, erklärten die VW-Kommunikatoren tapfer, »private Ausgaben würden durch Volkswagen nicht erstattet«. Hatte der VW-Chef in Genf also dienstlich getrunken? Eine Vielzahl von Dokumenten belegt, dass diese Art des Trinkens zum Wohl des Unternehmens bei VWs Topmanagern üblich ist: Anlässlich der Präsentation des VW Phaeton im Februar 2002 bedienten sich beispielsweise im Dubaier Superluxushotel Burj Al-Arab Finanzvorstand Bruno Adelt für insgesamt 105 Dirham (etwa 35 Euro) und Einkaufsvorstand Francisco Javier Garcia Sanz für insgesamt 48 Dirham aus der Minibar. Zur gleichen Zeit am gleichen Ort kam Strategievorstand Jens Neumann auf 785 Dirham, Ferdinand Piëch gönnte sich für insgesamt 303 Dirham Private-Dining und Laundry. Und jedes Jahr beim Genfer Autosalon sind im »President Wilson« die Wolfsburger Spesenritter im Einsatz. Bei Audi-Chef Martin Winterkorn kamen dort im Februar 2001 für Extras und Johnny Walker 199 Schweizer Franken zusammen, im März 2002 sogar 257,10 Franken. Die für Investoren und Analysten zuständige Gillian Karran brachte es im Februar 2001 auf Extras von 617,05 Franken. Das alles wurde – natürlich – nur dienstlich konsumiert. Denn wir wissen ja: »Private Ausgaben würden durch Volkswagen nicht erstattet.«

Dubai or not Dubai?

In einem anderen Fall ist der Pressestelle des Konzerns aber offensichtlich ein bedauerlicher Irrtum unterlaufen. Es ging um eine Anfrage der *Bild am Sonntag* bezüglich einer Rechnung aus dem Jahr 2002 über 240 000 Dirham (etwa 80 000 Euro) für die Anmietung einer Luxusyacht in Dubai. »Volkswagen hat im Jahr 2002 keine Yacht für den Vorstand und Aufsichtsratsmitglieder angemietet«, erklärte das Unternehmen kategorisch. Irrtum ausgeschlossen. Zu dumm, dass eine VW-interne Mitteilung der Abteilung Handelsmarketing vom 7. Januar 2002 vermerkt: »Die Yacht dient unserem Vorstand und den Gästen als Transfer vom Hotel nach Dubai. Wir bitten darum, dass die Rechnung direkt nach Erhalt bezahlt wird.«

Die Yacht, um die es hier geht, heißt »Majesty«. Sie wurde angemietet, um die Premiere des ersten Oberklasse-VWs, des Phaeton, standesgemäß zu umrahmen, und zwar am 12., 19. und 26. Januar sowie am 2., 9. und 16. Februar 2002. In Dubai vor Ort waren die damaligen VW-Vorstände Ferdinand Piëch (12. Januar), Robert Büchelhofer (26. Januar), Jens Neumann (2. Februar), Bruno Adelt (9. Februar), Francisco Javier Garcia Sanz (16. Februar), Folker Weißgerber (9. und 16. Februar). Und am 9. Februar gab VW-Aufsichtsrat Michael Frenzel ebenfalls Dubai die Ehre, Rainer Feuerhake brachte er gleich mit. Der hat zwar mit VW nichts zu tun, ist aber Frenzels Kollege im Vorstand der TUI AG. Vielleicht hätte VW statt des TUI-Finanzvorstands doch besser einen Mitarbeiter der eigenen Pressestelle nach Dubai einladen sollen – dann wäre der Lapsus mit der maritimen Erinnerungslücke bestimmt nicht passiert.

Rein von der Höhe der Beträge handelt es sich um etwas, wofür der frühere Chef der Deutschen Bank Hilmar Kopper einst den Begriff »Peanuts« prägte. An den Spesenabrechnungen der Vorstände ist noch kein Konzern Pleite gegangen. Aber sie zeigen dennoch deutlicher als jede Unternehmensbilanz oder Analystenstudie, wie es um die Corporate Governance, die Unternehmensordnung, bestellt ist. Wie wird gewirtschaftet, welche Regeln gelten im Unternehmen, und vor allem: Werden sie auch eingehalten? Wenn die Spesenabrechnungen der Topmanager schon eine derart konsequente Vermengung von Privatschatulle und Unternehmenskasse belegen, ist davon auszugehen, dass auch an anderen Stellen im Unternehmen solche Vermengungen toleriert oder gar gefördert werden.

Da kann es dann auch gleich um ganz andere Beträge als die Rechnung für eine Zigarrenkiste gehen. So enthüllte das *manager magazin* im Jahr 2002, dass der Einkaufschef Francisco Javier Garcia Sanz gemeinsam mit seinem Jugendfreund Juan Manuel Sancha Garcia an mehreren Firmen beteiligt war, die in Groß-Gerau nachweisbar überteuerte Büroräume vermieteten – unter anderem an die Eventagentur Conteam, die wiederum millionenschwere Aufträge vom VW-Konzern erhielt. Was anderswo als Vermischung privater und unternehmerischer Interessen nicht geduldet wird, bewertet man bei VW als »private Finanzanlagen« des Einkaufsvorstands – weshalb der damalige Einkaufsvorstand auch noch der heutige Einkaufsvorstand ist. Die knapp 2,5 Millionen Euro, die Conteam 2002 aus Wolfsburg bekam, tauchen natürlich nicht im Sanz-Etat auf, sondern unter den Sachgemeinkosten der Kostenstelle 1880, der des Vorstandsvorsitzenden der Volkswagen AG.

Der doppelte Porsche-Gewinnsprung

Die augenfälligste, in der deutschen Unternehmenslandschaft einzigartige und am Finanzvolumen gemessen auch gravierendste Vermengung von Privat- und Firmeninteressen gab es noch eine Stufe höher: bei Ferdinand Piëch. Dass der Vorstands- oder der Aufsichtsratsvorsitzende einer Aktiengesellschaft gleichzeitig deren Großaktionär ist, kommt häufig vor. Dass er als Großaktionär eines direkten Konkurrenten auftritt, ist hingegen so gut wie undenkbar. Dass der Vorstands- oder der Aufsichtsratsvorsitzende eines Unternehmens als Privatperson Geschäfte mit dem Unternehmen macht, dem er vorsteht, ist unüblich und, wo es stattfindet, meist anrüchig. Dass er an Firmen beteiligt ist, die sogar milliardenschwere Geschäfte mit jenem Unternehmen machen, ist ebenfalls so gut wie undenkbar. Aber bei Volkswagen sollten wir uns von Anfang an daran gewöhnen, das Undenkbare zu denken. Denn siehe da, für den langjährigen Vorstands- und heutigen Aufsichtsratsvorsitzenden der Volkswagen AG, Ferdinand Piëch, gilt beides:

- Ferdinand Piëch ist der Sohn des VW-Werksdirektors während der Kriegsjahre, Anton Piëch, und vor allem ist er der Enkel des legendären Dr. Ing. Ferdinand Porsche, der nicht nur den Käfer erfand, sondern während der NS-Zeit auch das Volkswagenwerk und damit letztlich die ganze Stadt Wolfsburg. Die Piëchs, die Porsches und VW verbindet also eine lange Geschichte.
- Heute ist die Familie Piëch Großaktionär der Porsche AG. Sie verfügt über 46,3 Prozent der Porsche-Stammaktien. Die restlichen 53,7 Prozent gehören der Familie Porsche – an der Börse notiert sind nur die stimmrechtslosen Vorzugsaktien. Ferdinand Piëch ist Aufsichtsrat und hält mehr als 10 Prozent der Stammaktien der Porsche AG. Auch wenn mangels Börsennotierung der Stammaktien keine genauen Zahlen für den Wert dieser Beteiligung existieren: Man darf davon ausgehen, dass sich der Wert in etwa parallel mit dem der Vorzugsaktien entwickelt. Die haben während der Ära Piëch bei VW um mehr als 2000 Prozent zugelegt! Ein guter Teil dieser Performance geht sicherlich auf die Sanierungsleistung von Porsche-Chef Wendelin Wiedeking zurück, ein anderer Teil aber auch auf die Entwicklungsaufträge, die VW der Porsche Engineering in Weissach erteilt hat. Und beim großen VW-Porsche-Gemeinschaftsprojekt Geländewagen lässt sich zumindest sagen, dass der von Piëch gemanagte VW-Konzern seinen Touareg auch alleine hätte stemmen können – die zu Piëchs Privatvermögen zu rechnende Porsche AG hingegen ihren Cayenne wohl nur schwerlich, wenn überhaupt.
- Der Familie Piëch gehört, wiederum gemeinsam mit der Familie Porsche, zu 100 Prozent die Porsche Holding, die VW-Generalimporteur für Österreich und auch der

größte VW-Händler des Landes ist. Das war sie zwar schon vor der Ära Piëch. Während der nunmehr bald 13 Jahre mit Piëch als Chef von VW-Vorstand oder VW-Aufsichtsrat hat sich die Porsche Holding aber auch noch die Vertriebsrechte für Ungarn, Slowenien, Slowakei, Rumänien, Kroatien, Serbien und Bulgarien gesichert. In den meisten Ländern gelten diese Rechte für die Wolfsburger Konzernmarken VW, Audi, Škoda und Seat sowie für die Nicht-Konzernmarke Porsche. Die Holding hat ihr Geschäft dabei fast überall nach dem gleichen Muster ausgerollt: Erst kommt ein Generalimporteursvertrag von VW, dann der Aufbau des Großhandels, und zuletzt folgen – leicht verzögert – die eigenen Autohäuser.

So wie die Porsche AG hat auch die Porsche Holding während Piëchs Regierungszeit im VW-Vorstand von 1993 bis 2002 eine beneidenswerte Wachstumsstory geschrieben. Der Umsatz im Geschäftsjahr 2003/04 betrug 7,9 Milliarden Euro, 132 Prozent mehr als 1995/96, die 324 563 verkauften Neuwagen 2003/04 entsprechen sogar einem Wachstum von 147 Prozent innerhalb von acht Jahren, die Investitionen haben sich in diesem Zeitraum auf 605 Millionen Euro mehr als verdreifacht. Mittlerweile ist die Porsche Holding im Autohandel zur Nummer Eins in Europa aufgestiegen – und für Volkswagen auch kaum wieder loszuwerden. Denn die Holding kontrolliert in Österreich inzwischen zwei Drittel des VW-Einzelhandels. »Den Großhandel können Sie innerhalb von drei Monaten ersetzen«, sagt ein ehemaliger Manager. »Aber den Einzelhandel? Das schaffen Sie nicht.«

Wer prüft Piëchs Privatgeschäfte?

Anrüchig fand diese Verquickungen bislang niemand bei VW. Erst als der *Spiegel* Ende Juli 2005 Piëch zu diesen Vorgängen befragte, seufzte dieser: »Ich wusste, dass mir das irgendwann einmal aufs Butterbrot geschmiert wird.« Seine Rechtfertigung:

- Die Vergabe der Importeurslizenzen fiel nicht in sein Ressort, sondern in das des Vertriebsvorstands, und der »hätte einen solchen Vertrag schon aus Eigeninteresse verhindert, wenn er den Verdacht gehabt hätte, dies wäre die schlechtere Lösung«.
- Die Wirtschaftsprüfer hätten jedes Jahr alle Verträge zwischen dem VW-Konzern und den Porsche-Unternehmen auf mögliche Interessenkonflikte überprüft, und »es gab all die Jahre keine einzige Beanstandung«.
- Wenn VW den Großhandel selbst macht, springt dabei ohnehin nichts für den Konzern heraus: »Als der italienische Importeur (Autogerma) noch ein Privatunternehmen war, zählte er zu den profitabelsten. Seit VW ihn übernommen hat, verdient er kaum Geld.«

Alle drei Argumente sind nur so lange ansatzweise überzeugend, wie man davon ausgeht, dass es sich bei VW um ein Unternehmen handelt, in dem profitmaximierend im Unternehmenssinn agiert wird und nicht profitmaximierend im privaten Sinn. Auch in anderen Großkonzernen ist es nicht gerade wahrscheinlich, dass sich ein Mitglied des Vorstands auf die Hinterfüße stellt, wenn der Vorsitzende seinen Verantwortungsbereich mit Privatgeschäften tangiert. Die alles weißwaschenden Prüfsiegel der Wirtschaftsprüfer, auf die wir noch zu sprechen kommen werden, sind ebenfalls mit Vorsicht zu genießen, erhalten sie doch ihre Aufträge vom zu prüfenden Unternehmen. Und wenn das schon bei normalen Konzernen so ist, wie soll das erst bei VW sein?

Warum aber verliert der VW-Import offenbar wie von Zauberhand jeglichen Gewinn, sobald der Konzern sich selbst darum kümmert? Zwei mögliche Schlussfolgerungen sind nahe liegend. Die eine: Die Manager bei VW sind nicht in der Lage, für das Unternehmen Rendite zu erwirtschaften – eine Ohrfeige für den langjährigen Chef Piëch. In diese Richtung zielt auch die Begründung der Porsche Holding, die in einer Imagebroschüre für deren Osteuropa-Expansion in den Neunzigern zu lesen ist: »Mit der Öffnung der Grenzen ergeben sich plötzlich ungeahnte Möglichkeiten der Unternehmensentwicklung. Zumal die Volkswagen AG mit dem Aufbau einer Vertriebsorganisation in den neuen deutschen Bundesländern und dem Škoda-Kauf keine weiteren Management-Ressourcen besitzt, um auch sofort in den Reformstaaten im Automobilhandel tätig zu werden.«

Und dann gibt es da noch die zweite, auch nicht gerade schmeichelhafte Variante: Die privaten Generalimporteure maximieren ihre Profite, indem sie den Hersteller übers Ohr hauen. Ein beliebter Weg hierfür sind die Graumarkt-Importe: Importeure in Ländern, in denen die VW-Produkte besonders günstig angeboten werden, verkaufen ihre Autos an Zwischenhändler, die sie dann zurück in Länder mit höheren Preisen importieren. Die Hersteller versuchen solche Geschäfte mit aller Macht zu unterbinden, weil sie sich damit erstens die Preise kaputtmachen und zweitens ihre Händler im Hochpreisland verärgern.

Die Intensität, mit der der VW-Konzern die Geschäfte der Porsche Holding im vergangenen Jahrzehnt gefördert hat, erweckt den Eindruck, allein die Miteigentümerschaft von Ferdinand Piëch an der Porsche Holding sei schon ein Garant dafür, dass dieser Generalimporteur keine Geschäfte hinter dem Rücken von VW mache. Möglicherweise haben das bei VW tatsächlich einige Leute geglaubt. Für Ferdinand Piëch gelten dort ja auch ganz andere Gesetze. Wie der Großvater so der Enkel, könnte man meinen: Hatte schon Ferdinand Porsche von Adolf Hitler praktisch völlig freie Hand bei der Errichtung von Fabrik und

Stadt an Eisen-, Autobahn und Mittellandkanal erhalten, bekam sein Enkel Ferdinand Piëch wiederum bei seiner Ernennung zum VW-Chef von seinem Aufsichtsrat völlig freie Hand, die sehr große, aber reichlich unprofitabel gewordene Volkswagen AG in die Moderne zu führen. Praktisch sämtliche Führungspositionen im Konzern wurden in der Anfangszeit der Ära Piëch neu besetzt. Was immer sich in den Jahren und Jahrzehnten zuvor an Mief und Filz in Wolfsburg angesammelt hatte, wurde herausgekehrt – neue Manager, neues Glück. Und seit 2002 führt Piëch nun vom Aufsichtsrat aus die Oberaufsicht über das von ihm neu installierte System VW. Man kann also gut und gerne davon ausgehen: Alles, was sich im vergangenen Jahrzehnt bei VW an Korruption ereignete, hat seine Wurzeln in eben jener Ära Piëch.

Kriegserklärung zu Dienstbeginn

Da mutet es auf geradezu gespenstische Weise programmatisch an, dass der spektakulärste Neueinkauf Piëchs, sein baskischer Einkaufsvorstand José Ignacio Lopez de Arriortua, von einem Ermittlungsverfahren inklusive Anklageerhebung begleitet war: Betrug und Industriespionage warf General Motors seinem ehemaligen Mitarbeiter Lopez vor. Noch kurz vor seinem Wechsel zu VW im März 1993 hatte dieser an einer Klausursitzung teilgenommen, auf der die detaillierte Opel-Strategie für die kommenden Jahre besprochen worden war. Und als Lopez mit sieben Getreuen, darunter auch der heutige Einkaufsvorstand Garcia Sanz, den Absprung zu VW wagte, nahmen sie 20 Kisten interne Unterlagen mit.

General Motors und Opel setzten alle juristischen Hebel in Bewegung, um Lopez und Volkswagen daran zu hindern, die so erschlichenen Erkenntnisse einzusetzen. Ferdinand Piëch beschwerte sich in völliger Umkehrung der Faktenlage über einen »internationalen Wirtschaftskrieg«, der gegen sein Unternehmen geführt werde. Überhaupt, so schrieb er in seiner 2002 erschienenen Autobiografie, sei er in keiner Weise neugierig darauf gewesen, etwas über Opels Pläne für den Bau neuer Fabriken oder deren Produktprogramm zu erfahren, schon gar nicht hätten ihn Preisvergleiche für Bauteile von Opel Vectra oder Omega interessiert. Sehr wohl aber interessierte Piëch damals, ebenfalls seiner Autobiografie zufolge, dass VW und Audi den Zulieferern für die wichtigsten Bauteile etwa 15 Prozent mehr zahlen mussten als Opel und Ford, die zu US-Konzernen gehörenden Konkurrenten auf dem deutschen Markt. Die Informationen, die Lopez und sein Team von General Motors mitgenommen hatten, ob auf Papier, auf Diskette oder im Kopf, waren von zentraler Bedeutung für das Kostensenkungsprogramm, das VW von 1993 bis 1995 mit Lopez als Einkaufsvorstand seinen Zulieferern verordnete.

Am 9. Januar 1997 wurde der Rechtsstreit zwischen VW und General Motors in Sachen Lopez außergerichtlich beigelegt – 100 Millionen Dollar Schadenersatz zahlte VW und verpflichtete sich zudem, für eine Milliarde Dollar Autoteile bei General Motors zu kaufen. Nicht gerade ein Ergebnis, das VW wie ein Unschuldslamm aussehen ließ.

Lack ab bei Lopez

Fast zur selben Zeit flog eine andere Geschichte auf, die beide Beteiligten im »Wirtschaftskrieg« plötzlich als Komplizen darstellte. Im Februar 1997 stellte der deutsch-schwedische Anlagenbauer ABB Strafanzeige: Ein Netzwerk von Einkäufern und Beratern habe für die Vergabe von Großaufträgen unter anderem bei VW und der Tochter Škoda die Zahlung von Schmiergeld verlangt und dieses teilweise auch erhalten. Beim Bau der Škoda-Lackiererei hätten VW-Mitarbeiter angeblich 18,8 Millionen Mark unter der Hand eingesteckt. Der »Unternehmensberater« Axel L. wurde festgenommen, als er die zur vereinbarten Summe von 20 Millionen noch fehlenden 1,2 Millionen Mark kassieren wollte. Als Profiteure beteiligt seien in erster Linie hochrangige Manager aus den Einkaufsabteilungen von VW – und von General Motors.

Natürlich beschädigt jeder Fall von Korruption ein Unternehmen materiell erheblich: Um mindestens diese 18,8 Millionen Mark hätten die Hersteller der Lackiererei ihre Rechnung für das Gesamtprojekt niedriger ausstellen können. Trotzdem entstand bei den Mitarbeitern des damals an den Ermittlungen beteiligten Bundeskriminalamtes der Eindruck, VW sei nicht wirklich daran interessiert, den Sumpf trockenzulegen. Am Ende konnten die Beamten zwar nachweisen, dass am Bau der Lackierei beteiligte Unternehmen Millionensummen an Schmiergeld gezahlt hatten, wo das Geld schließlich gelandet war, blieb allerdings im Dunkeln.

Wenn korrupte Mitarbeiter bei der Aufdeckung eines Schmiergeldskandals so wenig wie in diesem Fall zu befürchten haben, werden mit an Sicherheit grenzender Wahrscheinlichkeit auch weiterhin auf allen Ebenen Bestechungsgelder gezahlt, um mit dem VW-Konzern ins Geschäft zu kommen. Der Nachweis hierüber ist allerdings extrem schwer zu führen, weil jeder, der einen solchen Deal aufdeckt, die Existenz seines Unternehmens und damit letztlich auch die eigene aufs Spiel setzt. Ein mir bekannter Gesellschafter eines VW-Zulieferers beklagte sich bitter, es sei nicht möglich, einen Auftrag von VW zu bekommen, ohne vorher die Einkäufer zu schmieren. Würde er diese private Klage jedoch öffentlich machen, könnte er sicher sein, niemals wieder einen Auftrag von VW zu erhalten, und dann müsste er bei seiner faktischen Abhängigkeit von VW Konkurs anmelden.

Es sei denn, der VW-Konzern würde ein Großreinemachen veranstalten, um mit Korruption und Selbstbedienungsmentalität radikal aufzuräumen. Möglicherweise hatte Bernd Pischetsrieder zu Beginn seiner Amtszeit genau das auch vor. Immerhin stand die Hauptversammlung am 24. April 2003, seine erste als Vorstandsvorsitzender, unter dem Motto »Transparenz«.

In einem Redebeitrag auf dieser Veranstaltung forderte der Mitarbeiter und Belegschaftsaktionär Holger Sprenger: »Die schwarzen Schafe müssen raus. Wenn wir die entfernen, haben wir auch die Transparenz! So ist es hier, so ist es im Unternehmen, so ist es im wahren Leben.« Pischetsrieder versprach, sich darum zu kümmern. Was er auch auf ganz spezielle Weise tat: Wenige Tage später wurde Sprenger gekündigt. Im Juli 2005 fragte die *Bild-Zeitung* Pischetsrieder: »Wie wollen Sie verhindern, dass es auch künftig zu Spesenbetrügereien kommt?« Die Antwort war ausweichend: »Bei 340 000 Mitarbeitern weltweit gibt es immer wieder ein schwarzes Schaf. Aber die Kontrollen müssen schärfer werden.« Ich bin sicher: Schärfere Kontrollen allein würden nicht ausreichen. In den Wolfsburger Topetagen sind die meisten Schafe so durch und durch schwarz gefärbt, dass die Volkswagen AG nur ohne sie wieder zu einem im Sinne des Konzerns gut funktionierenden System werden kann.

Gewerkschafter

Versuchen Sie einmal, einem Ausländer, egal aus welchem Land, die deutsche Mitbestimmung zu erklären. Erklären Sie ihm, dass im Aufsichtsrat, dem zentralen Kontrollgremium deutscher Aktiengesellschaften, die Hälfte der Sitze für die Arbeitnehmer und damit faktisch für deren Gewerkschaft reserviert ist, wenn das Unternehmen mehr als 2000 Beschäftigte hat; dass ohne die Zustimmung der Gewerkschaft kein einziges Vorstandsgehalt ausgehandelt werden kann; dass die Großkonzerne fast im Alleingang die gewerkschaftseigene »Hans-Böckler-Stiftung« finanzieren, da der größte Teil der Einnahmen aus den Aufsichtsratsmandaten der Gewerkschafter an die Stiftung gespendet werden muss; dass wesentlich mehr Konzernchefs folglich eher auf ein gutes Verhältnis zu ihrem Betriebsratsvorsitzenden bedacht sind als zu ihren Aktionären ... Je mehr Sie erklären, desto unverständiger wird Ihr Gesprächspartner Sie ansehen und sich von Minute zu Minute kopfschüttelnder fragen: Wie um Himmels willen haben es diese Deutschen geschafft, mit dieser Art von Unternehmensordnung zum Exportweltmeister zu werden?

Ich bin beileibe kein Gewerkschaftsgegner. In meiner Zeit als Stahl-Manager habe ich die Arbeitsbeziehungen zu meinem Betriebsrat stets geschätzt. Die Beschäftigten derart in die Verantwortung einzubinden ist eine der großen Stärken unserer Wirtschaftsordnung. So praktizieren sie unternehmerisches Denken und stehen ihrem Unternehmen auch in schlechten Zeiten bei harten Maßnahmen zur Seite. Die Gewerkschaften, vor allem jedoch die Betriebsräte, sind wichtige Institutionen. Aber so kompetent, kooperativ und am Interesse des Unternehmens orientiert die Betriebsräte in der Regel auftreten, so verbohrt und ideologisch festgefahren agieren die Apparatschiks der Gewerkschaftsbürokratie. Bei ihnen haben sich genau die Verkrustungen eingestellt, die letztlich jeder Organisation drohen, die nicht am Markt oder bei Wahlen im Wettbewerb steht.

Die derzeitige Situation der IG Metall ist daher durchaus vergleichbar mit jener in der Endphase des Ostblocks. Wie damals in der DDR schafft es die Wirtschaft immer weniger, den Profit zu erwirtschaften, den die Ideologen der IG Metall verbal bereits verteilt haben. Wie in der DDR versucht die IG Metall, trotzdem das Plansoll vom Flächentarifvertrag bis zum vorgezogenen Ruhestand zu erfüllen. Wie in der DDR verschleiert die Gewerkschaftsspitze das, was der Basis im Betrieb längst klar ist, mit immer waghalsigeren Worthülsen. Und wie in der DDR schert sich die Spitze einen Dreck um die Befindlichkeiten ihrer Basis. Bar jeglicher Bodenhaftung kämpfen die »Genossen-Bosse« gegen die schwindende Macht und den versiegenden Einfluss. Denn die »einfachen« Mitglieder der IG Metall sind, wie weiland in der DDR, zu 95 Prozent gegen die Alleinherrscher an der Spitze. Die aber ficht die Meinung des Zahlvolkes nicht an.

Spätestens an dieser Stelle wird Ihr ausländischer Zuhörer fragen: Warum halten die Deutschen die Gewerkschafter nicht einfach aus der Unternehmensleitung raus? Ein deutscher Zuhörer wird wahrscheinlich dafür plädieren, die Gewerkschaftszentralen zu entmachten und stattdessen mit den Betriebsräten weiterzuarbeiten. Das ist dann genau der richtige Zeitpunkt, um das Wolfsburger Modell der Mitbestimmung zu verdeutlichen: Bei Volkswagen kann das Management praktisch keine Entscheidung ohne den Betriebsrat treffen; allein den Standort Wolfsburg überzieht ein engmaschiges Netz von etwa 2000 IG-Metall-Vertrauensleuten, die dafür sorgen, dass niemand im Konzern besser über das Unternehmen Bescheid weiß als der Vorsitzende des Konzernbetriebsrats – der obendrein Mitglied im vierköpfigen Präsidium des Aufsichtsrats ist, also im Machtzentrum des offiziellen Kontrollgremiums. Wenn Ihr Zuhörer in Westdeutschland aufgewachsen ist, wird er nur fassungslos den Kopf schütteln. Ist er hingegen in der DDR groß geworden, wird ihm ein solches System der allumfassenden Information, der unkontrollierten Kontrolleure und der Schattenregierung jenseits der offiziellen Institutionen bekannt vorkommen – damals hieß das »Ministerium für Staatssicherheit«.

Spitzel statt Dividende

In der Tat agierte der VW-Konzernbetriebsrat in der Vergangenheit, insbesondere in der Ära Piëch, mit dem Selbstbewusstsein der eigentlichen Machtzentrale. Deshalb sagte der langjährige Betriebsratsvorsitzende Klaus Volkert auch mal Sätze, die sonst nur aus Vorstandsetagen zu hören sind: »Wir wissen, dass wir in Wolfsburg zu viele Leute an Bord haben.« Aber Piëch, der geniale Konstrukteur, durfte als Vorstandsvorsitzender unwidersprochen Autos mit 1001-PS-Motoren bauen und kostspielige Marken von Lamborghini bis zu Bugatti kaufen. Lopez durfte sich mit den Zulieferern anlegen, während alle konzerninternen

Fragen der Betriebsrat unter Volkert sowie Personalvorstand Peter Hartz und seine Truppe erledigten. Klaus Volkert bekam dafür im Juni 2002 sogar die Ehrendoktorwürde der TU Braunschweig. »Meilensteine für eine zukunftsfähige Arbeits- und Unternehmensgestaltung« habe er entwickelt, hieß es in der Laudatio, ebenso wie »ein spezifisches Modell kooperativer Modernisierungs- und Konfliktbewältigung, das weit über den gesetzlich vorgeschriebenen Rahmen hinausgeht.« Geradezu prophetische Worte – vor allem das mit dem »gesetzlich vorgeschriebenen Rahmen«. Peter Hartz bewegte sich zwar seit 1993 als Personalvorstand formal auf der anderen Seite der Barrikade, war aber tatsächlich der in den Vorstand hinein verlängerte Arm der IG Metall. Immerhin rühmte er sich, niemand in Wolfsburg sei länger Gewerkschaftsmitglied als er.

In Unternehmen, die der Montan-Mitbestimmung unterliegen, ist es zwar üblich, dass der Arbeitsdirektor einen Gewerkschaftsausweis hat, weil er ohne die Zustimmung der Arbeitnehmervertreter im Aufsichtsrat nicht ernannt werden kann. Aber erstens ist es gerade deswegen – normalerweise – ebenso unüblich, dass er eine solch prononcierte Machtposition erreicht, wie Hartz sie erreichte. Und zweitens gilt für VW nicht die schärfere Montan-Mitbestimmung, sondern nur die einfache Mitbestimmung, und da gibt es rechtlich keinen Grund, warum der Personalvorstand aus der IG Metall kommen sollte.

Werksgründung mit Gewerkschaftsgeldern

Für die starke Stellung der Gewerkschaft bei VW gibt es jedoch eine historische Begründung. »Viele wissen nicht, dass VW mit Hilfe von enteigneten Gewerkschaftsgeldern gegründet worden ist«, erklärt der aktuelle Betriebsratsvorsitzende Bernd Osterloh. Und das, obwohl oder gerade weil es zu jener Zeit, als das Volkswagenwerk gebaut wurde, gar keine deutsche Gewerkschaft gab. Da gab es nur die Nazi-Variante, die Deutsche

Arbeitsfront (DAF), die 1933 das beschlagnahmte Vermögen der deutschen Gewerkschaften kassierte und einen guten Teil davon ab 1937 in die Automobilproduktion steckte. Damit wurde ein heftiges Gezerre um den Volkswagen beendet: Adolf Hitler hatte sich nun einmal in den Volkswagen verguckt, die Automobilindustrie aber zeigte an dem Projekt kein Interesse und behinderte es mit hervorragenden ökonomischen Argumenten nach Kräften. Als 1936 klar war, dass Hitler nicht locker lassen würde, schlug der damalige BMW-Chef Franz Josef Popp vor, dann solle sich eben die DAF darum kümmern. Sie habe genug Geld (eben das Gewerkschaftsvermögen) und durch ihr dichtes Organisationsnetz auch gleich einen Vertriebskanal. DAF-Leiter Robert Ley war Feuer und Flamme. »Der Ley riss sich ja mehr oder weniger um jeden Auftrag beim Führer. Es gab nichts in seinem Leben, wo er nicht das, was der Führer heute sagte, schon vorgestern erledigt hatte«, erinnerte sich rückblickend Leys Stabsleiter Heinrich Simon – er sollte es später zum Aufsichtsratsvorsitzenden bei Volkswagen bringen. Ley beauftragte Bodo Lafferentz, den Leiter des »Kraft durch Freude«, kurz KdF-Amtes »Reisen, Wandern, Urlaub«, mit der Vorbereitung des Baus der größten Automobilfabrik Europas. So wurde am 28. Mai 1937 die »Gezuvor« gegründet, die »Gesellschaft zur Vorbereitung des Deutschen Volkswagens mbH«. Ihr erstes Büro: eine Holzbaracke in Stuttgart-Zuffenhausen auf einem Grundstück der Dr. Ing. h.c. F. Porsche KG.

Um das bis dahin treuhänderisch von der DAF verwaltete Gewerkschaftsvermögen investieren zu können, musste es zunächst formaljuristisch durch das so genannte »Einweisungsgesetz« losgeeist werden. Damit erhielt die DAF Zugriff auf ein Firmen- und Immobilienvermögen im Wert von rund 100 Millionen Reichsmark. Die Gesamtkosten für den Bau des Volkswagenwerks dürften etwa doppelt so hoch gewesen sein. Nach dem Krieg bekamen die Gewerkschaften für diese »Investition« dann keine Anteile an VW, die bekamen die Bundesrepublik und das Land Niedersachsen, aber dafür eine privilegierte Stellung: Statt

Dividenden für die IG Metall gab es Spezialtarife für die Volkswagen-Arbeiter, üppige Gehälter für die Betriebsräte, ein dichtes Netzwerk von Vertrauensleuten und dem internen Controlling entzogene Spesenkonten.

Das System Hartz/Gebauer

Dass Betriebsräte Geld brauchen, um ihre Arbeit zu erledigen, ist klar. Dass es ihrer Arbeit abträglich ist, wenn der Vorstand jederzeit einsehen kann, welche Betriebsräte an welche Orte reisen und mit wem sie sich dort treffen, ist auch klar. In jedem deutschen Konzern gibt es deshalb Budgets für die Betriebsräte, über deren Verwendung diese selbst entscheiden können – aber selbstverständlich der internen Revision gegenüber Rechenschaft ablegen müssen. Eine Regelung, wie sie bei VW im Vorstandsbereich von Arbeitsdirektor Hartz für den ehemaligen Abteilungsleiter »Personalprojekte« Klaus-Joachim Gebauer galt, ist dagegen (hoffentlich) einmalig: Gebauer zahlte für die Aufwendungen der Betriebsräte mit einer seiner vier privaten Kreditkarten und ließ sich die Auslagen per Eigenbeleg von VW zurückerstatten – im Durchschnitt, so sein Anwalt Wolfgang Kubicki, seit dem Jahr 2000 »jährlich ein Vielfaches seines Gehaltes«. Auf diese Weise entstehen rechtsfreie Räume, in denen die Begünstigten sich nach Belieben bedienen dürfen – das offensichtliche Ziel von Peter Hartz. Der habe, so Gebauer, ihn 1993 und noch einmal 1997 angewiesen, dem Betriebsratsvorsitzenden Volkert jeden Wunsch zu erfüllen. Gebauers heutigen Angaben zufolge sah das dann unter anderem so aus:

- Bis zu zehnmal im Jahr flog Gebauer mit Betriebsräten nach Barcelona. Offiziell für Besuche in der Seat-Zentrale, tatsächlich vor allem für Feiern in exklusiven Nachtclubs auf Firmenkosten. Zusätzlich habe es teilweise noch pro Person 1000 bis 1500 Euro in bar zur Aufbesserung der Reisekasse gegeben.

- Wenn sich der Gesamtbetriebsratsausschuss nicht in Wolfsburg, sondern außerhalb traf, etwa in London, Paris oder Irland, durften die Ehefrauen der Ausschussmitglieder nicht nur auf Firmenkosten mitfliegen, sondern wurden von Gebauer zudem mit einem vierstelligen Taschengeld ausgestattet, damit sie standesgemäß shoppen gehen konnten.
- Für Peter Hartz' brasilianische Prostituierte zahlte Gebauer das Honorar in bar, Hotel- und Reisekosten auf Karte. Wobei Hartz behauptet, er habe alles selbst bezahlt – dann hätte Gebauer »nur« die Trips organisiert und das Geld vorgeschossen.
- Der damalige Betriebsratsvorsitzende Klaus Volkert ließ VW gut 15 000 Euro pro Monat in seine brasilianische Geliebte Adriana Barros investieren. Zwischen 6000 und 10 000 Euro pro Monat seien, so Gebauer, für Flüge, Hotelaufenthalte, Sprachkurse und Ähnliches angefallen. Dazu kamen 23 008 Euro pro Quartal als Honorar für einen Werbevertrag, bei dem bislang noch keine dem Honorar auch nur annähernd entsprechende Gegenleistung von Frau Barros erkennbar wurde. Zumindest keine dem Konzern gegenüber. Sogar die Kosten für eine, nun ja, operative Korrektur von Frau Barros soll VW übernommen haben.
- 2004 gönnten sich Volkert, Gebauer und Schuster gemeinsam einen Fünf-Tage-Trip auf VW-Kosten für sage und schreibe 165 000 Euro. Ziel war die indische Inselgruppe der Andamanen. Mit dabei: drei Frauen, darunter Volkerts Geliebte Adriana Barros.

All das ist nur schwer mit Paragraf 2 Absatz 1 der VW-Satzung in Einklang zu bringen, der den Zweck des Unternehmens definiert: »Herstellung und Vertrieb von Fahrzeugen und Motoren aller Art, deren Zubehör sowie aller Anlagen, Maschinen,

Werkzeuge und sonstigen technischen Einrichtungen.« Immerhin kann man darüber streiten, ob Gebauers Großzügigkeit von Paragraf 2 Absatz 2 der Satzung gedeckt ist: »Die Gesellschaft ist berechtigt, alle Geschäfte vorzunehmen und alle Maßnahmen zu ergreifen, die mit dem Zweck des Unternehmens zusammenhängen oder ihm unmittelbar oder mittelbar förderlich erscheinen.« Klaus-Joachim Gebauer ist sich zumindest keinerlei Schuld bewusst. »Sämtliche geschäftlichen Vorgänge geschahen im Auftrag, mit Wissen, in jedem Fall aber mit Billigung der Beklagten (Volkswagen)«, heißt es in seinem Schriftsatz an das Arbeitsgericht. Damit läge die Verantwortung da, wo sie auch gemäß Aktiengesetz hingehört: beim zuständigen Vorstand Peter Hartz.

Der Drachentöter aus dem Daimler-Reich

Wenn das angesichts der enormen Summen, um die es hier insgesamt geht, tatsächlich bis dato als »korrekt« im Sinne des Aktiengesetzes deklariert wurde, wenn also Vorstand und Aufsichtsrat des VW-Konzerns es schulterzuckend akzeptiert haben, dass der Betriebsrat einschließlich seiner Gattinnen und Geliebten in dieser Art und diesem Ausmaß verwöhnt wurde, dann gibt es dafür nur eine Erklärung: Angst. Angst entweder davor, der Betriebsrat könne seine Macht ausspielen und dem Management mal zeigen, wie man VW richtig managt, oder Angst davor, dass der Betriebsrat damit anfängt, die Leichen aus dem Keller zu holen, die das Management dort verbuddelt hat. Dann wäre der VW-Betriebsrat so etwas wie der Drache in der alten Sage, der vor der Stadt auf der Lauer liegt und dem jedes Jahr eine schöne Jungfrau geopfert werden muss, um ihn gnädig zu stimmen.

Um im Bild zu bleiben: Am 1. Februar 2005 tauchte ein Prinz aus fernen Landen auf, um den Drachen zu töten und die Königstochter zu freien. Dieser Prinz, Wolfgang Bernhard aus dem Land der drei- und fünfzackigen Sterne, von dem nun alle Welt erwartet, er möge bei VW nicht minder rigoros durchgreifen wie zuvor bei der Chrysler-Sanierung, wurde vom Betriebsrat mit einer in Zuckerwatte verpackten Drohung begrüßt: »Wir bieten ihm zum Wohle des Unternehmens natürlich auch die bei Volkswagen praktizierte und bewährte Zusammenarbeit und kooperative Konfliktbewältigung an.« Gerade mal ein halbes Jahr später blutet der Drache aus vielen Wunden. Die vertraute angenehme Atmosphäre wird sich bei den Arbeitstreffen der Betriebsräte so schnell nicht wieder einstellen. Gleich vier der Hauptakteure sind gegangen oder besser: gegangen worden.

- Klaus-Joachim Gebauer, der Hartzsche Chef-Animateur, wurde am 15. Juni vor die Tür gesetzt, die fristlose Kündigung folgte einige Tage später.
- Klaus Volkert, der Betriebsratsvorsitzende mit dem Faible für Brasilien, trat am 30. Juni angeblich aus Altersgründen zurück und war für niemanden mehr zu sprechen. Erst einen Monat später gab er zumindest zu, Fehler gemacht zu haben – einen weiteren Monat später fanden das auch die von VW beauftragten Sonderprüfer heraus.
- Peter Hartz, der im Vorstand übrigens nicht nur für Personal, sondern auch für Brasilien zuständig war, bot dem Aufsichtsrat am 8. Juli seinen Rücktritt an, den dieser fünf Tage später einstimmig annahm.
- Helmuth Schuster, lange Jahre Hartz' engster Mitarbeiter und bis 2001 als Leiter des Zentralen Personalwesens Gebauers direkter Vorgesetzter, wurde im Juni als Škoda-Personalvorstand gefeuert. Am 28. Juni erstattete VW Anzeige gegen ihn wegen Betrugs und Untreue.

Ein kreativer Kopf namens Schuster

Hätten sich die Betriebsräte und Personalvorstände darauf beschränkt, auf Firmenkosten Gaumen und Geliebte zu verwöhnen, wäre ihr Selbstbedienungsladen womöglich niemals aufgeflogen. Ihre Gegenparts im Management haben sich schließlich in ähnlicher Weise bedient. Zum Verhängnis wurde den vermeintlichen Vertretern der kleinen Leute jedoch, dass sie den Bogen überspannten, indem sie jenseits des üppigen Konzernbudgets weitere Finanzquellen für die private Bereicherung erschließen wollten. Ausgangspunkt war der auch sonst als besonders innovativ geltende Helmuth Schuster. Ein großer Teil der unkonventionellen Vorschläge, mit denen Peter Hartz im Auftrag Gerhard Schröders die Arbeitsmarktpolitik von Hartz I bis Hartz IV bereicherte, geht auf Schuster zurück. Auch an den konzerninternen Vorstößen wie der Vier-Tage-Woche 1994 und dem Arbeitsmodell »5000 x 5000« im Jahr 1999 war er maßgeblich beteiligt. Ähnlich kreativ zeigte sich der leidenschaftliche Konsument von Lamborghinis und Blondinen bei der Förderung seiner eigenen Ich-AGs. Sowohl in Tschechien als auch in Angola als auch in Indien als auch in Deutschland war er in jeweils unterschiedlicher Form unternehmerisch auf Kosten von VW aktiv:

- In Tschechien sollte die Firma F-Bel, an der Schuster beteiligt war, den Auftrag für den Bau einer Škoda-Autostadt in bester Prager Citylage bekommen. Nach internen Kalkulationen wären für das Projekt Baukosten von 60 Millionen Euro angefallen. Der geplante Verkaufserlös von 80 Millionen Euro hätte nach Abzug aller weiteren Unkosten einen Gewinn zwischen 10 und 15 Millionen Euro eingebracht. Im Škoda-Vorstand federführend für das Projekt war Schuster persönlich, allerdings gelang es ihm Anfang 2005 nicht, seine Kollegen davon zu überzeugen, den Plan abzusegnen.
- In Angola sollte die Firma Ancar Angola, an der die Schuster-Gründung Ancar Worldwide Investment

Holding mit 51 Prozent beteiligt war, ein ganz spezielles Montagewerk aufbauen: Bereits fertige VWs sollten vor der Einreise nach Angola (wieder) zerlegt und dann dort noch einmal zusammengebaut werden. Durch die Umgehung der angolanischen Einfuhrzölle ließe sich so ein Umsatz im dreistelligen und ein Gewinn im zweistelligen Millionenbereich erwirtschaften. Am 27. Januar 2005 verkündete VW stolz: »Der Wolfsburger Autokonzern Volkswagen wird den Markt in Angola für sich erschließen.« Zum Zeitpunkt von Schusters Rauswurf waren alle Verträge bereits fix und fertig, nur die Zustimmung des Konzernvorstandes stand noch aus.

- In Deutschland war Schuster im Zentralen Personalwesen oberster Verantwortlicher des 2001 frisch installierten »VW Pension Trust«, einer Einrichtung, die die VW-Altersversorgung allmählich auf Kapitaldeckung umstellen soll. Ein Prozent der bei VW gezahlten Gehaltssumme, also jedes Jahr knapp 100 Millionen Euro, werden dort eingezahlt und an den Kapitalmärkten angelegt, um aus den so erzielten Erträgen den Pensionären ihre Rente zu zahlen. Schuster hatte versucht, einen Teil dieses Geldes über einen zwielichtigen Geschäftspartner namens Johann Johannsen anzulegen, um an der Vermittlungsprovision zu partizipieren. Die Deutsche Bank, heißt es, habe den Konzern in letzter Minute vor diesem Partner gewarnt. Volkswagen behauptet, nach Bekanntwerden des Schuster-Skandals gleich 20 der 100 Beschäftigten der Inneren Revision dafür abgestellt zu haben, die Finanzen des VW Pension Trust zu checken – und das Geld sei noch da. Wie man's nimmt: Der in den VW-Geschäftsberichten in diesem Zusammenhang aufgeführte »Zeitwert des Planvermögens« ist von Ende 2000 bis Ende 2004 von 1,28 auf 2,07 Milliarden Euro gestiegen, aber die Verpflichtungen, die durch diese Vermögenswerte gedeckt werden sollten, sind weit stärker gestiegen – von 1,21 auf 2,46 Milliarden Euro. Aus einer Überdeckung von 73 Millionen Euro wurde so innerhalb von nur vier Jahren eine Unterdeckung von 387 Millionen Euro. Ganz offensichtlich haben sich die ebenfalls aufgeführten »tatsächlichen Erträge aus der Anlage von Planvermögen« nicht wie geplant entwickelt. In den Jahren 2001 und 2002 fielen hierbei nämlich Verluste von 319 Millionen Euro an, in den Jahren 2003 und 2004 hingegen Gewinne von 378 Millionen Euro. Wie viel davon auf die Schwankungen der Kapitalmärkte und wie viel auf selbstbedienungsgetriebene Anlageentscheidungen zurückzuführen ist, verraten die Geschäftsberichte natürlich nicht.

Kein Herz für Inder

Den Auslöser für den hiesigen VW-Skandal der letzten Monate und Wochen lieferte ein VW-Skandal in Indien, an dem Schuster und mit ihm der Konzern nicht ganz unbeteiligt waren. Weil die indische Story besonders deutlich zeigt, wie weit die ursprünglich von VW verbreitete Geschichte von den tatsächlichen Ereignissen entfernt ist und wie verzweifelt sich der Konzern bemüht, jeglichen Verdacht von sich auf andere abzuwälzen, soll sie hier ausführlich erzählt werden.

Schon Ende 1997 hatte der damalige VW-Vorstand Robert Büchelhofer angekündigt: »Die Entscheidung, ob wir in Indien investieren, wird noch vier bis fünf Monate dauern.« Entschieden war allerdings sieben Jahre später immer noch nichts, aber es konnte jetzt jederzeit so weit sein. Vor allem zwei Bundesstaaten machten sich Hoffnungen, Standort für das erste indische VW-Werk zu werden. Zur Vorbereitung der Investition in Indien reiste eine Delegation unter Leitung von Jagadeesh Raja am 15. Dezember 2004 nach Wolfsburg. Helmuth Schuster war bei diesem Gespräch übrigens nicht anwesend.

Bei den Besprechungen in der Konzernzentrale ging es konkret um zwei Themenkreise: um die Gründung einer Partner- und Projekt-Gesellschaft namens »Vashishta Wahan«, für die Raja einer der designierten Direktoren war, und um die Gründung eines Gemeinschaftsunternehmens zwischen der Volkswagen AG, Vashishta Wahan und der Landesregierung von Andhra Pradesh. Das erfuhr die ARD im Rahmen detaillierter Recherchen in Indien. Diesem Treffen waren über einen Zeitraum von vielen Monaten zahlreiche Sitzungen mit und bei VW vorausgegangen, berichtete Ashok Jain dem ARD-Team. Jain ist ein Inder, der Schuster auf dem Subkontinent beriet. Raja sei mehrmals bei Volkswagen gewesen. Dabei habe man mit der Rechtsabteilung alle Möglichkeiten zur Gründung des Gemeinschaftsunternehmens diskutiert, auch habe man über konkrete Investitionen gesprochen. Sogar die Gesellschafteranteile an dem geplanten Unternehmen seien bereits festgelegt worden. Danach sollte Volkswagen 51 Prozent kontrollieren, Vashishta Wahan 46 Prozent und die Landesregierung 3 Prozent. An weiteren Besprechungen in der VW-Zentrale über die mögliche Struktur der Gesellschaft, den Entwurf eines Vorvertrages und anderer Verträge nahmen seitens VW nicht nur die Rechtsabteilung, sondern auch Technik- und Marketingfachleute und »andere« teil. Dass der Name Vashishta Wahan abgekürzt ebenfalls VW lautet, war den Beteiligten schon 2004 nicht entgangen.

Vashishta Wahan wurde am 12. Januar 2005 ins indische Handelsregister eingetragen. Der Regionalregierung von Andhra Pradesh, einer der beiden potenziellen Partner-Provinzen im Norden des Landes, schrieb Schuster noch im selben Monat, VW sei entschlossen, dort zu investieren. Deshalb solle »die Regierung nun ins Auge fassen, einen Kapitalanteil bereitzustellen, um ihrerseits Entschlossenheit zu dokumentieren« – und zwar per Überweisung auf ein Konto der Firma Vashishta Wahan. »Wir waren so verzweifelt bemüht, Volkswagen in unser Land zu bekommen, dass wir alles dafür getan haben. Es fehlte nur noch, dass wir ihnen die Füße geküsst hätten«, sagte der Industrieminister der Provinz, Botcha Satyanarayana. Am 13. Januar 2005 überwies er die geforderten 2 Millionen Euro. Über den Eingang des Geldes sei die VW-Rechtsabteilung umgehend informiert worden, wie die ARD von Jagadeesh Raja erfuhr. Dessen Risikokapitalfirma »Celestial Overseas Ventures« auf den steuer-paradiesischen britischen Virgin Islands steht hinter Vashishta Wahan. Büros unterhält Rajas Firmengruppe, die über keinerlei Erfahrung im PKW-Geschäft verfügt, in England und Dubai.

Das Geld der Regierung von Andhra Pradesh landete zwar bei »VW«, aber eben noch lange nicht bei der deutschen VW AG. Vom Konto des indischen »VW«-Wechselbalgs Vashishta Wahan floss es in eine unbekannte Richtung ab. Bis heute sind die 2 Millionen verschwunden. In Wolfsburg stritt man lange Zeit ab, mit Vashishta Wahan auch nur irgendetwas zu tun zu haben. Die indische »VW-Firma« sei der deutschen VW AG völlig unbekannt. Einzig Schuster und seine indischen Helfershelfer hätten davon gewusst. In einigen Gazetten konnte man sogar lesen, seine zwielichtigen Kumpane hätten sich aus dem Staub gemacht. Die Volkswagen AG könne daher – verständlicherweise – nicht für die verschollenen Millionen aufkommen.

VWs Rückzieher bei Vashishta Wahan

In Indien brach daraufhin Panik aus. Industrieminister Satyanarayana reichte seinen Rücktritt ein, und Andhra Pradesh wurde von einer handfesten Regierungskrise erschüttert. Inzwischen hat die Volkswagen AG den Indern das Geld zurückgezahlt. Und zwar blitzschnell. Der plötzliche Sinneswandel und die Bereitschaft, »für die Fehler der eigenen Mitarbeiter aufzukommen«, hatten einen handfesten Hintergrund: die Recherchen der ARD für einen *Monitor*-Bericht am 21. Juli. Die Journalisten hatten an den Originalschauplätzen in Indien festgestellt, dass die Volkswagen AG sehr wohl – und eben auch nachweisbar laut

Aussage des indischen »VW«-Direktors Raja – von dem angeblich »illegitimen indischen VW-Ableger« wusste. Dieser warf nun seinerseits der deutschen VW AG vor, »nicht die ganze Wahrheit zu sagen«.

Jetzt brach in Wolfsburg Panik aus. Mit diesen für das Management fatalen Fakten konfrontiert, räumte das Unternehmen ein, Vashishta Wahan sei eine Projektgesellschaft, die nach einer Investitionsentscheidung des Volkswagen-Vorstandes die Fabrik für VW errichten sollte. Deren Gesellschaftsstruktur sei bei Volkswagen »grundsätzlich bekannt«. Beteiligt sei der Konzern jedoch nie an Vashishta Wahan gewesen. Der VW-Vorstand hatte die Öffentlichkeit also bis dato falsch informiert, und der plötzliche Aktionismus war damit nur zu erklärlich. Ob die Rückzahlung der verschwundenen Millionen aktienrechtlich überhaupt angezeigt, respektive möglich war, bleibt eine der vielen offenen Fragen. Ebenso wie die Frage, warum der Weltkonzern VW für das Indien-Projekt nicht seine örtliche Škoda-Tochter einschaltete, die schon seit Jahren auf dem Subkontinent arbeitet. Gegenüber der ARD sagte dazu Dilip Chenoy, der Generaldirektor des Verbandes der indischen Automobilhersteller: »Wir hören erstmals von einer solchen Struktur. In der Automobilindustrie ist das ein einmaliges Beispiel, dass sich ein Autohersteller mit einer Risikokapitalgesellschaft zusammentut, um nach Indien zu kommen. Das ist sehr ungewöhnlich.« Inzwischen ermittelt die Anti-Korruptionsabteilung des indischen Bundeskriminalamts offiziell in der VW-Betrugsaffäre. Man darf gespannt sein, was die indischen Ermittler so alles finden und aufdecken. Bis zur Veröffentlichung der Ergebnisse wird sich der Wolfsburger Konzern allerdings weiter als großzügiges Unternehmen feiern lassen, das den armen, auf unerklärliche Weise fehlgeleiteten Indern gnädig ihr Geld zurückzahlt.

Wenn das alles nur die private Geldvermehrungsstrategie eines Topmanagers gewesen wäre, mit dem die Habgier durchging, sowohl der VW-Konzern als auch die Gewerkschaft hätten

Helmuth Schuster problemlos zum schwarzen Schaf stempeln, seine Aktionen mit Abscheu und Entsetzen verurteilen, bessere Kontrollen geloben und zur Tagesordnung übergehen können. Aber dieser Schuster war eine zentrale Figur im VW-Gewerkschaftsnetzwerk, und so handelte er auch. In Indien und Angola hatte er Karl-Joachim Gebauer mit im Boot, zumindest an Schusters tschechischer Firma F-Bel war auch Klaus Volkert beteiligt. Und damit sonst niemand bei VW auf die Idee kommt, sich auf Kosten von Schuster reinzuwaschen, hat er sich, so die Aussage seiner Frau, genügend Informationen an einem sicheren Ort beiseite gelegt. Wer ohne Sünde ist, darf ruhig den ersten Stein werfen – aber wer ist das schon im Glashaus VW?

Politiker

Es gibt Unternehmen, für die gilt er wirklich, der Spruch von Günter Rexrodt selig: Wirtschaft findet in der Wirtschaft statt. Aber in ganz Deutschland gilt er wohl für kein Unternehmen (außer der Bahn) weniger als für VW. Vom ersten Atemzug an war das Leben von Volkswagen aufs Engste verknüpft mit politischen Interessen. Und ebenfalls vom ersten Atemzug an ging es dabei nicht nur um die klassischen politischen Währungen – Ruhm und Macht. Es ging eben sehr um die alles übergreifende Währung – ums Geld.

100 Kilometer pro Stunde, 4 Sitze, keine 1000 Reichsmark

Der erste Politiker im Leben des Volkswagenwerks hieß Adolf Hitler. Von diesem stammt sozusagen die Marketingvorgabe für das Produkt. Am 11. Februar 1933 forderte Hitler auf der Berliner Automobilausstellung die Motorisierung des deutschen Volkes, ein Jahr später konkretisierte er, wie das gehen sollte: mit einem Auto, das 100 Kilometer pro Stunde Dauergeschwindigkeit auf der Autobahn halten konnte, das mit vier Sitzen für Familien geeignet sowie sparsam im Verbrauch war und vor allem nicht mehr als 1000 Reichsmark kosten durfte. Heißen sollte das Auto »Volkswagen«, nach dem Zweiten Weltkrieg wurde daraus der »Käfer«.

Hitlers Preis war absurd, ein politischer Preis: Für 990 Reichsmark war kein Auto zu bauen, die gesamte deutsche Automobilindustrie lief Sturm gegen diese Vorgabe. Nein, nur fast die ganze: Der österreichische Inhaber eines kleinen Konstruktionsbüros in Stuttgart hatte nämlich schon im Januar 1934 beim »Reichsverband der Deutschen Automobilindustrie« (RDA) ein Exposé für den Bau eines »Volkswagens« eingereicht. Dieser Ferdinand Porsche verstand darunter »ein vollwertiges Gebrauchsfahrzeug, das mit jedem anderen Gebrauchsfahrzeug gleichberechtigt in Wettbewerb treten kann«, mit hitlerschen Maßen: 100 Stundenkilometer schnell, 650 Kilo schwer, 8 Liter Benzin auf 100 Kilometer. Nur der von Porsche vorgeschlagene Preis, 1550 Reichsmark, lag deutlich über Hitlers Vorstellungen, aber ebenso deutlich unter den Preisvorstellungen der anderen Automobilhersteller. Im April 1934 bekam Porsche den Auftrag, innerhalb eines Jahres eine Konstruktion und eine Kalkulation für den Volkswagen vorzulegen.

Im Sommer 1935 war das Projekt ökonomisch gescheitert. Auch nach zwei Monaten Nachfrist konnte Ferdinand Porsche keine Kalkulation vorlegen, die auch nur annähernd in die Nähe des geforderten Preises kam. Der RDA war froh, den Volkswagen als »unmöglich« zu den Akten legen zu können. Nur bedachten die Manager nicht, dass Hitler keinen Profit, sondern einen Volkswagen wollte. Und Porsche wollte beides: Er baute einen Vorführwagen und präsentierte ihn Hitler im Januar 1936 – damit hatte er gewonnen. Auf der Automobilausstellung kurz darauf kündigte Hitler an, »mit rücksichtsloser Entschlossenheit die Vorarbeiten für die Schaffung des deutschen Volkswagens durchführen« zu wollen. Bei einem Treffen von Hitler, Porsche und Hermann Göring auf dem Obersalzberg wurde dann das Projekt per Führerbefehl geplant: ein eigenes Werk für den Volkswagen, neun Monate Bauzeit, 90 Millionen Reichsmark Baukosten, Auslieferungsbeginn der ersten Autos in 20 Monaten. Das war zwar wieder einmal ökonomisch absurd, aber das Volkswagenwerk nahm seinen Lauf.

Hitler bringt VW nach Wolfsburg

Auch den Standort Wolfsburg setzte letztlich Hitler durch. Der Generaldirektor der »Reichswerke Hermann Göring« in Salzgitter, heute würde man ihn als Vorstandsvorsitzenden bezeichnen, opponierte gegen das Vorhaben, ganz in seiner Nähe ein gigantisches Autowerk zu bauen und ihm damit die Arbeitskräfte abspenstig zu machen. Dann aber ließ sich auch Hitlers Baumeister Albert Speer von dem verkehrsgünstigen Standort auf der grünen Wiese überzeugen, und Hitler fällte die Entscheidung für Wolfsburg – das damals, 1937, noch Fallersleben hieß und 1938 bei der Grundsteinlegung für das Werk in »Stadt des KdF-Wagens« umbenannt wurde. Auch wenn keinem einzigen der 340 000 KdF-Mitglieder, die einen Sparvertrag über den Kauf des Wagens abschlossen, jemals ein Auto ausgehändigt wurde, hielt sich der Name der Stadt, besser gesagt: der Werkssiedlung bis 1945.

Wolfsburg und das Volkswagenwerk lagen nach dem Zweiten Weltkrieg in der britischen Besatzungszone, also war ab Juni 1945 die britische Militärregierung für das Werk verantwortlich. Nur was damit machen? Das Werk demontieren? Sein Produkt, den VW Käfer, von anderen Herstellern anderswo bauen lassen? Das Werk an einen Konkurrenten verkaufen, privatisieren? Oder es als Staatsbetrieb weiterführen?

Dass Staaten schlechter wirtschaften als Märkte, war zu jener Zeit noch lange nicht ausgemacht. Sogar ein heutiger kapitalistischer Säulenheiliger wie Joseph Schumpeter glaubte in den ersten Jahren nach 1945, die Zentralverwaltungswirtschaft könnte sich am Ende dem anarchischen Treiben der Märkte als überlegen erweisen. Und so galt es damals nicht nur bei den Sowjets, sondern auch bei der britischen Besatzungsmacht als schick, die Großkonzerne vom Staat führen zu lassen.

Ein Fehlurteil rettet VW

Zudem hatte das Interesse ausländischer Privatinvestoren, darunter die britische Firma Humber sowie Ferdinand Porsches großes Vorbild, die Ford Motor Company, rapide nachgelassen, weil ein britischer Untersuchungsbericht dem VW Käfer eine vernichtende technische Bewertung verpasste: Es handle sich um eine nicht nachahmungswürdige Konstruktion, die nicht den Anforderungen genüge, die man an Kleinwagen stellen müsse – eines der grandiosesten Fehlurteile der Wirtschaftsgeschichte, immerhin wurden mit relativ kleinen Änderungen an den ursprünglichen Vorkriegsentwürfen mehr als 21 Millionen Wagen verkauft.

Aufgrund dieser Fehleinschätzung blieb VW ein staatliches und damit politisch beeinflusstes Unternehmen. Seit 1949 unterstand es offiziell der Treuhänderschaft der Bundesregierung und des Landes Niedersachsen. Das sollte sich zwar ändern, als am 22. August 1960 das Unternehmen als »Volkswagenwerk AG« an die Börse gebracht wurde, aber mit je 20 Prozent der Aktien behielten Bund und Land einen entscheidenden Einfluss. Und dieser Einfluss wurde dann auch noch gesetzlich festgeschrieben: am 21. Juli 1960 mit dem »Gesetz über die Überführung der Anteilsrechte an der Volkswagenwerk Gesellschaft mit beschränkter Haftung in private Hand«, kurz VW-Gesetz. Danach darf kein einzelner Aktionär mehr als 20 Prozent der Stimmrechte ausüben, egal wie viele Aktien er besitzt. Für Deutschland und für Niedersachsen bleiben jeweils zwei Plätze im Aufsichtsrat reserviert, solange sie VW-Aktionär sind – eine »Privatisierung« also, bei der der Staat die lange (oder im Zweifelsfall auch sehr kurze) Leine in der Hand behält. Der Bund hat zwar 1988 seine restlichen VW-Anteile verkauft, aber die beiden Aufsichtsratsmandate für Niedersachsen sichern die staatliche Mitbestimmung.

Je eines davon übten früher die SPD-Ministerpräsidenten Gerhard Schröder, Gerhard Glogowski und Sigmar Gabriel aus. Seit dem 8. April 2003 heißt der Ministerpräsident im VW-Aufsichtsrat nun Christian Wulff, kommt von der CDU, und obwohl sowohl die als auch ihr Koalitionspartner FDP sonst so gerne für die freie Marktwirtschaft plädieren, sind sie große Freunde des VW-Gesetzes. »Die Bestimmungen gelten für jeden Aktionär«, sagt Wulff. »Keiner soll mehr als 20 Prozent Stimmrechte auf der Hauptversammlung haben. Und das ist Ausdruck dieser besonderen Aktienkultur bei VW. Es sollte ein Volksunternehmen sein, es soll nicht einer dominierenden Einfluss haben.«

Auf ewig garantierte Posten

Nicht erwähnt hat Wulff allerdings die andere Bestimmung des VW-Gesetzes, die auf ewig zwei Posten im Aufsichtsrat garantiert. Die gilt nämlich nicht für jeden, sondern nur für den 18,2-Prozent-Aktionär Niedersachsen. Sie führte zumindest zwischen 1990 und 2003 dazu, dass nicht einer einen dominierenden Einfluss hatte, sondern gleich zwei – die IG Metall und die SPD. Und das ging so:

- Die IG Metall besetzt getreu dem deutschen Mitbestimmungsgesetz die Hälfte der Aufsichtsratsposten. Das reicht normalerweise nicht, um den Aufsichtsrat zu beherrschen, denn bei Stimmengleichheit zwischen den Lagern von Kapital und Arbeit gibt die Stimme des Aufsichtsratsvorsitzenden den Ausschlag, und den stellen die Kapitalgeber.
- Aber zwei der Aufsichtsratsposten der Kapitalseite sind für Niedersachsen reserviert. Und solange dort die SPD

regierte, hatte das Lager aus Gewerkschaft und SPD eine strukturelle Mehrheit.

- Natürlich, Sozialdemokraten und Gewerkschaften sind sich oft nahe, aber längst nicht immer einig. Im VW-Aufsichtsrat jedoch sind beide im Zweifelsfall dafür, möglichst viele Arbeitsplätze in und um Wolfsburg zu halten. Gegen die Achse von SPD-Ministerpräsident und VW-Betriebsratschef konnte daher niemand im Konzern etwas ausrichten.

Eine der wichtigsten, vor allem für das Unternehmen folgenschwersten Entscheidungen zu Beginn der Ära Piëch geht denn auch auf eine konzertierte Intervention von SPD und IG Metall zurück. Eigentlich wollte Ferdinand Piëch nämlich zu seinem Amtsantritt als Vorstandsvorsitzender 1993 die Position des Arbeitsdirektors streichen. Ein solcher Manager im Vorstandsrang, der von der Gewerkschaft ausgewählt wird, ist zwar für Unternehmen vorgeschrieben, die der Montan-Mitbestimmung unterliegen, aber VW ist selbst bei weitester Auslegung des Gesetzes über die Montan-Mitbestimmung nicht als Unternehmen der Stahl- oder Bergbauindustrie einzuordnen. Deshalb hätte rein formal nichts dagegen gesprochen, die Position zu streichen und, wie in jedem anderen Konzern auch, einen Personalvorstand einzustellen – vom Aufsichtsrat ausgesucht und nicht von der IG Metall gekürt. Das allerdings lag überhaupt nicht im Interesse des Großaktionärs Niedersachsen und seines Ministerpräsidenten Gerhard Schröder. SPD und Gewerkschaft hatten im Aufsichtsrat die Mehrheit, also war es für den Vorstandsvorsitzenden wenig ratsam, auf der Abschaffung des Arbeitsdirektors und des Vorschlagsrechts der IG Metall zu bestehen.

Vorstand für Gewerkschaftsangelegenheiten

So kam Peter Hartz ins Amt – und die Vertreter von Staat und Kapital schlossen einen Burgfrieden: Piëch durfte Autos bauen, Hartz kümmerte sich um das Gewerkschaftsgedöns, ganz nach der sozialdemokratischen Vorstellung von sozialer Marktwirtschaft, wonach das Management dafür sorgt, dass Geld reinkommt, und der Betriebsrat dafür sorgt, dass es wieder ausgegeben wird. Und weil Piëch Peter Hartz sehr viel Geld ausgeben ließ, durfte wiederum Piëch seine milliardenteuren Ausflüge zu Bentley, Bugatti, Lamborghini und Phaeton unternehmen, die ein weniger hofierter Betriebsrat ihm wohl verboten hätte.

Wenn seit 1990 Gewerkschaft plus SPD eine strukturelle Mehrheit im Aufsichtsrat hatten und wenn das Unternehmen darauf so reagierte, dass es die Betriebsräte mit diversen Sonderannehmlichkeiten milde stimmte – was wird wohl das Unternehmen getan haben, um das Verhältnis zur SPD zu befördern, und da insbesondere zu denen für VW entscheidenden Personen?

Eine »Lustreise« Gerhard Schröders in seiner Zeit als Ministerpräsident machte schon vor einiger Zeit Schlagzeilen: sein Flug mit Ferdinand Piëch zum Wiener Opernball im Jahr 1996, im Privatjet und auf Firmenkosten. Und dann gibt es da noch einen anderen Flug, mit einem Learjet der Charterfirma PJC aus Düsseldorf mit dem Kennzeichen D-CLAN. Dieser führte am 10. April 1992 von Braunschweig nach Verona. An Bord laut PJC-Passagierliste: VW-Aufsichtsrat Gerhard Schröder. Am 13. April 1992 stellte PJC dafür unter Nr. 92083 dem VW-Flugbetrieb 13 750 Mark in Rechnung: 11 550 Mark für 3 Stunden 30 Minuten Gesamtflugzeit, 1000 Mark für zwei Abfertigungen im Ausland, 1155 Mark für Eurocontrol-Gebühren. Das ergibt zwar zusammen erst 13 705 Mark, die Rechnung aber wurde trotzdem über 13 750 Mark ausgestellt, ohne dass die Differenz von 45 Mark irgendwo erklärt wäre.

59 Minuten zu viel für Gerhard Schröder

Nehmen wir zu Gunsten aller Beteiligten an, dass Gerhard Schröder hier keinen Urlaubsflug, sondern eine Dienstreise in Sachen VW unternahm. Immerhin, so schrieb mir Volkswagen am 7. März 2005, habe dieser Flug »im Zusammenhang mit einer Aufsichtsratssitzung am 10. April 1992 in Wolfsburg« stattgefunden. Und da Verona nicht nur ein kulturhistorisch interessanter Ort ist, sondern auch der Firmensitz des italienischen VW-Generalimporteurs Autogerma, liegt eine dienstliche Veranlassung nahe. Schließlich hatte der VW-Konzern Anfang bis Mitte der Neunzigerjahre erhebliche Probleme mit Graumarkt-Importen aus Italien, die er 1993 dadurch abstellte, dass die volle Händlermarge nur noch für Wagen gewährt wurde, die an Italiener verkauft wurden. Das wiederum fand die Europäische Union überhaupt nicht mit dem EU-Binnenmarkt vereinbar, und der Europäische Gerichtshof brummte VW deshalb später das Rekord-Bußgeld von 90 Millionen Euro auf. Der Flug Schröders nach Verona kann durchaus mit dieser oder einer anderen VW-Angelegenheit in Zusammenhang gestanden haben.

Merkwürdig bleibt dennoch die Flugzeit von dreieinhalb Stunden. Nach einer detaillierten PJC-Aufstellung, die mir zusätzlich zu der an VW gesandten Rechnung vorliegt, betrug die Flugzeit (»Airtime«) von Braunschweig nach Verona eine Stunde und neun Minuten; der Rückflug von Verona nach Düsseldorf dauerte eine Stunde und 22 Minuten. Macht zusammen zwei Stunden und 31 Minuten. In Rechnung gestellt wurde VW aber für Hin- und Rückflug jeweils eine »Blocktime« (Parkposition A bis Parkposition B) von einer Stunde und 45 Minuten, ziemlich genau eine Stunde mehr als tatsächlich geflogen wurde. Und weil die Flugstunde bei PJC damals genau 3300 Mark kostete, hat VW ganz offensichtlich für diesen Flug 3300 Mark zu viel bezahlt. Bei Provinzflughäfen und einem Prominenten an Bord ist eine solche Differenz zwischen Airtime und Blocktime ungewöhnlich – insbesondere bei einem Großkunden wie VW.

Warum gibt es sie trotzdem? Gegenfrage von VW an mich: »Warum Sie Abweichungen von rund einer halben Stunde je Flug zum Anlass für alle möglichen Spekulationen nehmen, ist uns ein Rätsel.« Mir ist hingegen ein Rätsel, wieso ein solcher nicht gerechtfertigter Betrag, der immerhin 24 Prozent der Gesamtrechnung ausmacht, einfach gezahlt wird. So weit heruntergekommen ist das VW-Controlling denn doch noch nicht, dass es so etwas durchgehen ließe. Bleibt nur die Schlussfolgerung: Der Zusatzbetrag ist gerechtfertigt, und zwar durch irgendetwas jenseits des reinen Charterfluges.

Was könnte das sein? Verlassen wir kurz das Volkswagenwerk und das Land Niedersachsen und schauen zur WestLB und in das Land Nordrhein-Westfalen. Dort gab es nämlich vor sechs Jahren einen Untersuchungsausschuss des Landtags zur so genannten »Flugaffäre«. Einige der Landespolitiker hatten sehr intensiv Gebrauch von Flügen gemacht, die ihnen WestLB-Chef Friedel Neuber spendiert hatte – und zwar in einem Learjet der Charterfirma PJC, dem gleichen Learjet, der am 10. April 1992 Gerhard Schröder nach Verona flog. Die *Bild*-Zeitung zitierte am 20. Januar 2000 aus einem anonymen Brief an den Untersuchungsausschuss: »Wir wussten alle, dass Neuber nicht nur den Flugdienst für uns zur Verfügung stellte, sondern auch die Damen, mit denen wir uns vergnügen konnten, wenn wir wollten.« Selbst wenn solche Dienstleistungen für den Begünstigten kostenlos waren, irgendjemand musste sie natürlich am Ende bezahlen. Wie das vor sich ging, bestätigt die Aussage des ehemaligen PJC-Piloten Ralph Henry Ermisch vor dem Untersuchungsausschuss am 1. Februar 2000: PJC habe der WestLB überhöhte Flugkosten in Rechnung gestellt, mit denen »Sex-Dienstleistungen« an Bord beglichen wurden. Das wiederum deckt sich mit den zum Teil exorbitanten Unterschieden zwischen »Airtime« und »Blocktime«, die sich auf Abrechnungen finden, die sich auf PJC-Aufstellungen für Flüge nordrhein-westfälischer SPD-Politiker finden, die von der WestLB bezahlt wurden.

Aber zurück nach Wolfsburg. Ich weiß nicht, aus welchem Grund der VW-Flugdienst PJC eine Flugstunde mehr bezahlte, als tatsächlich gebraucht wurde, um Gerhard Schröder nach Verona und dann den Learjet zurück nach Düsseldorf zu bringen. Alle Spekulationen jedoch, die darüber auf der Hand liegen, sind für keinen der Beteiligten schmeichelhaft.

Treuer Streiter für das VW-Gesetz

Gerhard Schröder ist seit sieben Jahren nicht mehr Aufsichtsrat der Volkswagen AG – stand aber dennoch immer in Treue fest zu VW. Er war der erste Bundeskanzler, der ein Erzeugnis des VW-Konzerns als Dienstwagen fuhr (einen Audi A8), und stieg zumindest in der niedersächsischen Heimat hin und wieder auch in einen VW Phaeton. Außerdem war Schröder der vehementeste Verteidiger des VW-Gesetzes im Konflikt mit Brüssel, den sich der Konzern nur wünschen konnte. Und da gab es zuletzt einiges zu verteidigen. Denn die EU-Kommission legt es mit aller Kraft darauf an, den Deutschen diesen Dinosaurier der Kapitalmarktgesetzgebung abzuschießen.

EU-Kommissar Charlie McCreevy, zuständig für den Binnenmarkt, hält die Einschränkung der Aktionärsrechte, die mit diesem Gesetz verbunden ist, für einen Verstoß gegen den freien Kapitalverkehr und die Niederlassungsfreiheit in der Europäischen Union. Im Oktober 2004 waren Gespräche zwischen Deutschland und McCreevys Vorgänger Frits Bolkestein gescheitert, weil Gerhard Schröder auf stur schaltete: »Das VW-Gesetz ist absolut vereinbar mit europäischem Recht«, befand er und zwang die EU damit, vor dem Europäischen Gerichtshof gegen Deutschland zu klagen. Mit einem Urteil wird frühestens Ende 2006, wahrscheinlich aber noch später gerechnet. Sollte die Bundesrepublik das Verfahren verlieren, hätte Schröder für VW wenigstens ein paar Jahre Übergangsfrist herausgeschunden – auf Kosten der deutschen Glaubwürdigkeit innerhalb der EU.

Nach den bei VW üblichen Gepflogenheiten müsste sich der Konzern spätestens dann bei Schröder für die großzügige Unterstützung ebenso großzügig revanchieren, wenn dieser eine Übergangslösung für die Zeit nach der großen Politik brauchen sollte. Eine solche Lösung fand sich zumindest für Schröders Nach-Nachfolger im Amt des niedersächsischen Ministerpräsidenten und im VW-Aufsichtsrat, für Sigmar Gabriel. Der galt mal als Nachwuchshoffnung der SPD, versemmelte aber die Landtagswahl von 2003, worauf Gabriel den Vorsitz der nunmehr oppositionellen SPD-Fraktion im Landtag von Hannover übernahm. Dafür kassierte er dann auch doppelte Diäten – wegen der Doppelbelastung.

Nach außen änderte sich nichts an seiner Einstellung zur Politik. Auf seiner Internetseite lesen wir über den »Vollblutpolitiker« Sigmar Gabriel: »Politik muss man wollen, ganz oder gar nicht. Davon ist Gabriel überzeugt.« Seine Vorbilder: »Willy Brandt, Herbert Wehner und Helmut Schmidt – Politiker mit unbequemen Profilen, mit Ecken und Kanten, die ihre Ziele mit Leidenschaft verfolgen und dabei den Sinn für das Machbare, für die Wirklichkeit der Menschen nicht verlieren. Politik braucht Leidenschaft. Das ist die Voraussetzung für Durchsetzungskraft und Präsenz überall da, wo man gebraucht wird.«

Mit dieser »Leidenschaft« meldete sich der Fraktionschef Gabriel auch am 19. Januar 2005 zu Wort, um CDU und FDP mangelnde Transparenz vorzuwerfen: Transparenz in Fragen der Nebeneinkünfte von Parlamentariern. »Angesichts der bundesweiten Debatte über Nebeneinkünfte von Parlamentariern brauchen wir ein Höchstmaß an Transparenz über die finanziellen Verhältnisse der Abgeordneten. Nur so können wir dafür sorgen, dass die Lücke zwischen dem, was rechtlich zulässig, und dem, was in der Öffentlichkeit für moralisch vertretbar gehalten wird, geschlossen wird.« Gleichzeitig forderte er eine Verschärfung der Sanktionsmöglichkeiten bei Verstößen gegen die Transparenzregeln.

Gabriels zweites Standbein

Forderungen, bei denen Anspruch und Wirklichkeit weit auseinander klaffen. Am 4. Februar 2005 wurde bekannt, dass Gabriel selbst nicht angemeldete Nebeneinkünfte hatte. Der doppelt besoldete Landtagsabgeordnete und SPD-Fraktionschef hatte sich als drittes Standbein an der Firma seines Freundes Lutz Lehmann beteiligt. »Communication, Network, Service«, kurz CoNeS, heißt das Unternehmen, zu Deutsch: Übertragung, Netzwerk, Dienstleistung. Und kaum war Gabriel Gesellschafter von CoNeS geworden, erhielt die völlig unbeleckte Firma am 1. November 2003 einen 100 000-Euro-Auftrag aus Wolfsburg. Ausgerechnet der wirtschaftspolitische Geisterfahrer Gabriel, für den die Verschuldung Niedersachsens schon zurückgeht, wenn sich nur das Tempo des Schuldenanstiegs verlangsamt, sollte für den Weltkonzern ein Weißbuch der EU prüfen. Thema: »Europäische Industriepolitik«.

Die niedersächsische SPD-Spitze geriet nach Bekanntwerden von Gabriels VW-»Netzwerksdienstleistung« umgehend in Panik. »Davon hat bei uns keiner was gewusst«, sagte ein früherer Minister der Landesregierung der *Hannoverschen Allgemeinen Zeitung*. Der SPD-Landesvorsitzende Wolfgang Jüttner war für eine Stellungnahme nicht erreichbar. Das war nicht weiter verwunderlich, denn die Situation war explosiv. Den Landtagspräsidenten Jürgen Gansäuer (CDU) hatte Gabriel morgens um 7 Uhr auf dem Handy angerufen und darüber informiert, dass VW der Auftraggeber von CoNeS sei. Bei diesem Telefonat sei Gabriel »verdammt angefasst« gewesen. Der Landtagspräsident habe den Eindruck bekommen, »der Mann kämpft um sein politisches Überleben«.

Das *Handbuch des Niedersächsischen Landtages 15. Wahlperiode 2003–2008*, 1. Auflage, vermerkt zu den Tätigkeiten und Funktionen nach Paragraf I.3 und I.4 der Verhaltensregeln auf Seite 50 bei Sigmar Gabriel: »Keine«. Diese Paragrafen legen fest, dass die Mitglieder des Landtages zur Aufnahme in das Handbuch Folgendes anzugeben haben: »vergütete und ehrenamtliche Tätigkeiten bzw. Funktionen als Mitglied eines Vorstandes, Aufsichtsrates, Verwaltungsrates, sonstigen Organs oder Beirats einer Gesellschaft«. Von CoNeS stand da nichts. Und schon gar nicht stand da, dass die Firma CoNeS von VW unterhalten wurde, der größten Beteiligungsgesellschaft des Landes Niedersachsen.

Und es kam noch dicker: An CoNeS, so verlautbarte Gabriel anfangs, sei er zu 25 Prozent beteiligt. Der *Bild*-Zeitung gegenüber beteuerte er: »Ich habe und hatte keinen Vertrag mit VW, sondern das Unternehmen, an dem ich mit 25 Prozent beteiligt war.« Doch auch das war nicht die Wahrheit. Wie sich im Zuge der Aufklärung herausstellte, war Gabriel zu Beginn seiner Gesellschaftertätigkeit zu 75 Prozent an der Firma beteiligt, hatte also seinen Geschäftspartner zum Strohmann gemacht. Der gab dem *Focus* gegenüber an: »Gabriel wollte mehr. Er startete mit 75, ich mit 25 Prozent.« Gabriel war also eindeutig Hauptgesellschafter, als CoNeS den Auftrag von VW bekam! Auch die Auftragssumme lag mit 130 000 Euro um 30 Prozent über dem zuerst angegebenen Betrag. Für sein üppiges CoNeS-Honorar hatte Gabriel noch nicht einmal etwas Schriftliches abgeliefert. Er sei für den Konzern wiederholt auf Geschäftsreisen gewesen, so seine finale Begründung für das viele Extrageld des Landeskonzerns. »Ich lege schon Wert darauf: Ich habe weder ein Gesetz gebrochen, noch bin ich ins Bordell gegangen«, verteidigte sich der Exhoffnungsträger Sigmar Gabriel damals in der *Braunschweiger Zeitung*. Dabei wäre Letzteres rechtlich gar nicht zu beanstanden – zumindest so lange, wie die Rechnung nicht von VW bezahlt wird.

Nachdem Gabriel aus der CoNeS ausgestiegen war, versiegte der Geldfluss. VW kündigte im Oktober 2004 den Vertrag. Zu dem Deal mit VW sagte Gabriel selbst: »Diesen Vertrag hätten wir nicht machen dürfen.« Das ist korrekt. Dafür spricht sowohl die Rechtsform als GbR als auch der VW-Anteil am Umsatz. CoNeS war der glasklare Versuch, das Abgeordnetengesetz zu unterlaufen und auf illegale Weise Gelder aus einem Landesunternehmen zu kassieren. Weiterhin gibt es da noch das Aktiengesetz. Das gilt auch für die landeseigene Volkswagen AG. An die Vorschriften dieses Gesetzes bezüglich der Sorgfaltspflichten und Verantwortlichkeiten ist nicht nur der Aufsichtsrat nach Paragraf 116 gebunden. Auch der Vorstand des Unternehmens sollte den entsprechenden Paragrafen 93 zumindest in den Grundzügen kennen. Der Auftrag und die Zahlungen an die Tarnfirma von Exministerpräsident, Exaufsichtsrat und CoNeS-Hauptgesellschafter Gabriel sind ein Untreuevorgang der zuständigen Organe der Volkswagen AG wie aus dem juristischen Bilderbuch.

Ach ja: Als Sigmar Gabriel noch im Aufsichtsrat von VW saß, brachte er seine Lebensgefährtin Ines Krüger im Konzern unter. Natürlich beim Parteigenossen Peter Hartz in der Personalabteilung. »Sie ist nicht eingestellt worden, weil, sondern obwohl ich dem Aufsichtsrat angehört habe«, kommentierte der ertappte Gabriel. Was zumindest insoweit richtig ist, als sonst die »Freundinnen« von Aufsichtsräten in den Genuss von Flugreisen, Sprachkursen, Werbeverträgen und kosmetischen Korrekturen kommen, aber niemand auf die Idee käme, sie in einem Wolfsburger Büro arbeiten zu lassen.

Ebenso großzügig wie gesetzwidrig

Dass es bei VW nicht nötig ist zu arbeiten, um Geld zu verdienen, konnte Sigmar Gabriel auch in seinem engeren politischen Umfeld beobachten: in der SPD-Landtagsfraktion. Da schafften es die beiden Abgeordneten Ingolf Viereck und Hans-Hermann Wendhausen zehn Jahre lang, von VW bezahlt zu werden, ohne dafür den Finger zu rühren. Und das hatten sich die beiden nicht etwa heimlich von ihrem ehemaligen Arbeitgeber in Wolfsburg erschlichen. 1990 hatte der VW-Vorstand interne »Grundsätze« zur Behandlung von in der Politik tätigen Beschäftigten beschlossen. Danach wurden »Mitarbeiter zur Ausübung politischer Mandate« freigestellt und ohne Gegenleistung mit einer »Lohnfortzahlung« für die spätere »reibungslose Reintegration in das Unternehmen« ausgestattet. Wie Anfang 2005 bekannt wurde, kamen europaweit rund 100 Abgeordnete in Parlamenten aller Art in den Genuss dieser großzügigen Grundsätze, ebenso wie Viereck und Wendhausen völlig im Einklang mit den bei VW geltenden Gepflogenheiten.

Doch nicht alles, was VW beschließt, ist allein deshalb schon legal. In diesem Fall steht zum Beispiel Paragraf 27 Absatz 3 des niedersächsischen Abgeordnetengesetzes dagegen, der Bezahlung ohne Gegenleistung schlicht verbietet: Abgeordneten dürfen mit Rücksicht auf ihr Mandat keine anderen als die in diesem Gesetz vorgesehenen Zuwendungen gemacht werden. Und dies auch nur dann, wenn die Vergütung dem Wert einer tatsächlich erbrachten Tätigkeit entspricht. Jürgen Gansäuer, der niedersächsische Landtagspräsident, forderte die Abgeordneten nach Bekanntwerden der Gehaltszahlungen denn auch auf, den geleisteten Gegenwert für die VW-Gehälter nachzuweisen. Ergebnis: Wendhausen soll 422 954,70 Euro wieder herausrücken, Viereck 343 519,32 Euro. Die beiden weigern sich, der Fall liegt derzeit beim Verwaltungsgericht Braunschweig.

Zahlungen ohne Gegenleistung verbietet nicht nur das Abgeordnetengesetz, sondern auch das Aktiengesetz, beispielsweise in Paragraf 93 Absatz 3. Das wiederum rückt den Konzern in ein wenig erfreuliches Licht. Entweder hat VW die Abgeordneten demnach bezahlt, damit diese in den Parlamenten die Interessen des Unternehmens vertreten – dann wäre zwar dem Aktiengesetz Genüge getan, aber dafür der Tatbestand der Bestechung von Mandatsträgern erfüllt. Oder die Abgeordneten haben ihr Geld einfach nur so bekommen, weil es bei VW nun einmal üblich ist, dass man einfach nur so Geld bekommt – das wäre dann keine Bestechung mehr, dafür aber ein schwerer Fall von Untreue gegenüber den Aktionären.

Die Braunschweiger Staatsanwälte wollten indes weder bei Gabriel noch bei seinen Kollegen Viereck und Wendhausen eine Schädigung der Volkswagen AG durch die geleisteten Zahlungen ohne Gegenleistung erkennen. Man hätte ansonsten Klage sowohl gegen die zahlenden wie auch die kassierenden Genossen im VW-Umfeld erheben müssen. Wenn jedoch keine Klage seitens der Anwälte des Staates erhoben wird, ist trotz der klaren Untreuevorgänge für die breite Öffentlichkeit, welche die einigermaßen komplexen Zusammenhänge nicht überblicken kann, der äußere Schein der Legalität gewahrt. Genau dieser Schein soll offenbar mit Hilfe der Braunschweiger Justizbehörden um jeden Preis gewahrt werden.

Ein OB als unternehmerisches Naturtalent

SPD, SPD, immer wieder SPD: Gibt es denn keinen CDU-Politiker, der von seinem Verhältnis zu VW profitiert hätte? Doch, gibt es. Einen ganz speziellen sogar: den Politiker, der finanziell mit Abstand am meisten von Volkswagen profitiert hat, möglicherweise mehr als alle korrupten SPD-Politiker zusammengenommen. Er heißt Rolf Schnellecke, ist Oberbürgermeister der Stadt Wolfsburg und Eigentümer eines »mittelständischen Unternehmens der Automobillogistik«, das Jahr für Jahr einen dreistelligen Millionenumsatz mit dem VW-Konzern macht. Nicht schlecht für einen Spediteur, der seine unternehmerische Karriere mit zwei Lieferwagen begann. Seit 1994 geht die Geschäftsbeziehung sogar über die Logistik hinaus: Damals kaufte Schnellecke der Treuhandanstalt die Karrosseriewerke Dresden (KWD) ab, sicherte sich Aufträge für Karosserieteile erst des Polo, dann des Passat und stieg in die Fertigung von Autositzen im polnischen Polkowice ein – in einem Joint Venture mit VW. Vor allem dank des »Hauptkunden VW« verfünffachte Schnellecke innerhalb von vier Jahren den KWD-Umsatz auf 180 Millionen Mark.

Wolfsburgs Oberbürgermeister – ein unternehmerisches Naturtalent? Vor vier Jahren stellte das *manager magazin* dem VW-Konzern ein paar hässliche Fragen, die insbesondere das Verhältnis zwischen Schnellecke und dem VW-Produktionsvorstand Folker Weißgerber betrafen. »Der Weißgerber stützt den Schnellecke, wo er kann«, zitierte die Zeitschrift einen Insider. Und wenn ein Vorstandsmitglied wie Weißgerber für die Vergabe der Logistikaufträge zuständig ist, kann es ziemlich umfassend stützen. Die Antwort von Ferdinand Piëch: Er habe gleich ein Dutzend Mitarbeiter der Konzernrevision in Marsch gesetzt, um die Geschäftsbeziehungen zu Schnellecke auf mögliche Unregelmäßigkeiten zu prüfen. Dazu der Informant des *manager magazins*: »Sollten die tatsächlich fündig werden, braucht VW einen neuen Produktionsvorstand und Wolfsburg einen neuen Oberbürgermeister.«

Falls die Revisoren fündig geworden sein sollten, haben sie es damals zumindest niemandem verraten. Folker Weißgerber fiel erst Ende Juni 2005 beim Revirement aufgrund des Einstiegs von Wolfgang Bernhard durch den Rost. Rolf Schnellecke ist noch immer Oberbürgermeister von Wolfsburg, intensiver Geschäftspartner des VW-Konzerns und leidenschaftlicher Verfechter des ganz besonderen Verhältnisses zwischen Stadt und VW: Wolfsburg sei »eine besondere Stadt, die mit diesem Konzern eben wie zwei Seiten einer Medaille verwoben ist. Dass man hier in guter gemeinsamer Vertrauensarbeit diesseits und jenseits des Kanals gemeinsame Ziele verfolgt, die die Stadt, die die Menschen, die das Unternehmen betreffen, das ist ja wohl nicht verwerflich.«

Wie man's nimmt: Wenn zwei gemeinsam ihren Vorteil suchen, wird es natürlich verwerflich, sobald sie das auf Kosten anderer tun. Und genau das war und ist in Wolfsburg nicht die Ausnahme, sondern die Regel.

Und der Aufsichtsrat?

Sind die Einkünfte der Vorstände, zumindest nach den offiziellen Zahlen des Geschäftsberichts, auch vergleichsweise gering, kann man das von denen der Aufsichtsratsmitglieder wahrlich nicht behaupten. Insgesamt 2,14 Millionen Euro für die 20 VW-Aufsichtsräte im Jahr 2004 ergeben eine Durchschnittsvergütung von gut 100 000 Euro pro Aufsichtsrat – und das bei gerade mal vier Sitzungen im Jahr. Großzügig kalkuliert heißt das: Wenn jede dieser Zusammenkünfte inklusive An- und Abreise 20 Stunden wertvoller Arbeitszeit von hochmögenden Herren wie Siemens-Urgestein Heinrich von Pierer oder IG-Metall-Chef Jürgen Peters verschlingt, ergibt sich daraus der fürstliche Stundenlohn von 1250 Euro! Selbst wenn man davon ausgehen kann, dass zumindest einige der Aufsichtsräte eines Großkonzerns auch zwischen den Sitzungen immer wieder mit Angelegenheiten des Unternehmens befasst sind, dürften die VW-»Kontrolleure« sowohl vom absoluten Betrag her als auch nach Stundenlohn gemessen einen Platz in der Spitzengruppe der deutschen Konzerne einnehmen.

Beim ob seiner amerikanisch hohen Vorstandsgehälter verschrieenen Konkurrenten DaimlerChrysler geht ein einfaches Aufsichtsratsmitglied mit 82 700 Euro nach Hause, der Vorsitzende Hilmar Kopper bekam laut Geschäftsbericht 2004 eine Vergütung von 245 900 Euro. Für den VW-Aufsichtsratsvorsitzenden Ferdinand Piëch fielen hingegen alles in allem 247 000 Euro ab. Ein herber Einkommensverlust gegenüber seinem ersten Aufsichtsratsjahr 2002. Damals ermittelte die Deutsche Schutzvereinigung für Wertpapierbesitz Piëch als den Spitzenverdiener unter den deutschen Aufsichtsräten – mit 305 000 Euro lag er noch glatte 80 000 Euro vor dem Zweitplatzierten Kopper.

Nach Paragraf 111 des Aktiengesetzes ist es die Aufgabe des Aufsichtsrats, »die Geschäftsführung zu überwachen«. Dafür kann er »die Bücher und Schriften der Gesellschaft sowie die

Vermögensgegenstände einsehen und prüfen«. Er ist es, der den Wirtschaftsprüfer beauftragt, den Jahresabschluss des Unternehmens zu testieren. Dabei muss er gemäß Paragraf 93 »die Sorgfalt eines ordentlichen und gewissenhaften Geschäftsleiters« anwenden – verletzt der Aufsichtsrat seine Pflichten, ist er dem Unternehmen zu Schadenersatz verpflichtet. Eine wichtige, zentrale Aufgabe also. Wie aber ist es um die Qualität dieser Arbeit bei den Kontrolleuren des Volkswagen-Konzerns bestellt?

Der Pate mit der Knute

Der oberste Kontrolleur ist, rein formal, der Aufsichtsratsvorsitzende Ferdinand Piëch. 2002 wechselte der Auto-Besessene nach neun Jahren als Vorstandsvorsitzender – schlechter deutscher Tradition folgend – direkt an die Spitze des Aufsichtsrats. Für ihn eine prima Sache, kann er doch nun seinen Nachfolger auf kürzeste Distanz überwachen und ihm hilfreiche Tipps geben, falls einmal eine Leiche aus dem Wolfsburger Keller ans Tageslicht kommt. Als sich um die vergangene Jahreswende die Affäre um die Extrazahlungen an Abgeordnete entwickelte, habe, so heißt es in Konzernkreisen, Piëch seinen Vorstandschef Bernd Pischetsrieder erst darauf aufmerksam machen müssen, dass hier ein Problem bestand. Pischetsrieder habe nämlich keine Ahnung von jener 1990 beschlossenen Regelung gehabt, die VW-Beschäftigten eine Lohnfortzahlung in die Tasche steckt, wenn sie in die Parlamente ziehen. Pischetsrieder wiederum wird sich hüten, seinen Vorgänger und jetzigen Überwacher zu kritisieren, denn der kann ihn nicht nur über irgendeine im Weg liegende oder passend in den Weg gelegte Leiche stolpern lassen, sondern legt gemeinsam mit den anderen drei Mitgliedern des Aufsichtsratspräsidiums auch seine Bezahlung fest. Insbesondere die Tantieme am Ende eines jeden Geschäftsjahres. Da geht es dann schon einmal um einen sechsstelligen oder auch siebenstelligen Betrag – nicht eben ein Taschengeld, auch für Vorstände.

Herr Piëch hat also ein bis zwei wunderbare Knuten in der Hand, um seinen Nachfolger zu zähmen und zu sensibilisieren.

Doch erst im Sommer 2005, mitten in der geballten öffentlichen Aufregung über VW, beschloss Piëch, künftig wenigstens einen Tag pro Woche in der Wolfsburger Zentrale nach dem Rechten zu sehen. Bis dahin hielt sich der Aufsichtsratschef vorzugsweise fern von der Autostadt auf, kam im Schnitt »nur alle drei Monate mal« nach Niedersachsen. In Salzburg, am Hauptsitz des Familienbetriebs Porsche Holding, deren Mitinhaber er ist, beaufsichtigt es sich eben weit komfortabler. Weshalb ihm dort zum Beginn seiner neuen Funktion als VW-Aufsichtsrat ein neues Büro eingerichtet wurde. Die Münchner Baufirma Diabos stellte der VW AG am 10. April 2002 allein für Abbrucharbeiten und Baustelleneinrichtung 15 320 Euro plus 16 Prozent Mehrwertsteuer in Rechnung. Nachdem die Buchhaltung offenbar monierte, dass für Arbeiten im Ausland keine Mehrwertsteuer zu berechnen sei, folgte am 23. Mai die Rechnung Nr. 2743 noch einmal, jetzt über glatt 15 320 Euro.

»Glauben Sie mir, ich bin vorsichtig genug ...«

Auf erste Anfragen zu dieser Rechnung reagierte die VW-Pressestelle etwas vorschnell: »Dabei handelt es sich um Sicherheitsmaßnahmen für das Büro des damaligen Vorstandsvorsitzenden und heutigen Aufsichtsratsvorsitzenden der Volkswagen AG.« In der Diabos-Rechnung findet sich allerdings kein Wort von Sicherheitsmaßnahmen, dafür eher geschmacklich als sicherheitstechnisch relevante Posten wie »Demontage Teeküche inkl. Entsorgung, Abbrucharbeiten Toilette inkl. Entsorgung, Abstemmen und Entsorgen von ca. 6 qm Parkettfußboden«. Dennoch verbittet sich Piëch in einem *Spiegel*-Interview jegliche Kritik an seinem Salzburger Arbeitsplatz: »Es ging darum, dass ein Büro, das VW offiziell anmietet, für meine Arbeit als Aufsichtsratsvorsitzender eingerichtet wurde. Dafür mussten beispielsweise die

Türen, die zuvor aus hochwertigen Pappdeckeln bestanden, erneuert werden. Und ich habe zum ersten Mal in meiner Zeit bei VW neue Büromöbel bekommen. Glauben Sie mir, ich bin vorsichtig genug, dass man mir persönlich nichts vorhalten kann.«

Aber ich möchte mir dann doch noch eine Frage zur internen Erfassung dieses Vorgangs erlauben: Diabos hat VW-intern die Lieferantennummer 106161/0, die Abbruchrechnung erhielt die Auftragsnummer 2019011. Unter der Kostenstelle des Vorstandsvorsitzenden taucht diese so genannte AZ-Nummer unter der Kostenart INSTR (Instandhaltung/Renovierung) wieder auf. Allerdings nicht mit 15 320, sondern mit 18 120 Euro. Die verbleibenden 2800 Euro entfallen laut VW-Rechnungsbearbeitung auf eine Diabos-Rechnung mit der Nr. 837, ebenfalls vom 23. Mai 2002, ebenfalls mit der Auftragsnummer 2019011. Nun ist es an sich schon höchst ungewöhnlich, dass eine Handwerksfirma an einem Tag für ein und denselben Auftrag an ein und denselben Empfänger zwei verschiedene Rechnungen versendet; noch ungewöhnlicher ist es aber, dass sie hierbei nicht zwei aufeinander folgenden Rechnungsnummern vergibt, sondern so weit auseinander liegende Nummern wie 837 und 2743. Für solche Ungewöhnlichkeiten müsste sich eigentlich die Konzernrevision interessieren. Weil es aber um die Renovierungsarbeiten für das Büro des Aufsichtsratsvorsitzenden geht, hat sie vermutlich die Finger davon gelassen.

Mit dem PCJ-Jet nach Muscat

In einer Situation wie Ende Juli 2005, als bei VW an allen Ecken und Enden die Skandale und Skandälchen ruchbar wurden, muss sich ein Aufsichtsratsvorsitzender an die Spitze der Aufklärungsbewegung setzen und nach innen und außen um das Vertrauen von Öffentlichkeit, Mitarbeitern, Käufern und Aktionären werben. Das Interview mit Piëch, das der *Spiegel* am 25. Juli veröffentlichte, bot ihm eine Steilvorlage. Diese sah so aus:

> Piëch: Vielleicht hilft es in der derzeit angespannten Situation ein wenig, wenn ich künftig wieder etwas häufiger in Wolfsburg bin und ein paar Fragen mehr stelle.
> *Spiegel*: Nach was wollen Sie denn fragen?

Eine bessere Gelegenheit, sich als der größte Aufräumer aller Zeiten zu präsentieren, ist kaum vorstellbar. Aber was sagt der Aufsichtsratsvorsitzende?

> Piëch: Da fällt mir schon was ein. Beispielsweise, warum man die Sommerabnahmefahrt streichen will, bei der Entwickler und Vorstandsmitglieder die neuen Modelle aller Marken in den Tropen noch einmal testen. Das ist natürlich unangenehm, weil man die Fahrten auch bei 50 Grad Celsius im Schatten mal mit ausgeschalteter Klimaanlage absolvieren muss. Aber es bringt Erkenntnisse über die Reifegrade der Fahrzeuge, die man im Testlabor einfach nicht erzielen kann.

Nanu? Alle Welt redet von Lustreisen, Politikergehälter- und Schmiergeldaffären bei VW, und der Aufsichtsratsvorsitzende will im Unternehmen unangenehme Fragen darüber stellen, warum die Sommerabnahmefahrt gestrichen werden soll? Sogar die Interviewer waren so verdutzt, dass sie ohne weitere Nachfrage das Thema wechselten. Dabei hätte sich ein Nachhaken durchaus gelohnt: Wenn jemand wie Piëch in einer solchen Situation ein völlig neues und scheinbar völlig nebensächliches Thema ins Spiel bringt, dann wahrscheinlich, weil es ihn persönlich gerade besonders beschäftigt. Und dass es ihn gerade besonders beschäftigt, könnte durchaus an dem Wirbel liegen, den derzeit seine letzte Sommerabnahmefahrt als Audi-Chef im Aufsichtsrat auslöst.

Die nämlich führte ihn am 22. Juli 1992 nach Muscat auf der Arabischen Halbinsel und am 25. Juli wieder zurück. Die einschlägig bekannte Fluggesellschaft PJC berechnete für eines der beiden eingesetzten Flugzeuge insgesamt 81 031,50 Mark.

Neben Piëch an Bord des ebenfalls einschlägig bekannten Learjets D-CLAN: die Audi-Manager Kortüm, Winterkorn, Milztrey, Dotzauer, E. Müller und Leitermann. Der Flugplan führte von Düsseldorf über Nürnberg nach Muscat, mit technischem Zwischenstopp in Larnaca, dann auf der gleichen Route retour. Die gesamte Flugzeit betrug gemäß interner PJC-Mitschrift 16 Stunden und 32 Minuten, berechnet wurden, auch das ist einschlägig bekannt, 20 Stunden und 3 Minuten. Dreieinhalb Flugstunden mehr auf der Rechnung: Zusatzkosten für Audi von 11 550 Mark. Die Abrechnungen habe ich im Frühjahr 2005 dem VW-Aufsichtsrat Christian Wulff zugesandt. Im Juli wird er sich daran erinnert haben.

Kurz nach der Lektüre des oben mehrfach erwähnten *Spiegel*-Interviews stieß ich in der Zeitschrift *Wirtschaft & Weiterbildung* auf einen Bericht über ein Frühwarnsystem, das der Managementtrainer Paul Babiak und der Psychologieprofessor Robert Hare entwickelt haben: einen 107 Fragen umfassenden Test, mit dem Unternehmen abschätzen können, ob Kandidaten für Toppositionen psychopathische Züge entwickeln. Der Verdacht liegt nahe, je mehr der folgenden Aussagen auf die betreffende Person zutreffen:

- Der Manager gibt jeder Diskussion einen Dreh, sodass es anschließend nur um ihn geht.
- Er sieht sich ständig im Recht und andere im Unrecht.
- Er macht andere schlecht und diskreditiert sie, anstatt sich eine eigene Reputation aufzubauen.
- Er lügt auf Knopfdruck andere (Mitarbeiter, Kunden ...) an, ohne eine Miene zu verziehen.
- Er hält alle, die er erfolgreich manipuliert hat, für dumm und wertet sie ab.
- Er passt sich opportunistisch an. Er hasst es zu verlieren und spielt, ohne sich an die Regeln zu halten, weil er unbedingt gewinnen muss.
- Er gilt als gefühlskalt und berechnend.

- Er hat sich mit viel Charme ein Netzwerk im Unternehmen geschaffen und nutzt es zum persönlichen Vorteil aus.
- Er zeigt kein Bedauern für von ihm getroffene Entscheidungen, die negativen Einfluss auf die Mitarbeiter haben.

Auf diese Weise kann man sicherlich ins Psychopathische tendierende Manager frühzeitig erkennen und entsprechende Vorkehrungen treffen. Je höher sie allerdings in der Hierarchie bereits geklettert sind, desto schwieriger wird es, sie wieder einzufangen, bevor sie Unheil anrichten.

Multi-Aufsichtsrat mit geschlossenen Augen

Nach diesem kleinen Exkurs in die Psychologie zurück zum VW-Aufsichtsrat. Dort sitzt seit dem 2. Juli 1987 Klaus Liesen. Seit dem Abgang von Klaus Volkert ist er der Einzige, der schon vor der Piëch-Ära dem Gremium angehörte. Bevor Piëch im April 2002 den Vorsitz im Aufsichtsrat übernahm, hatte Liesen diese Position 15 Jahre lang inne. Noch heute ist er der Vorsitzende des Prüfungsausschusses des Aufsichtsrats – und damit des mächtigen Untergremiums, das in engem Kontakt mit den Wirtschaftsprüfern dafür zu sorgen hat, dass der Jahresabschluss des Unternehmens den gesetzlichen Vorschriften entspricht, oder, wenn das nicht klappen sollte, dafür sorgen muss, dass der Wirtschaftsprüfer trotzdem bestätigt, dass alles mit rechten Dingen zugegangen ist.

Der Jurist Liesen – ehemals Vorstandsvorsitzender der Ruhrgas AG und Aufsichtsratsmitglied, zum Teil auch Vorsitzender bei der Allianz und der Deutschen Bank, bei Preussag/TUI, Mannesmann, Ruhrgas AG, Eon und eben Volkswagen – gilt als eine der zentralen Figuren im Netzwerk der Deutschland AG. Er wird als »der große alte Mann der deutschen Wirtschaft« (*manager magazin*) gepriesen und auch dementsprechend dekoriert: Liesen bekam das Große Verdienstkreuz mit Stern, den Bayerischen

Verdienstorden und die Niedersächsische Landesmedaille, wurde zum Kommandeur des Königlich Norwegischen Verdienstordens sowie des niederländischen Ordens von Oranje-Nassau ernannt und erhielt den Willy-Brandt-Preis für seine Verdienste um die norwegisch-deutschen Beziehungen.

Dass er als Aufsichtsratsvorsitzender ein besonders penibler Aufpasser gewesen wäre, sagt ihm hingegen keiner nach. In der Laudatio, die ihm das *manager magazin* als einem der »50 mächtigsten Männer der deutschen Wirtschaft« widmete, hieß es ganz im Gegenteil, Liesen habe »als Chefkontrolleur den starken Vorstandsvorsitzenden wie Ferdinand Piëch, Henning Schulte-Noelle und Ulrich Hartmann meistens freie Hand« gelassen. Aus der Laudatio-Sprache ins Deutsche zurückübersetzt heißt das: Wenn zu allem entschlossene Konzernchefs die Gewähr haben wollten, dass kein Kontrolleur ihnen auf die Finger klopft, mussten sie nur Klaus Liesen zum Aufsichtsratsvorsitzenden machen und hatten von da an ihre Ruhe. Dazu mögen im Fall VW sicherlich auch die großzügigen Spenden beigetragen haben, die die Wolfsburger viele Jahre lang auf das Konto des Essener Kinderschutzbundes überwiesen – eine Organisation, für die sich Liesens Ehefrau persönlich engagierte. Seit Liesen nicht mehr Aufsichtsratschef ist, wird der Verein nicht mehr bedacht.

Mir persönlich ist Klaus Liesen noch in unangenehmer Erinnerung aus meiner Zeit als Mitglied des Vorstandes der Preussag AG. Dort war er als Aufsichtsratsmitglied unmittelbar beteiligt an den schweren Bilanzmanipulationen, die ich im Frühjahr 1998 nicht mitzutragen bereit war. Damals informierte ich selbstverständlich auch die Mitglieder des Aufsichtsrates über Fakten und Hintergründe. Keiner der Kontrolleure rührte eine Hand. Auch in seiner dortigen Funktion als Mitglied des obersten Kontrollorgans der Gesellschaft ließ Klaus Liesen den Vorsitzenden des Aufsichtsrates, Friedel Neuber von der WestLB, völlig ungehemmt schalten und walten. Der »Pate von der Ruhr« oder »Gangster in Nadelstreifen«, wie er in der Presse ganz offen genannt wurde, konnte tun und lassen, was er wollte. Die verbindlichen Vorgaben des Aktiengesetzes oder des Strafgesetzbuches waren ausgeblendet. Liesen und seine Kollegen nickten alle Mauscheleien und Betrugsvorgänge ab – ohne erkennbare innere Probleme.

»Das ist alles Menschenwerk…«

Das gleiche gilt für meinen ehemaligen Kollegen Michael Frenzel, Vorstandsvorsitzender der Preussag/TUI AG und Aufsichtsrat der Volkswagen AG. Frenzel nimmt es mit Aktiengesetz und Strafgesetzbuch ebenfalls nicht so genau, und zwar in Anlehnung an das Motto des ehemaligen niedersächsischen Ministerpräsidenten, Gerhard Glogowski, der bezüglich abgeschlossener Verträge zu sagen pflegte: »Das ist alles Menschenwerk, also ist es veränderbar.« Man muss sich halt nur trauen, die Dinge zu verändern. Das ist einerseits eine Frage des Mutes und andererseits der Konsequenz der Strafverfolgungsbehörden. Doch sogar da kann man »gestaltend« eingreifen. Die Preussag tat dies mit einem zweistelligen Millionenbetrag – jährlich. Zur Sicherheit aus der neutralen Schweiz.

Eine weitere schillernde Persönlichkeit im VW-Aufsichtsrat ist Gerhard Cromme, der Vorsitzende der deutschen Corporate-Governance-Kommission. Cromme war als Krupp-Chef an einem der krummsten Deals der deutschen Wirtschaftsgeschichte beteiligt: an der Fusion von Thyssen und Krupp. Um Krupp vor dem Exitus zu bewahren, griff Cromme in einer Verzweiflungstat den Branchenführer Thyssen an, wollte ihn gar übernehmen. Am Anfang sah es so aus, als könnte der Angriff Davids gegen Goliath gelingen. Doch bald bemerkten die beteiligten Banken, dass sich Cromme schwer verhoben hatte. Der Angriff wurde abrupt gestoppt, Cromme holte sich eine blutige Nase. Seine Firma war schwer angeschlagen, denn die Probleme von Krupp waren klar hervorgetreten. Im Revier glühten die Telefondrähte. Eine Lösung musste her.

Also bastelte man statt einer Übernahme der Thyssen AG durch Krupp eine Fusion der beiden Stahlunternehmen zusammen. Mit allen nur denkbaren Tricks. An den Gestaden des Rheins kommt es nämlich auf die Gesetze und deren Einhaltung nicht so genau an – wenn man etwas wirklich Wichtiges erreichen will. Und das Überleben von Krupp war wirklich wichtig. Den Vorsitz der Krupp-Stiftung innezuhaben ist schließlich so etwas wie der finale Ritterschlag für den wahren König des Ruhrgebietes. Das gilt – trotz des angebrochenen High-Tech-Zeitalters – auch heute noch.

Leiche schluckt Topathlet

Der Thyssen-Vorstand war nach Crommes Attacke zuerst stinksauer und deutete an, man wolle Krupp bestenfalls übernehmen. Mit entsprechender Zuzahlung, versteht sich. Schon im Interesse der eigenen Aktionäre. Dann wurden die Herren extern »bearbeitet«, notfalls in »Einzelgesprächen«. Einer nach dem anderen wandelte seine Meinung. Schließlich war man sogar bereit, die Werthaltigkeit von Krupp überprüfen zu lassen. Damit war der Deal gelaufen. Es stellte sich nämlich zur Überraschung aller Kenner der Stahl-Szene heraus, dass Krupp etwas wert war.

Die Insider glaubten zunächst an die wundersame kruppsche Wertvermehrung. Des Rätsels Lösung aber war viel simpler. Der geschätzte Wert von Krupp war nämlich nicht der aktuelle Wert des Unternehmens. Man war ja kreativ. Die Zukunftsforscher wurden bemüht. Die fanden nach intensiven Betrachtungen, Abwägungen und Kaffeesatzanalysen heraus, dass Krupp in ein paar Jahren durchaus ertragsstark werden könnte – ungeachtet aller tagesaktuellen Probleme. Schon hatte man eine Basis für einen Vergleich der Werthaltigkeit der beiden Traditionsunternehmen. Das Simple kann so einfach sein. Am Ende gab es die Fusion, und die Krupp-Stiftung stand als größter Einzelgesellschafter des fusionierten Unternehmens da. Das ist »gestaltende« Industriepolitik in Nordrhein-Westfalen. Das Aktiengesetz ist in solchen speziellen Fällen nur hinderlich – die Aktionäre kriegen von solchen Aktionen sowieso nichts mit.

Ein Ex-Thyssen-Vorstand, der diesen offensichtlichen Betrug an den Aktionären nicht begleiten wollte, beschrieb es mir gegenüber im Rahmen einer Golfrunde in Düsseldorf-Hubbelrath als die »Heirat eines Topathleten (Thyssen) mit einer Leiche im fortgeschrittenen Stadium der Verwesung (Krupp)«. Leidtragende dieses Deals zur Erhaltung des Ruhr-Denkmals Krupp – samt Villa Hügel und Stiftung – waren die Aktionäre der Thyssen AG. Sie wurden gezielt über den Tisch gezogen. Einige verwegene Großaktionäre versuchten sogar zu klagen. Das half ihnen wenig angesichts der industriepolitischen Ziele der Landesregierung und des Ruhradels sowie angesichts des nordrhein-westfälischen Justizumfeldes. In solchen Fällen ist die Weisungsgebundenheit der Staatsanwaltschaften in Deutschland ein wahrer Segen. Die Damen und Herren in der Justiz wissen plötzlich präzise, was sie zu machen haben: die Hände in den Schoß legen!

Gerhard Cromme besitzt also eine einzigartige Erfahrung im geschmeidig-artistischen Umgang mit dem deutschen Aktiengesetz und dessen kreativer Ausgestaltung. Auch Michael Frenzel hat bewiesen, dass er kreative Energien beim Umgehen des Gesetzes und der Aktionärsrechte entwickeln kann. Und Klaus Liesen scheint in seiner Funktion als oberster Kontrolleur bei einigen der größten deutschen Konzerne ein Meister des gezielten Wegschauens gewesen zu sein. Mit solchen Aufsichtsräten würden selbst kreuzbrave Vorstände in Versuchung geraten, einmal auszuprobieren, wie es sich auf der schiefen Bahn so fährt – es kann ihnen ja nichts passieren. Und dass es bei VW kreuzbrave Vorstände gäbe, behaupten nicht einmal die eifrigsten Fürsprecher des Konzerns.

Aufklärer mit gebremstem Schaum

So steht es also um einige der wichtigsten Vertreter der Kapitalseite im obersten Kontrollgremium der Volkswagen AG – also der Fraktion im Aufsichtsrat, die gewählt wurde, um die Interessen der Aktionäre zu vertreten. Über die Aufsichtsräte aus dem Gewerkschaftslager ist bereits an anderer Stelle berichtet worden. Und was die ehemaligen Aufsichtsräte aus dem SPD-Lager angeht, so hat uns Ferdinand Piëch freundlicherweise mitgeteilt, dass sich Gerhard Schröder »wahnsinnig wenig eingemischt« hätte. Die einzige Einmischung, an die sich Piëch in seinem *Spiegel*-Interview vom 25. Juli erinnern will, ist allerdings eine ordentliche Ohrfeige für den Erzählenden: »Er hat mal eine spitze Frage gestellt auf dem Flug nach England zur Unterzeichnung des Kaufvertrags für Bentley. Ich hatte ihm erzählt, welche einzigartigen Fähigkeiten die Experten dort besitzen. Da fragte er, ob es nicht billiger wäre, der Konzern würde mir eine Werkstatt für Holz- und Lederarbeiten hinstellen, um meine Leidenschaften auszuleben.«

Wer also bleibt als einziger potenzieller Aufarbeiter des VW-Skandals im Aufsichtsrat übrig? Der niedersächsische Ministerpräsident Christian Wulff. Seit April 2003 ist er Mitglied des Aufsichtsrats und als Mitglied des vierköpfigen Präsidiums auch eine der mächtigsten Figuren dort. Der oberste Nicht-Kontrolleur Piëch ist sich der potenziellen Gefahr bewusst, die von Wulff ausgeht. Dem »honorigen Aufsichtsratskollegen« gibt er deshalb die Warnung mit, es bestünde die Gefahr, dass »das Image (von VW) Schaden nimmt, wenn immer neue Schlagzeilen produziert werden«.

Aber noch agiert Christian Wulff reichlich ambivalent. Er hat durchblicken lassen, dass er den niedersächsischen VW-Anteil gerne verkaufen würde, ist aber durch die Koalitionsvereinbarung bis 2008 gebunden. In der Öffentlichkeit hat sich der CDU-Politiker bisher nur dort als Aufräumer profiliert, wo die Aufdeckung eines Skandals vor allem der SPD schadete: bei der

Gehälteraffäre um die Volks-Wagen-Vertreter in den Parlamenten zu Jahresanfang sowie beim Abschuss von Schröder-Freund Peter Hartz im Juli. Es gibt Indizien dafür, dass er VW-intern inzwischen unangenehme Fragen stellt – so die Debatte um Piëchs so geliebte Sommerabnahmefahrten. Das wäre zwar reichlich spät: Über die mysteriösen Privatjet-Rechnungen aus diesem Anlass wurde er vor einem halben Jahr von mir informiert. Über viele andere der Vorgänge, die in den vergangenen Monaten in den Medien sowie jetzt in diesem Buch veröffentlicht werden, liegen Wulff, genau wie allen anderen Aufsichtsräten, schon seit zwei Jahren detaillierte Unterlagen vor. Aber in einem Unternehmen, in dem sich niemand bemüßigt fühlt, irgendeine Form der Kontrolle auszuüben, wäre auch einer hoch willkommen, der sich mit zwei Jahren Verspätung dieser Aufgabe widmet.

Leider gibt es jedoch ein sehr deutliches Indiz dafür, dass auch Wulff sich nicht berufen fühlt, den VW-Sumpf trockenzulegen. Sein Aufsichtsrats- und Regierungskollege, der niedersächsische Wirtschaftsminister Walter Hirche (FDP), hat nämlich schon Anfang August klein beigegeben: »Ich will, dass nicht nur möglichst viel, sondern alles aufgedeckt wird. Doch ich bezweifle, dass das gelingt.« Dafür seien die Verflechtungen zu vielfältig. Das deckt sich mit Ferdinand Piëchs Äußerung Ende August im *Stern*, das Netz der Tarnfirmen sei »größer und komplizierter als gedacht«; aber das müsste einen Kontrolleur doch eigentlich zur Aufklärung statt zur Resignation anstacheln. Derart die Flinte ins Korn zu werfen ist ein Armutszeugnis für jeden Aufsichtsrat. Es ist obendrein ein deutliches Signal an alle am System VW Beteiligten, dass die niedersächsische Landesregierung nur mit gebremstem Schaum die Aufklärung betreiben wird. Zudem ist es geradezu ein Wink an die Justiz, sich ebenfalls nicht allzu sehr anzustrengen. Die hatte das wohl ohnehin nicht vor: Immerhin bearbeiten ganze zwei (!) Braunschweiger Staatsanwälte den Fall.

Nun ist es für die Aufarbeitung der Affären rund um VW nicht unbedingt nötig, dass sich der Aufsichtsrat an der Aufarbeitung beteiligt. Die Wahrheit wird auch ohne Hilfe dieses Kontrollgremiums ans Licht kommen – notfalls auch gegen dessen Widerstand. Und trotzdem: Eine aktive Rolle des Aufsichtsrats würde die Überlebenschancen des Unternehmens erheblich erhöhen.

Die Geplünderten

Früher fuhr man, wenn man mit der Bahn von Hannover nach Berlin reiste, über Braunschweig, Magdeburg, Brandenburg und Potsdam. Immerhin zwei von diesen vier Stationen sind Landeshauptstädte, und bis auf Brandenburg sind sie alle um einiges größer als Wolfsburg. Doch nach der Wende spielte diesen Städten das Schicksal in Gestalt der Firma VW einen bitteren Streich. Heute fährt man nämlich mit dem ICE von Hannover durch die Provinz über Wolfsburg nach Berlin – was die Blicke der Reisenden auf Höhe Wolfsburg unweigerlich und bewundernd vom Zugabteil aus direkt auf VWs Prestigeobjekt, die Autostadt, lenkt. Braunschweig, Magdeburg, Brandenburg und Potsdam blieben auf der Strecke. Bahn-Insider wissen warum: VW hatte Druck gemacht.

Und VW kann richtig Druck machen – so viel in diesem Fall, dass das Städtequartett von der alten Hauptstrecke auf dem Abstellgleis landete. Einzig für Braunschweig, als Wessi-Stadt und VW-Standort, suchte und fand man eine Notlösung. Man baute die so genannte »Weddeler Schleife«: eine Nottrasse zwischen Wolfsburg und Braunschweig, einspurig und provinziell. Immerhin kann man über sie auf die neue Strecke gelangen und so Berlin zügig erreichen. Die Sachsen-Anhaltiner und die Brandenburger haben eben Pech gehabt. VW war stärker.

Wenn die einen, die an den Schalthebeln der Macht sitzen, alles tun, um für sich selbst den größtmöglichen Vorteil herauszuschlagen, wird es unweigerlich einen oder viele andere geben, die draufzahlen müssen. Je unkontrollierter diese Macht ist, desto größer wird dieses Missverhältnis werden. In der Frühphase der industriellen Revolution waren es die Unternehmer, die Kapitalisten, die eine praktisch unumschränkte Macht in ihren Betrieben ausüben konnten. Neben der Entstehung einer Sozialgesetzgebung, die diesen Namen auch verdiente, war die Herausbildung der Gewerkschaften einer der wichtigsten Korrekturfaktoren, eine effektive Schranke absoluter Macht. Heute stehen die Gewerkschafter häufig auf der anderen Seite, und das nirgends so sehr wie bei VW. Den Verlierern im Machtspiel bleibt also nicht einmal mehr eine Lobby. Umso mehr haben sie es verdient, dass wir uns hier mit ihnen beschäftigen.

Mitarbeiter

Betriebswirte mag es auf den ersten Blick verwundern, dass ich ausgerechnet die VW-Beschäftigten zum Kreis der Ausgeplünderten zähle. Schließlich gelten die VW-Arbeiter als geradezu klassischer Typus der Arbeiteraristokratie: Sie verdienen 20 Prozent mehr als nach Metall-Tarif üblich und genießen faktisch unbegrenzten Kündigungsschutz. Und als es 1993/94 doch einmal so aussah, als müsse Volkswagen ein paar 10 000 Arbeitsplätze abbauen, gab es nicht etwa Entlassungen. Nein: Peter Hartz erfand flugs eine Vier-Tage-Woche, bei der nicht einmal der nominale Monatslohn gesenkt werden musste, da die Streichung diverser Sonderzahlungen ausreichte, um den angestrebten Spareffekt zu erreichen. Auf diese Weise reduzierte sich das Jahreseinkommen der Beschäftigten um etwa 18 Prozent – und die Arbeitszeit um 20 Prozent. Das war eines der teuersten Sparprogramme der deutschen Wirtschaftsgeschichte und obendrein ein Konjunkturfeuerwerk für die Schwarzarbeit in und um Wolfsburg.

Die Stufenpyramide der VW-Arbeiter

Wenn wir allerdings den Kreis der VW-Beschäftigten auf die Zulieferer ausdehnen, hört es mit der Arbeiteraristokratie ziemlich schnell auf. Reichten in den goldenen Achtzigerjahren der ersten Golf-Generationen die Wolfsburger Wohltaten bis weit in diesen Beschäftigtenkreis hinein, verstärkte VW mit Beginn der Ära Piëch in den Neunzigern den Druck auf die Partnerunternehmen – und damit auf deren Beschäftigte. Dort wurden die Schrauben immer weiter gedreht, um die Privilegien der VW-Kernbelegschaft von etwa 100 000 Beschäftigten in Deutschland aufrechtzuerhalten. So entwickelte sich eine fünfstufige Arbeiterhierarchie, die an feudalistische Zeiten erinnert:

- *Oberste Stufe:* die alteingesessene Stammbelegschaft des VW-Konzerns, mit all den über- und außertariflichen Segnungen, zu denen VW auch heute noch fähig ist.
- *Zweite Stufe:* die neu bei VW anfangenden Beschäftigten, die nicht mehr automatisch ins materielle und soziale »Arbeiterparadies« gelangen.
- *Dritte Stufe:* die Beschäftigten der System-Zulieferer, die komplexe Bauteile für die VW-Produktion herstellen.
- *Vierte Stufe:* die Beschäftigten der Zulieferer einfacher Bauteile wie etwa Schrauben.
- *Fünfte Stufe:* die Beschäftigten der Zulieferer der Zulieferer.

Bewegt man sich auf dieser Pyramide von oben nach unten, nimmt von Stufe zu Stufe die Entfernung zum Machtzentrum zu; gleichzeitig steigt der Druck, der auf die Produktionskosten, den Preis und damit auf die Löhne ausgeübt wird. Auf der untersten Stufe schließlich, wo es keine direkten Beziehungen mehr zwischen dem Konzern und seinem Partner gibt, kann sich VW ganz darauf konzentrieren, einen möglichst niedrigen Preis zu erzielen, mit den entsprechenden Auswirkungen auf die in diesen Betrieben beschäftigten Menschen.

»... die ganze Höhle mit KZ-Häftlingen belegen ...«

Eine sechste, noch tiefer angesetzte Stufe gab es früher bei VW. Ganz früher – im Zweiten Weltkrieg. Nahezu 20 000 Zwangsarbeiter wurden zwischen 1940 und 1945 im Werk eingesetzt, die meisten davon überlebten den Arbeitseinsatz nicht. Volkswagen war eines der ersten Unternehmen, das sowjetische Kriegsgefangene beschäftigte – im Winter 1942/43 ging der größte Teil von ihnen in den Lagern zugrunde. Danach setzte sich Ferdinand Porsche bei Hitler für eine bessere Verpflegung der Zwangsarbeiter ein, nicht so sehr aus humanitären, sondern aus betriebswirtschaftlichen Gründen: Tote können keine Panzerfäuste bauen. Denn auch bei Volkswagen wurden während des Krieges Rüstungsgüter hergestellt. Als die Produktion zum Schutz vor alliierten Luftangriffen in unterirdische Anlagen verlegt werden musste, forderte Porsche, so Fabian Müller in seiner Porsche-Biografie von 1999, direkt bei Heinrich Himmler, dem Reichsführer der SS, 3500 KZ-Häftlinge an, um in der Produktionsstätte im lothringischen Tiercelet »die ganze Höhle mit KZ-Häftlingen zu belegen«. Weil der Nachschub stockte, entsandte das Volkswagenwerk einen Vertreter nach Auschwitz, der an der Rampe die geeignetsten Zwangsarbeitskräfte herauspicken sollte. Noch am 7. April 1945 wurden 646 Zwangsarbeiterinnen, meist Jüdinnen aus Ungarn und der Ukraine, von der SS aus dem Hauptwerk nach Salzwedel abtransportiert, wo sie später von amerikanischen Truppen befreit wurden.

Als in den Neunzigerjahren endlich die Diskussion um eine finanzielle Entschädigung der Zwangsarbeiter begann, spielte VW keine rühmliche Rolle. Die Verantwortung wurde, so lange es ging, auf den NS-Staat und die SS abgewälzt; der heutige deutsche Staat, so folgerte man in Wolfsburg, müsse daher auch allein dafür zahlen. Erst als 1998 die ersten Sammelklagen von ehemaligen Zwangsarbeitern vor US-Gerichten eingereicht wurden, beteiligte sich VW, wie die anderen betroffenen deutschen

Konzerne, an der »Stiftungsinitiative der deutschen Wirtschaft«, die eine Entschädigung von 10 Milliarden D-Mark für die ehemaligen osteuropäischen Zwangsarbeiter aushandelte.

Der Kreis der Privilegierten wird immer kleiner

Heute sind solche menschenverachtenden Arbeitsbedingungen undenkbar, bei VW ebenso wie bei anderen Weltkonzernen. Die Frage nach der Kostendämpfung im Personalwesen wird anders gestellt: Auf welcher Stufe soll man sparen, wenn das Geld nicht mehr für alle reicht? In den Anfangsjahren der Ära Piëch wurden die VW-Beschäftigten sehr vorsichtig angefasst. So bedeutete die Vier-Tage-Woche mitten in der Rezession letztlich eine Steigerung der Stundenlöhne. Die Zulieferer hingegen, die sich bis dahin als Teil der VW-Familie fühlen und entsprechend kassieren durften, wurden von Super-Lopez in seiner Funktion als Einkaufsvorstand degradiert und aus dem Familienverband ausgestoßen. Mit dem großartigen Argument, man könne so gemeinsam von Produktivitätsfortschritten profitieren, wurde vielen Zulieferern Jahr für Jahr der Abnahmepreis reduziert. Wenn die Zulieferer besorgt fragten, wie sie denn die Produktivität Jahr für Jahr steigern sollten, sagten die Mitarbeiter von José Lopez: »You can get as many experts as you like! Sie können so viele (VW-)Experten bekommen, wie Sie wollen!« Gerade so, als gäbe es bei VW eine unbegrenzte Zahl von Experten für Produktivitätssteigerungen. Ob die Zulieferer es dann tatsächlich schafften, ihre Stückkosten entsprechend herunterzuschrauben, um den reduzierten VW-Abnahmepreis aufzufangen, musste VW am Ende nicht mehr interessieren – man hatte seine Schäfchen ja schon im Trockenen.

Ende der Neunziger rückten die Einschläge näher. Um Arbeitsplätze und Privilegien der Kernbelegschaft halten zu können, mussten sich die nun neu eingestellten Mitarbeiter eine Degradierung gefallen lassen. 1999 sah es so aus, als hätte Peter Hartz mit dem Projekt »5000 × 5000« ein Patentrezept gefunden: Sein Plan, »5000 neue Arbeitsplätze zu 5000 D-Mark Monatsentgelt am Standort Deutschland« zu schaffen, war ausdrücklich mit dem Unternehmensziel verbunden, »50 Prozent der Konzernarbeitsplätze in Deutschland zu halten und weiter zu gestalten«.

Zur Produktion des neuen Modells Touran verpflichtete sich VW damit, im Werk Wolfsburg bis zu 5000 neue Mitarbeiter zu Bedingungen einzustellen, die in mehrerer Hinsicht fundamental von den bisherigen VW-Tarifverträgen – und damit vom früheren Arbeiterparadies – abwichen: Sie werden seitdem nach Leistung, nicht mehr nach Arbeitszeit bezahlt, ihre Bezahlung liegt je nach Rechenweise 20 bis 30 Prozent niedriger als sonst bei VW üblich, und die Beschäftigten können wesentlich flexibler eingesetzt werden, was heißt: Sie müssen ungeregelte Arbeitszeiten akzeptieren. Die Arbeitnehmerseite kritisierte, das Modell »5000 × 5000« stelle »bewährte Tarif- und Arbeitsnormen infrage«. Und obwohl der damalige Betriebsratsvorsitzende Klaus Volkert vollmundig behauptete, der Haustarifvertrag für die 100 000 VW-Beschäftigten stünde »nicht zur Debatte«, sah ein VW-Konzeptpapier das seinerzeit schon anders: »Unser Ziel lautet, in einem Pilotprojekt den Nachweis zu erbringen, wie Automobilfertigung auch in Deutschland im Vergleich zu europäischen *low-cost* Standorten voll wettbewerbsfähig darstellbar wird.«

Dass man einen ähnlichen Spareffekt durch das konsequente Abstellen aller Nebengeschäfte und Vergnügungen des Managements auf VW-Kosten auch hätte erreichen können, wird erst heute, nach Auffliegen des Skandals, deutlich. Damals mussten die Arbeitnehmer verzichten. Verkauft wurde ihnen und der Öffentlichkeit das als innovatives Konzept zur Sicherung von Arbeitsplätzen.

Ein Lopez für Wolfsburg

»5000×5000« sollte dazu beitragen, die Privilegien der VW-Stammbelegschaft zu sichern und die Einsparungen auf die neuen Kollegen abzuwälzen. Aber für den Fall einer weiteren Verschlechterung der Wettbewerbssituation durfte sich die Wolfsburger Kerntruppe schon einmal anschauen, wie auch ihre Arbeitswelt in Zukunft aussehen könnte. Leistungslohn! Flexibilität! Teufelszeug für einen echten Volkswagenwerker!

Die bislang letzte Drehung der Schraube – und die definitiv letzte unter Wunderdoktor Peter Hartz – gipfelte in der Tarifauseinandersetzung von Oktober 2004. Hartz wollte bis 2011 die Arbeitskosten um 30 Prozent verringern und stellte wieder einmal den Abbau von 30 000 Arbeitsplätzen als Drohung in den Raum. Doch im Tarifabschluss blieben Leistungslohn und Flexibilität weiter draußen vor der Tür, und den inländischen Beschäftigten darf bis 2011 nicht betriebsbedingt gekündigt werden. Den Preis dafür zahlen zum kleineren Teil die derzeitigen VW-Arbeitsplatzbesitzer (zwei Jahre keine Lohnerhöhung) und zum größeren Teil die in Zukunft neu einzustellenden Arbeiter – für sie gibt es nicht mehr VW-Tarif, sondern nur den niedrigen Lohn gemäß Flächentarifvertrag der IG Metall.

Jetzt ist Hartz weg, die Allzweckwaffe Golf hat Ladehemmung und lässt die Umsätze sinken, und der neue VW-Verantwortliche Wolfgang Bernhard möchte innerhalb von drei Jahren weitere 7 Milliarden Euro einsparen. Selbst wenn man alle Selbstbedienungsläden im Konzern auf der Stelle dichtmachen würde, diese Einsparsumme käme nicht ansatzweise zusammen.

Viele in und um Wolfsburg verbanden mit Bernhards Ernennung im Oktober 2004 die Erwartung, er sei »so etwas wie Lopez. Nur nicht für die Zulieferer, sondern für VW selbst.« Wolfgang Bernhard hatte als Manager schließlich schon Chrysler auf Profitkurs zurechtgestutzt und Mercedes einen »Sanierungsfall« genannt, bei dem man »bis zu den Knien im Blut waten« müsse, weshalb ihn der DaimlerChrysler-Betriebsrat abschoss, bevor er zum Mercedes-Chef aufsteigen konnte. Noch ist es zu früh, um beurteilen zu können, ob Bernhard als neuer VW-Markenchef von ähnlich durchschlagender Wirkung sein wird wie bei Chrysler in den USA. In jedem Fall aber werden die in der Vergangenheit so streng gehüteten Privilegien der Kernbelegschaft auf der obersten Stufe der VW-Arbeiterhierarchie jetzt ins Wanken geraten.

Ein Verbesserungsvorschlag wird nicht angenommen …

Doch auch im Inner Circle, oben in der Hierarchie, konnten die VW-Mitarbeiter sich ihres Status' niemals wirklich sicher sein. Besonders drastisch belegen das die Erfahrungen des Planers und stellvertretenden Abteilungsleiters im Getriebebau Holger Sprenger, der seit 1978 bei VW beschäftigt war. Im Jahr 2001, in dem die folgende Geschichte beginnt, arbeitete er als Meister im VW-Getriebewerk Kassel/Baunatal.

Ob die Geschichte ein Happy End haben wird, ist noch offen, einen Happy Start allerdings hatte sie. Nämlich gleich mehrere Erfindungen. Im Januar 2001 präsentierte Sprenger seinem Vorgesetzten, Abteilungsleiter Jürgen Tischler, eine detaillierte Ausarbeitung, mit der der Ausstoß einer bereits geplanten und angefragten Anlage zur Produktion eines Getriebes (DQ 250 für Direktschaltgetriebe) von 1000 auf 2000 Einheiten pro Tag gesteigert werden konnte. VW hatte eigentlich vor, nur 1000 Getriebe dieses Typs selbst zu bauen und weitere 1000 pro Tag von einer japanischen Firma dazuzukaufen. Da durch die 1000 japanischen Getriebe langfristig viele Arbeitsplätze in Kassel überflüssig würden, setzte Sprenger alles daran, die 2000 Getriebe gleich dort zu bauen. Seine Vorschläge wurden angenommen, VW änderte die Bestellung.

Noch im selben Jahr kam Sprenger mit einer weiteren Erfindung zu Tischler. Jetzt ging es um eine Montagelinie für den

Getriebetyp VL-300 – Audi Multitronic. Das Kasseler Werk hatte im August 2001 eine Montagelinie für 240 Audi-Getriebe pro Tag in Wolfsburg beantragt, das Geld (41 Millionen D-Mark) wurde von der Konzernzentrale bewilligt und gezahlt. Mit Sprengers neuer Idee, die er im September 2001 seinem Vorgesetzten vortrug, konnte VW nun nicht nur 240 Getriebe, sondern 750 pro Werktag fertigen, auch die Qualität wurde besser. Also orderte man statt der bewilligten Montagelinie für 240 gleich eine für 750 pro Tag. Der Kaufvertrag dafür datiert auf den 21. November 2001. Sogar die Revision attestierte Sprenger später »geringere Investitionen, geringere Stückkosten, keine Produktionsunterbrechungen und eine verbesserte Produktivität«. Was will man mehr? Nur: Bei VW wollte niemand anerkennen, dass es Sprengers Idee und nicht die eines anderen gewesen war.

Der normale, bei VW wie bei den meisten Industriebetrieben übliche Ablauf für solche Verbesserungsvorschläge geht so: Der Mitarbeiter reicht die Idee bei seinem Vorgesetzten ein; der ist verpflichtet, sicherzustellen, dass alle erforderlichen Daten enthalten sind, und den Ideengeber bei der Darstellung und Formulierung zu unterstützen. Danach muss er die Unterlagen an die zuständige Stelle weiterleiten. Befindet diese den Vorschlag für geeignet, die Produktivität zu steigern und/oder Kosten einzusparen, wird er umgesetzt. Der Mitarbeiter erhält eine Prämie, deren Höhe sich an dem wirtschaftlichen Nutzen für das Unternehmen orientiert, aber maximal 51 129 Euro beträgt. Handelt es sich nicht nur um eine Verbesserungsmöglichkeit, sondern sogar um eine Erfindung, wird sie zum Patent angemeldet, und es gibt eine Vergütung nach dem Arbeitnehmererfindungsgesetz (ArbNErfG). Die ist der Höhe nach unbegrenzt und wird nicht nur anhand des wirtschaftlichen Nutzens berechnet, sondern auch anhand der Position des Erfinders im Unternehmen und den Umständen, unter denen er seine Erfindung gemacht hat.

Erstaunlicherweise jedoch lehnte Sprengers Vorgesetzter Tischler dessen Vorschläge ab – was er gemäß der VW-internen

Regeln gar nicht durfte. Er darf skeptisch sein, natürlich, aber er ist verpflichtet, jeden Vorschlag weiterzureichen. Dabei zeigte sich Tischler überhaupt nicht skeptisch, bestätigte sogar einen möglichen wirtschaftlichen Nutzen für VW in dreistelliger Millionenhöhe. Nach den Vergütungsrichtlinien des Arbeitnehmererfindungsgesetzes würden Sprenger für die von Tischler bestätigten Einsparungen und Vorteile, die VW erzielt, über 10 Millionen Euro zustehen. Trotzdem wollte er Sprengers Vorschläge nicht weitergeben und diesem verbieten, sie an irgendeiner anderen Stelle des Unternehmens einzureichen.

... aber trotzdem umgesetzt

Das wiederum wollte der Planer nicht hinnehmen. Also versuchte er es eine Stufe höher bei der Kasseler Werkleitung. Von dort bekam er gar keine Rückmeldung, musste aber feststellen, dass die Produktionsanlagen genau nach seinen Vorschlägen mit der erhöhten Kapazität von 750 Audi-Getrieben in Auftrag gegeben wurden. Daraufhin fragte er im August 2002 beim damaligen Werkleiter Thomas nach und erhielt folgende Auskunft: Tischler habe die VL-300 Montagelinie als »seine neuesten Ideen vorgestellt« und sei dafür vom Abteilungsleiter zum Getriebebauleiter befördert worden. Und Sprengers Erfindungsmeldung? Die, so der Werkleiter, habe er nie gesehen.

Aber Sprenger, der seine Ideen inzwischen selbst zum Patent angemeldet hat, gab nicht auf. In Kassel hatte nämlich gerade ein Werkleiterwechsel stattgefunden. Der neue Chef Rüdiger Weissner versprach bei seiner Vorstellung den Angestellten: »Ich lasse mich nicht abschotten, meine Tür steht jedem offen.« Sprenger nahm ihn beim Wort und bat Weissners Sekretärin um einen Termin. Die wollte ihm keinen geben – auf Drängen Tischlers. Also bat Sprenger den Werkleiter per E-Mail um einen Termin. Den bekam er prompt für den 9. September 2002. Doch als er an diesem Morgen zur Arbeit kam, waren seine Unterlagen auf dem Server des Kasseler Werks gelöscht worden. Auf Weissners Rat informierte Sprenger den Werkschutz und die Revision. Von der EDV-Abteilung erfuhr er, dass die Sicherheitsprotokolle, in denen man erkennen kann, wer sich welche Daten angesehen oder verändert hat, abgeschaltet waren. So blieb der Täter unerkannt.

Aber warum das alles? Weil ein Vorgesetzter sich mit fremden Federn schmücken und befördern lassen wollte? Sprenger hegte einen anderen Verdacht. Warum ließ man sich in Kassel eine Montagelinie für 240 Getriebe des Typs VL-300 bewilligen, gab dann aber eine für 750 Getriebe in Auftrag, berichtete darüber jedoch offenbar nichts nach Wolfsburg? Auch der Werkleiter ließ im Gespräch mit Sprenger durchblicken, er wisse gar nicht, dass diese Montagelinie eine derart hohe Leistungsfähigkeit von 750 Getrieben habe. Schließlich habe man doch Ende 2001, Anfang 2002 (also nach dem Kauf der 750er-Montagelinie) noch zusätzliche Finanzmittel in Wolfsburg beantragt, um wenigstens auf 440 Getriebe pro Tag zu kommen. Irgendjemand, vielleicht sogar das ganze Werk, schien in Kassel davon zu profitieren, wenn Investitionsmittel zur Kapazitätserweiterung zur Verfügung gestellt wurden, obwohl die höhere Produktionskapazität längst vorhanden war. Zusammenhängen konnte das mit ungewöhnlichen Mittelverschiebungen im konzerninternen Projekt-Überblickssystem. Mehrfach stieß Sprenger dort auf Fälle, in denen Gelder, die eigentlich für die Getriebe-Montagelinien zweckgebunden waren, in andere Projekte des Werkes flossen. Wohin, werden wir in den nächsten Kapiteln klären.

Jetzt, es war mittlerweile der 21. Januar 2003 und die 750er-Montagelinie nahm in diesem Jahr in Kassel ihre Arbeit auf, wandte sich Sprenger an seinen Betriebsratsvorsitzenden Gerhard Kakalick, gleichzeitig Aufsichtsratsmitglied des VW-Konzerns. Diesem übergab er Unterlagen, die seinen Verdacht belegen sollten, in Kassel gingen Täuschungsmanöver zum Schaden des Unternehmens vor sich. Kakalick sollte das Material an Konzernchef Pischetsrieder weiterreichen. Der Betriebsratsvorsitzende informierte jedoch nicht den Topmanager in Wolfsburg, sondern die Topmanager in Kassel.

Wir machen dir das Leben zur Hölle …

Zwei Wochen später, am 3. Februar 2003, schrieb Sprenger deshalb einen Brief an alle Aufsichtsräte und Vorstände des VW-Konzerns – und wurde prompt noch am gleichen Abend von einem Betriebsrat zu Hause angerufen. Sprenger solle gefälligst aufhören, sich in Dinge einzumischen, die ihn nichts angingen, er hätte ohnehin keine Chance. Er werde dafür sorgen, dass Sprenger keinerlei Unterstützung von Betriebsrat und Gewerkschaft erhalte. Überhaupt habe er genügend Einfluss im Unternehmen, um ihm das Leben zur Hölle zu machen. Am folgenden Tag wurde Sprenger seines Postens als stellvertretender Abteilungsleiter enthoben.

Daraufhin kündigte er am 20. März 2003 für die VW-Hauptversammlung am 24. April 2003 den Antrag an, Vorstand und Aufsichtsrat nicht zu entlasten und den Wirtschaftsprüfer PwC Deutsche Revision AG nicht mehr als Abschlussprüfer zu bestellen. In seiner mündlichen Begründung während der Hauptversammlung beanstandete Sprenger den von PwC geprüften Geschäfsbericht (vgl. S. 141 f.). Weiter ging er ausführlich auf die Zustände im Werk Kassel ein – sowie auf ein paar andere der Zustände, die erst mehr als zwei Jahre später, ab Juli 2005, als Teil des VW-Skandals die Öffentlichkeit erregten. Er berichtete von Qualitätseinbrüchen und Rückrufaktionen im Getriebebau – von den Beteiligten unterdessen bestätigt –, über die Zweckentfremdung von Projektgeldern – auch die wurden indes bestätigt –, über die mehr als unzulängliche und zweifelhafte Arbeit der Revision, über Umbuchungen in dreistelliger Millionenhöhe – auch das hat sich derweil bestätigt –, sowie Luxusreisen nicht nur nach Dubai.

Sprenger fragte auch, ob der Aufsichtsrat so wenig verdiene, dass die persönliche Mitgliedschaft in einem exklusiven Club von VW bezahlt werden müsse. Gemeint war nach den mir vorliegenden Belegen Ekkehardt Wesner, dessen Mahnung vom Harvard-Club Rhein-Main von VW beglichen werden musste, weil er vergessen hatte, die Rechnung zu bezahlen. Die Liste von Beispielen, mit denen Sprenger auf der Hauptversammlung den Finger in die Wunde legte, war noch wesentlich länger. Wer hatte den Klavierlack für Piëchs privaten Golf bezahlt? Und wer den Jack Daniels für die Manager nach Feierabend? Hier durfte sich VW-Chef Pischetsrieder angesprochen fühlen. Der verweigerte den Aktionären die Auskunft, versprach aber schon damals Aufklärung. Geklärt wurde jedoch nichts. Dabei hätte sich VW den Skandal und eine ganze Reihe der Peinlichkeiten ersparen können, die man jetzt herunterzuspielen oder mit viel Aufwand zu vertuschen versucht.

Stattdessen verfuhr man nach der Devise: Angriff ist die beste Verteidigung. Die Geschäftsleitung und der Aufsichtsratsvorsitzende Piëch unterstellten Sprenger, falsche Behauptungen zu verbreiten, das habe eine umfangreiche Prüfung der Konzernrevision ergeben. Die Revisoren allerdings hatten sich mit Sprengers Antrag zur Hauptversammlung gar nicht befasst. (Was sie prüften und vor allem wie, darüber mehr im Kapitel »Volkswagen – eine mafiöse Vereinigung?«) Und Piëch äußerte seine »Vermutung« über die Unrichtigkeit von Sprengers Antrag, noch bevor dieser überhaupt zu Wort kam. Eine klare Vorverurteilung vor der Ohren der Aktionäre.

So kam es, wie es bei VW kommen musste. Wenige Tage nach seinem Auftritt auf der VW-Hauptversammlung hing Sprengers Steckbrief an der Hauptwache des Kasseler Werks, der Werkschutz ließ ihn nicht mehr auf das Gelände. Wieder ein paar Tage später erhielt er die Kündigung. Das Landesarbeitsgericht erklärte diese für nichtig, weitere Arbeitsgerichtsprozesse sind noch nicht abgeschlossen, werden verschleppt. Die muss Sprenger übrigens ohne die sonst übliche Unterstützung durch die IG Metall führen, der er seit über 25 Jahren angehört. Der VW-Konzern und sein ehemaliger innovativer Mitarbeiter verkehren also nur noch über die Anwälte miteinander. Bis auf eine Ausnahme: Außerhalb des Prozessgeschehens ist Sprenger zur Zeit damit beschäftigt, auf die Schreiben zu antworten, in denen VW ihn bittet, seine Erfindungen, die er als Patente anmeldete, nutzen zu dürfen. Die entsprechenden Montagelinien in der Getriebeproduktion wurden schließlich exakt nach seinen Vorschlägen gebaut…

Aktionäre

So wie für Politiker die Maximierung der Wählerstimmen sollte für Unternehmen in einer Marktwirtschaft die Maximierung des Profits das oberste Ziel sein. Unternehmen, die anderen Zielen folgen, dürften sich, so die Theorie, nicht lange am Markt behaupten und damit Platz machen für die besonders effizient und profitabel wirtschaftenden Konkurrenten. Und wenn das Unternehmen dann auch noch seine Aktionäre so freundlich behandelt, wie es sich überall auf der Welt außer in Deutschland, Russland und China gehört, dann können die ihren Shareholder-Value mehren und investieren gerne.

So gesehen hätte der Wolfsburger Konzern schon längst vom Markt verschwunden sein müssen – vielleicht nicht die Marke VW, aber doch die Volkswagen AG. Denn was immer dieses Unternehmen in den nunmehr 45 Jahren seit seinem Börsengang an Heldentaten begangen hat: eine Maximierung gehörte nie dazu, des Substanzwertes nicht und des Börsenkurses nicht, der Arbeitsproduktivität nicht, der Profite nicht und des Shareholder-Value schon gar nicht.

2,3 Prozent der Wertschöpfung für die Aktionäre

Traditionell liegen bei VW Umsatzrendite und Gewinnausschüttung weit unter dem Branchendurchschnitt und dafür die Personalkosten entsprechend höher. Was das Unternehmen an Überschuss erwirtschaftet, wird mit freundlicher Unterstützung des Betriebsrats auf die Mitarbeiter umverteilt oder für andere, eigen- oder gemeinnützige Zwecke abgezweigt. Die Aktionäre, die »Shareholder«, bekommen das, was ganz am Ende übrig bleibt. In bewusster Ablehnung des aus den USA kommenden Shareholder-Value-Prinzips reden manche Topmanager in Deutschland vom Stakeholder-Value-Prinzip: Jeder, der irgendwie mit dem Unternehmen zu tun hat, etwa Mitarbeiter, Kunden und Lieferanten, ist ein Stakeholder – und es sei überhaupt nicht einzusehen, warum sich der Konzern für die paar Aktionäre und deren »Value« aufreiben solle, während die Stakeholder in die Röhre guckten.

Bei VW aber gucken die Shareholder in die Röhre. Und weil der Konzern bislang äußerst selbstbewusst zu seiner sogar für deutsche Verhältnisse schlechten Behandlung der Aktionäre steht, veröffentlicht er die Aufteilung des Gewinns unter die verschiedenen Stakeholder als »Wertschöpfungsrechnung«. Der jüngste Geschäftsbericht bezifferte die weltweit erbrachte Wertschöpfung des VW-Konzerns im Jahr 2004 mit 18,01 Milliarden Euro. Davon gingen:

- 78,0 Prozent an die Mitarbeiter (Löhne, Sozialabgaben)
- 12,3 Prozent an Kreditgeber (Zinsaufwand)
- 5,7 Prozent an den Staat (Steuern, Abgaben)
- 1,7 Prozent an das Unternehmen (Rücklagen), und nur
- 2,3 Prozent an die Aktionäre

Dass die Aktionäre bei VW so wenig kassieren, spiegelt sich im Börsenwert des Unternehmens wider. Der ist nämlich um einige Milliarden Euro niedriger als der von BMW, obwohl die Bayern deutlich kleiner sind. Der profitabelste – und damit vom

Börsenwert her auch teuerste – Autokonzern der Welt, Toyota, bringt etwa das Siebenfache des VW-Werts auf die Waage. Was für einen Grund könnte es also geben, in VW-Aktien zu investieren, wenn diese kaum etwas abwerfen? Und noch dazu den eigentlichen Besitzern, den Aktionären, fast gar kein Mitspracherecht einräumen.

Der einzige VW-Aktionär, der wirklich etwas zu sagen hat, ist, wie bereits erwähnt, das Land Niedersachsen. Dort hat man aber nicht nur einen machtpolitischen Grund, mit der eigenen Position bei Volkswagen zufrieden zu sein, man profitiert finanziell noch ein weiteres Mal in einer ganz anderen Weise vom Konzern: durch Steuereinnahmen. Nun würden zwar auch die Einnahmen aus der von VW zu zahlenden Körperschaftsteuer steigen, wenn VW damit anfinge, die Profite zu maximieren. Aber wenn VW das Geld so umverteilt, dass möglichst viel in die Gehälter fließt, dann steigen ja dadurch die niedersächsischen Steuereinnahmen aus der Einkommensteuer und allen möglichen Verbrauchssteuern – der größte Teil der etwa 100 000 für VW in Deutschland arbeitenden Menschen lebt, arbeitet und konsumiert eben in Niedersachsen. Vermutlich hat Niedersachsens Finanzminister unter dem Strich auf diese Weise mehr davon.

Abu Dhabi wollte doch keine VW-Aktien

Im vergangenen Jahr versuchte mal wieder jemand, mit einem VW-Aktienpaket auch ein Stückchen Einfluss zu bekommen. Es handelte sich um das Emirat Abu Dhabi am Persischen Golf, und der Verkauf der in Konzernbesitz befindlichen Aktien hätte VW genügend Bargeld verschafft, um die niederländische Leasing-Firma Leaseplan ohne einen weiteren Kredit kaufen zu können. Das Engagement von Ölstaaten bei Automobilkonzernen ist nicht ungewöhnlich, so ist Kuwait beispielsweise der zweitgrößte Einzelaktionär von DaimlerChrysler. Aber obwohl der Einstieg der Scheichs schon mehrfach als praktisch sicher verkündet worden war, wurde er dann doch noch kurzfristig abgeblasen. Die offizielle Sprachregelung lautete: Beide Seiten hätten sich nicht über den Preis einigen können – von einer Differenz von 3 Euro je Aktie war die Rede. An der Frankfurter Börse hingegen wurde kolportiert, das eigentliche Problem seien inhaltliche Forderungen der Araber gewesen. Sie hätten VW auf einen mittelfristigen Ausstieg bei Škoda und Seat festnageln wollen, und darauf wären weder der Aufsichtsratsvorsitzende Piëch noch der Vorstandsvorsitzende Pischetsrieder eingegangen.

Die großen britischen und amerikanischen Hedgefonds, die gerade erst die Deutsche Börse AG auf den Kopf stellten und bei DaimlerChrysler zumindest vereinzelte Attacken starteten, haben sich bisher nicht an die VW-Aktie herangemacht. Das liegt nicht so sehr an der Regel des VW-Gesetzes, das Stimmrecht auf 20 Prozent je Aktionär zu beschränken. In einer Zeit, in der Hedge- und Pensionsfonds gemeinsam auf Firmenjagd gehen, ist das kein Problem mehr: Schon drei Fonds, die sich einig sind und je 20 Prozent der VW-Aktien halten, könnten auf der Hauptversammlung problemlos jede absolute Mehrheit bekommen.

Das Problem ist nur: Auch eine absolute Mehrheit auf der Hauptversammlung reicht bei VW nicht aus, um die Kontrolle über den Aufsichtsrat zu übernehmen. Da sind die zehn laut Mitbestimmungsgesetz für die Arbeitnehmer reservierten Mandate und die im VW-Gesetz vorgeschriebenen zwei Aufsichtsratsmandate für Niedersachsen ein wirksamer Bremsklotz. Man müsste nicht nur ein paar Milliarden Euro einsetzen, um sich die Aktienmehrheit zu holen, sondern auch noch einen deutschen Provinzpolitiker becircen. Daher konzentrieren sich die Hedgefonds im Auftrag ihrer Investoren doch eher auf einfacher zu erobernde Ziele. So wird zwar die US-Investmentfirma Brandes Investment Partners seit einem Jahr als zweitgrößter Volkswagenaktionär geführt, aber dabei scheint es sich lediglich um die organisatorische Zusammenfassung der Aktienbestände einiger US-Aktienfonds zu handeln.

Skandale steigern den Aktienkurs

Angesichts dieser für die Aktionäre so trüben Situation scheint es auf den ersten Blick umso erstaunlicher, dass die Börsianer die Enthüllungen aus der Konzernzentrale mit steigenden Kursen quittierten. In den sechs Wochen nach den ersten Meldungen über Schusters und Gebauers Machenschaften Ende Juni 2005 legte die VW-Stammaktie glatte 20 Prozent zu! Auf den zweiten Blick ist dieser Zusammenhang jedoch leicht zu erklären: Die derzeitigen Tiefschläge gegen das System VW mögen dessen bisherigen Profiteuren in der Belegschaft und im Management ebenso wie in der niedersächsischen Landesregierung schaden – aber zu denen gehörten die Aktionäre bisher ohnehin nicht. Eine Reduzierung des Gewerkschaftseinflusses und möglicherweise auch eine Trockenlegung der Geld verschlingenden Sümpfe im Konzern würden es den Reformkräften erleichtern, sich mit dringend erforderlichen Kostensenkungen durchzusetzen.

Meine persönlichen Erfahrungen, die ich nach der Wende mit Stahlunternehmen in den neuen Bundesländern sammeln konnte, belegen dies nachdrücklich. Mit einer im Vergleich zu westdeutschen Betrieben zehnmal höheren Belegschaft und veralteten Anlagen war dieser Industriezweig ebenso wie viele andere Betriebe in der DDR völlig wettbewerbsunfähig. Jahrzehntelange Misswirtschaft hatte deren Existenzbasis komplett zerstört. Das Einfrieren eines vermeintlichen Idealzustandes und das Verhindern von Maßnahmen zur Erhaltung der Wettbewerbsfähigkeit führen unweigerlich zur Gefährdung der Existenz eines Unternehmens.

Maßnahmen zur Kostensenkung werden von einigen Gewerkschaftern zwar regelmäßig als Gefährdung der Arbeitsplätze und unwillkommenes Argument für Nullrunden in den Tarifdiskussionen gewertet, sind jedoch die Grundvoraussetzung dafür, das Unternehmen VW mittel- und langfristig wieder wettbewerbsfähig zu machen und damit dessen Arbeitsplätze zu sichern. Dass derartige Maßnahmen in den Augen der Börsianer frischen

Wind in den Aktienkurs bringen, wird selbst vom Unternehmen nicht ungern gesehen. Und wenn dabei in den Augen der Aktionäre gleich noch das VW-Gesetz sturmreif geschossen wird, kommen sogar Übernahmefantasien auf. Und weil ein Übernehmer ja den aktuellen Aktionären mehr als den aktuellen Aktienkurs zahlen muss, damit sie ihm ihre Aktien verkaufen, wäre eine solche Fantasie bares Geld wert.

Für die Börse hat die dringend erforderliche Revitalisierung bei VW einen Namen: Wolfgang Bernhard. Als am 6. Oktober 2004 seine Verpflichtung als Markenchef für VW, Škoda, Bentley und Bugatti bekannt gegeben wurde, schoss die VW-Aktie innerhalb von wenigen Minuten um 8 Prozent nach oben. Dieser konsequente Manager, der sich seinen Ruf bei DaimlerChrysler erwarb, sollte doch Manns genug sein, die verkrustete Volkswagen-Gruppe auf den Pfad nachhaltiger Wirtschaftlichkeit zurückzuführen. »Ein harter Sanierer« (Analyst Georg Stürzer von der Hypovereinsbank), »jemand, der rigoros durchgreift« (Analyst Lars Ziehn von der WestLB), also genau das, was VW jetzt brauche. Und durch die Skandale des Sommers 2005 mögen alle Machthaber im Konzern geschwächt worden sein – aber nicht Wolfgang Bernhard. Der ist noch zu frisch dabei, um schon Teil des Systems VW zu sein.

Die fröhliche Aufwärtsbewegung der Aktie, die also auf den zweiten Blick durchaus verständlich ist, könnte wiederum auf den dritten Blick problematisch werden. Denn bislang sind bei Analysten, Fondsmanagern und Privatanlegern nur Zweifel an der moralischen und kaufmännischen Integrität von Personen aufgekommen; die Integrität des Zahlenwerks bei VW blieb unangetastet. Umsätze, Überschüsse, Auslieferungen, Investitionen, Kreditaufnahmen, Abschreibungen, Cash-Flows, all die Zahlen, die die Analysten brauchen, um ihre Unternehmensstudien rechnen zu können, gelten in Bezug auf Volkswagen nach wie vor als korrekt – oder zumindest als nicht schöngefärbter als die der Konkurrenz. Solange diese Zahlen in Ordnung sind, bewegen sich die Akteure des Kapitalmarkts auf vertrautem Terrain, und die Aktionäre dürfen sich in Sicherheit wiegen. Aber was ist, wenn die Zahlen nicht in Ordnung sind?

Bei der Preussag habe ich 1998 massive Manipulationen des Zahlenwerks aufgedeckt. Das kostete mich damals meinen Vorstandsposten. Als ich das erste Mal mit den Vorgängen konfrontiert wurde, die den Rest dieses Kapitels bilden, war das wie ein Déjà-Vu-Erlebnis. So wie hier in einem kleinen Ausschnitt des großen VW-Konzerns mit dem Geld des Unternehmens und damit letztlich dem Geld der Aktionäre umgegangen wird, geht man in einem ordentlichen Unternehmen nicht mit Geld um. Und wer so freihändig Millionenbeträge hin und her deklariert, wieso sollte der sich plötzlich korrekt benehmen, nur weil es um die Milliardensummen des Konzernabschlusses geht? Lesen Sie selbst.

Sprühroboter auf verschlungenen Pfaden

Auf den folgenden Seiten geht es um eine komplexe Materie: um Betriebsmittelanforderungen, Projektübersichtssysteme, AfA-Aufteilungstabellen und Ähnliches. Die Unterlagen, die mir vorliegen, waren sogar der Staatsanwaltschaft Braunschweig zu komplex – so komplex, dass sie das gesamte Material der VW-Konzernrevision zuschickte. Die Wolfsburger Revisoren würden doch sicher merken, wenn kleinere und vor allem größere Euro-Beträge auf Nimmerwiedersehen aus dem System verschwanden. Die Buchprüfer jedoch winkten lässig ab, was angesichts der in den Folgekapiteln geschilderten Ereignisse niemand verwundern wird. Daraufhin sah auch die Staatsanwaltschaft keinerlei Ermittlungsbedarf mehr. Da allerdings die Verantwortlichen bei VW nur wenig später mit beachtlichem logistischem Aufwand versuchten herauszufinden, was noch alles aus dieser einen Datenquelle herausströmen könnte, scheint es mir sinnvoll, das von der Staatsanwaltschaft Braunschweig so nachlässig behandelte

Material hier aufzubereiten. Und falls es tatsächlich für die dabei auftauchenden Ungereimtheiten plausible Erklärungen geben sollte – ich bin für alles offen.

Beginnen wir mit einem scheinbar ganz einfachen Vorgang. Dem VW-Werk in Kassel wurde mit Datum vom 11. April 2002 die »Beschaffung von 22 neuen Sprührobotern« für einen Betrag von insgesamt 993 000 Euro bewilligt. Im VW-internen Projektübersichtssystem PAKS wird aus der Beschaffung ein Projekt, das bekommt eine Nummer, 446454, und das Geld kann angefordert werden. Wenn die 22 Roboter jetzt gekauft werden, können sie als Investitionen in Betriebsmittel verbucht und entsprechend der gesetzlichen Vorgaben abgeschrieben werden.

Zum Jahresende 2002 sah der Projektstand von Nummer 446454 gemäß PAKS merklich anders aus. Inzwischen sind 60 000 Euro unter der Anforderungsnr. 00001827 als Ausgaben gemäß der Auftragsvorgaben deklariert, soll heißen: 60 000 der bewilligten 993 000 Euro sind für den bewilligten Zweck, die Beschaffung von Sprührobotern, ausgegeben worden – möglicherweise als Anzahlung für den Lieferanten. »Noch verfügbar« sind laut PAKS aber nicht mehr 933 000 Euro, sondern nur noch 440 000 Euro. Denn am 7. November 2002 sind 493 000 Euro für »ANF(orderungen) OHNE (ENDG.) AUFTRAG« abgeflossen. Die Anforderungsnummer für diesen Betrag heißt 09999999, als »Begründungsschlüssel« erscheint »00«. Was immer sich dahinter für eine Begründung verbergen mag: Mit den 493 000 Euro sind auf keinen Fall Sprühroboter bezahlt worden. Denn zum Jahresende verzeichnet PAKS für Projekt Nr. 446454 lediglich »Ist Kosten« von 60 000 Euro.

Nehmen wir der Einfachheit halber an, die noch übrigen, nicht abgerufenen 440 000 Euro seien in der seither vergangenen Zeit für Sprühroboter ausgegeben worden. Projekt Nr. 446454 sollte laut PAKS nämlich zum dritten Quartal 2003 abgeschlossen sein. Dann würde die logische Schlussfolgerung lauten: Das VW-Werk Kassel hat in den Jahren 2002 und 2003 für

500 000 Euro Sprühroboter gekauft. 493 000 Euro hat wer auch immer für was auch immer abgezweigt.

Warum aber hätte man in Kassel bei Projekt Nr. 446454 nur halb so viel Geld wie ursprünglich bewilligt ausgegeben? Vielleicht waren die Roboter doch billiger als veranschlagt, vielleicht wurden weniger als 22 Sprühroboter gekauft, vielleicht hat der Vorstand auf die Kostenbremse getreten und knapp die Hälfte des Budgets gestrichen. Plausibel wäre auch: Statt 22 hat VW nur elf Roboter gekauft, die nicht benötigten Projektmittel wanderten zurück in den großen Investitionstopf für andere Betriebsmittel.

Doch jetzt schauen wir uns das Projekt Nr. 446454 aus einem anderen Blickwinkel an, nämlich aus einer Tabelle mit der Überschrift: »Übersicht VOLKSWAGEN AG zu AfA-Aufteilungsregeln« vom April 2003. Diese Tabelle listet für eine Vielzahl von Projekten auf, zu welchem Datum welche Teilbeträge auf welchen Kostenstellen aktiviert werden. In den Zeilen 4565 bis 4573 ist die Sprühroboter-Beschaffung an der Reihe. Insgesamt tauchen sechs verschiedene Kostenstellen des Kasseler Werks auf, die alle mit Druckguss beschäftigt sind. Die 60 000 Euro aus dem Jahr 2002 sind fein säuberlich auf fünf dieser Kostenstellen verteilt, mit Einzelbeträgen zwischen 2000 und 22 000 Euro. Dem Jahr 2003 sind vier Zeilen gewidmet:

- 4. Mai 2003:
  Aktivierung von 308 000 Euro auf Kostenstelle 4118
- 1. Juli 2003:
  Aktivierung von 276 000 Euro auf Kostenstelle 4119
- 1. Oktober 2003:
  Aktivierung von 249 000 Euro auf Kostenstelle 4119
- 10. Dezember 2003:
  Aktivierung von 100 000 Euro auf Kostenstelle 4718

In der Summe ergeben sich für das Jahr 2003 Investitionen von 933 000 Euro, plus die 60 000 Euro aus dem Jahr 2002 macht das genau die für die Roboter bewilligten 993 000 Euro. Aber eben nicht die 500 000 Euro, die es nach unseren Berechnungen sein müssten, denn ein halbes Jahr zuvor waren doch 493 000 Euro abgezweigt worden!

Nun dürfen natürlich in keinem Fall bei einem Projekt, für das statt 993 000 nur 500 000 Euro ausgegeben werden, die vollen 993 000 Euro als Investitionen deklariert und entsprechend abgeschrieben werden. Wenn das so wäre, würde man ja beim VW-Werk Kassel 22 Sprühroboter bilanzieren, obwohl nur elf dort stehen, oder es würden elf Roboter zum Stückpreis von 90 272,73 Euro abgeschrieben werden, obwohl sie nur 45 454,55 Euro pro Stück gekostet haben. Beides kann ich nicht überprüfen, da mir weder eine Inventarliste des VW-Werks Kassel noch dessen Buchhaltungsdaten vorliegen.

Und immer wieder Anforderungsnummer 09999999

Gibt es noch andere Möglichkeiten, die offensichtliche Diskrepanz zwischen den Angaben im PAKS-System und der Tabelle zu den AfA-Aufteilungsregeln zu erklären? Eine liegt auf der Hand: Alle Aktivierungsangaben für das Jahr 2003 lagen im April 2003, aus dem die Tabelle stammt, noch in der Zukunft. Möglicherweise werden die irgendwann einmal für den 4. Mai 2003 vorgesehenen Aktivierungen erst eine Woche vor oder eine Woche nach diesem 4. Mai an die Realität angepasst.

Diese Erklärung scheidet allerdings aus, wenn man in der AfA-Tabelle ein paar Zeilen weiter nach unten geht: zu einem anderen Projekt mit der Nr. 446471 »Ersatzbeschaffung 2 Formenrahmen B80«. Hier wird das Gesamtvolumen von 314 000 Euro in zwei Tranchen aktiviert: 130 000 Euro am 4. Februar 2003, 184 000 Euro am 31. März 2003, jeweils auf Kostenstelle 4718. Beide Daten lagen zum fraglichen Zeitpunkt bereits in der Vergangenheit – aber beide können nicht stimmen. Denn die gesamten am 11. Juni 2002 bewilligten 314 000 Euro waren laut PAKS am 7. November 2002 mit Anforderungsnummer 09999999 abgezogen worden. In Projekt Nr. 446471 wurden demnach weder Bestellungen ausgelöst noch Kosten verursacht!

Es scheint sich also um eine äußerst merkwürdige Tabelle zu handeln, da sie Beträge als Investitionen ausweist, die niemand getätigt hat. Würden die Daten der Finanzbuchhaltung denen in dieser Tabelle entsprechen, wäre die VW-Bilanz schlicht falsch. Mir liegen die Daten nicht vor, die zur abschließenden Beurteilung des Sachverhalts nötig wären. Die Staatsanwaltschaft Braunschweig hätte sie anfordern können, hat es jedoch vorgezogen, nicht zu ermitteln. Warum schauen die externen Wirtschaftsprüfer von VW nicht nach?

Aus 972 170 mach 3 094 681 Euro

Natürlich kann es theoretisch sein, dass es sich bei der merkwürdigen Tabelle um eine reine Spielzeugtabelle handelt (eine äußerst aufwändige allerdings) oder um eine ungepflegte, veraltete, die zwar im April 2003 im System herumlungerte, aber schon seit mehr als einem halben Jahr nicht mehr ordentlich aktualisiert wurde (wogegen allerdings spricht, dass von Januar bis April 2003 über 4000 Eintragungen und Änderungen erfolgten), oder um eine Tabelle, in der nur der ursprüngliche Kostenstellenaufteilungsplan der einzelnen Projekte festgehalten wird, damit die VW-Controller später einmal einen Soll-Ist-Vergleich zwischen anfänglicher Planung und tatsächlichem Ablauf der Projekte vornehmen können – die Bürokratie in Großkonzernen geht ja manchmal äußerst verschlungene Wege.

Also schauen wir uns zur Abwechslung eine Merkwürdigkeit aus dem Kasseler VW-Werk an, die damit überhaupt nichts zu tun hat: die Betriebsmittel-Anforderung Nr. 11510148 vom 21. Juni 2001 für Projekt Nr. 446235 mit der Projekt-Positionsnummer 0021, eine Bestellung mit insgesamt vier Posten:

- 1 Druckgussform für Getriebegehäuse für 463 230 Euro
- 1 Entgratwerkzeug für Getriebegehäuse für 74 649 Euro
- 1 Druckgussform für Kupplungsgehäuse für 365 778 Euro
- 1 Entgratwerkzeug für Kupplungsgehäuse für 68 513 Euro

Der Gesamtwert liegt bei 972 170 Euro. Im PAKS-Programm hätte demnach unter Anforderungsnummer 11510148 für Projekt Nr. 446235 genau dieser Betrag auftauchen müssen. Tatsächlich erscheint dort unter dieser Nummer und der Kennung »Position / Teil-Nr. 0021/4C-006« als »Anforderungsbetrag« 3 094 681 Euro – mehr als das dreifache. Ein Irrtum? Hätte man den nicht korrigiert? Stattdessen lief der Vorgang weiter: Am 29. Oktober 2001 wurde unter der Kennung »Position / Teil-Nr. 0021/4C-006« ein Betrag von 865 193 Euro abgezweigt. Anforderungsnummer: 09999999.

Hier scheint es sich um eine ganz spezielle Nummer zu handeln. Sie taucht nicht nur bei den Sprührobotern, den Formenrahmen B80 und den Entgratwerkzeugen für Kupplungsgehäuse auf, sondern bei einer ganzen Reihe weiterer Projekte. Mir liegen allein aus Kassel Unterlagen über 22 Projekte vor, bei denen zwischen Februar 2001 und Februar 2003 insgesamt 54 Millionen Euro unter dieser Anforderungsnummer erfasst wurden; und das betrifft natürlich nur einen winzigen Teilbereich des großen weltweiten VW-Datenraums. Dass es sich um keine Kasseler Spezialität handelt, zeigen Belege aus weiteren sieben Projekten, die allesamt nichts mit dem dortigen Werk zu tun haben und bei denen zusammen 718 432 Euro auf die Neuner-Nummer flossen. Weitere 132 Millionen Euro wurden mit Nummern wie sechsmal 6 oder siebenmal 7 aus über 100 weiteren Projekten eingesammelt. Insgesamt über 185 Millionen Euro!

Für VW, so eine Stellungnahme des Investitionscontrollers Heinrich Hacke gegenüber der Staatsanwaltschaft Braunschweig, seien das alles ganz normale Vorgänge: Solche auffälligen Anforderungsnummern würden für immer wiederkehrende Zwecke eingesetzt. 7777777 stehe beispielsweise für in PAKS gesperrte Mittel für interne Planungsleistungen, 666666 für Mittel, die für Qualifizierungsmaßnahmen gesperrt sind. Und mit der Nummer 999999 oder 9999999 würden in der Regel Mittel gesperrt, die storniert und zur Finanzierung eines anderen Vorhabens vorgesehen seien.

Entlastung für den Einkaufsvorstand

Kann sein. Kann aber auch nicht sein. Immerhin werden unter der Nummer 999999 nicht nur Gelder eingesammelt oder, wie VW behauptet, »gesperrt«, sondern auch angefordert und damit verteilt. Im VW-Werk Salzgitter zum Beispiel forderte am 10. April 2002 Herr oder Frau Rutke, Kostenstelle 7360, Marinemotoren, für die »B(eschaffung) freigabefähiger Konstruktionen für Elektrostruktion« 48 113 Euro an. Anforderungsnummer: 9999999.

Weitere Bestellungen, die unter dieser Nummer geführt worden wären, liegen mir nicht vor – dafür jedoch Belege, nach denen die Sachgemeinkosten verschiedenster Kostenstellen mit 999999 entlastet wurden. Und die umfassen normalerweise alles, was im Unternehmen gebraucht wird, aber keinem speziellen Produkt oder Projekt zugeordnet werden kann, vom Büromaterial und den Reisekosten bis zu den so genannten Fremdleistungen. So taucht dann auch bei VW-Kostenstelle 1600 – das ist diejenige von Einkaufsvorstand Garcia Sanz höchstpersönlich – unter Nr. 999999 ein Betrag von 929 969 Euro auf. Als Kostenart wird Z-469 angegeben, der Code für »Dienstleistung Dritter«. Dieser Beleg zeigt eindeutig, dass die Verbuchungen mit den vielen Neunen nicht nur interne Verschiebungen oder »Sperrungen« betreffen, sondern auch etwas mit Vorgängen außerhalb des Unternehmens zu tun haben.

Irgendwo im weltweiten System VW gibt es noch weitere Stellen, an denen die mit der 9999999 eingesammelten Gelder zum

Einsatz kommen. Wenn die 865 193 Euro aus Projekt 446235, die 314 000 Euro aus Projekt 446471, die 493 000 Euro aus Projekt 446454 sowie die weiteren 53 Millionen Euro aus weiteren 26 Projekten nicht heimlich in private Geldbeutel geflossen sind, anstatt dass man Hilfsmittel, Werkzeuge und Ersatzteile wie Sprühroboter oder Formenrahmen dafür kaufte, müssen sie irgendwo wieder auftauchen. Vielleicht in Brasilien, China, Indien oder Angola? Vielleicht in einer Extrakasse nach Art des Bismarckschen »Reptilienfonds«, aus der Rechnungen bezahlt werden, die es eigentlich nicht geben dürfte? Oder doch ganz korrekt in anderen Investitionsprojekten, wie es sich für eine ordentliche deutsche Konzernbuchführung gehören würde? Wie man bei einem derartigen Zahlensalat ein auch nur einigermaßen aussagefähiges Controlling im Konzern durchführen will, ist mir ein absolutes Rätsel. Die Konzernführung muss sich angesichts dieser chaotischen Geldströme darüber im Klaren sein, dass sie in einem völligen Finanznebel navigiert.

Anders als mich interessieren den Leiter der VW-Konzernrevision, Bodo Reinecke, solche Umwegfinanzierungen nicht sonderlich. Es sei völlig normal, Finanzmittel unbegründet zu beantragen und zu bewilligen, solange die Gelder für VW verwendet würden. Reineckes Beispiel: Wenn er seiner Frau 200 Euro für ein Kleid gebe und die sich dann für 200 Euro einen Hut kaufe, sei das ja noch lange kein Betrug. Und weil die Konzernrevision nichts Merkwürdiges erkennen möchte, hat auch die Staatsanwaltschaft Braunschweig die Aktendeckel wieder zugeklappt. Nun will ich mich nicht in die Angelegenheiten der Familie Reinecke einmischen. Aber angesichts der großflächigen und systematischen Zweckentfremdung von Finanzmitteln, die in den vergangenen Monaten bei VW bereits aufgedeckt wurde, scheint mir diese Betrachtungsweise für den Leiter der Konzernrevision doch allzu nonchalant. Es gäbe für ihn bei VW, so viel zeigen diese wenigen Beispiele, sicher noch viel zu entdecken, wenn man denn wollte …

Kunden

Niemand muss einen VW, Škoda, Audi oder Seat, allesamt aus dem Hause Volkswagen, kaufen. Es gibt genügend Alternativen von anderen Herstellern, und jeder Bürger ist in seiner Kaufentscheidung völlig frei. Nicht ganz so frei ist diese Wahl bei den Unternehmen, die mit VW ins Geschäft kommen wollen: Es heißt, Vertreter von Zulieferern oder potenziellen Zulieferern, die zu Verhandlungen auf das Werksgelände fahren und dabei nicht in einem Wagen des VW-Konzerns sitzen, hätten keine Chancen auf einen Auftrag aus Wolfsburg. Aber das sind vernachlässigbare Größen, gemessen an der Zahl von etwa fünf Millionen Autos, die VW pro Jahr konzern- und weltweit verkauft. Fünf Millionen Kaufentscheidungen für den Konzern, wo soll da das Problem liegen?

Es ist ein Problem, und viele lange Zeit erfolgreiche Markenhersteller müssen sich damit herumschlagen, nicht nur in der Automobilbranche: Die Konkurrenz kopiert ihre Erfolgsprodukte immer perfekter und natürlich auch immer preisgünstiger. Als der VW Golf 1974 auf den Markt kam, gab es weit und breit keinen vergleichbaren Wagen – er schuf die noch heute oft so genannte Golf-Klasse. Jetzt ist die Klasse voll. Alle anderen Klassen übrigens auch. Und anders als die Golf-Klasse wurden weder die Geländewagen noch die Kleinstwagen von VW erfunden, sodass man in diesen Klassen nicht als Pionier, sondern durch die Kraft der Marke überzeugen muss. Und wenn die Marke weniger und weniger überzeugen kann, sinkt ihr Wert immer und immer weiter.

Sterbende Marken bringen den meisten Gewinn

Für ein Unternehmen kann das die profitabelste Zeit überhaupt sein. Man investiert einfach nicht mehr in die Pflege der Marke, und bevor die Kunden merken, dass diese an Wert verliert, zahlen viele von ihnen noch die Preise aus den guten alten Zeiten. Die Marke, die gerade eben noch als »Cash Cow« galt, wird »abgemolken«, die Kunden werden abgezockt.

Es ist phänomenal, wie schwer einmal eingeführte Marken totzukriegen sind. Der Weiße Riese hat als Waschmittel genauso ein Comeback gefeiert wie der Braune Bär als Eis am Stiel oder der Saba-Fernseher. Und die Firma Grundig stirbt und stirbt und stirbt, aber die Marke Grundig lebt und lebt und lebt.

Daher kann auch die Marke VW noch eine lange Zeit damit rechnen, gekauft zu werden, auch wenn sie bei Licht betrachtet keinen angemessenen Mehrwert mehr für den Mehrpreis gegenüber der Konkurrenz bietet. Selbst wenn der Konzern sich restlos zugrunde richten würde – irgendwo weit vor dem endgültigen Aus würden Bentley, Bugatti, Lamborghini, Audi, Seat, Škoda und VW einer nach dem anderen oder im Paket an einen Konkurrenten verkauft, der sich intensiver um sie kümmert.

Wenn es überhaupt jemand schaffen kann, eine eingeführte Marke kaputt zu machen, dann das eigene Unternehmen. Die »Strategie« dafür heißt: Vernachlässigung. Das hat VW in der Ära Piëch geradezu lehrbuchmäßig vorgemacht, indem der »Volkswagen«, der nicht umsonst so heißt, in Richtung »Bonzenwagen« entwickelt wurde. Der Vorstandsvorsitzende Piëch positionierte VW gegen Mercedes; nicht den Konzern, nicht die Aktie, nein: die Marke. Bei VW sollte der Golf fortan nicht mehr die Krönung, sondern allenfalls das Einsteigermodell sein. Piëch wollte den Volkswagen in das Gegenteil von dem verwandeln, wofür dieser seit Jahrzehnten steht – so etwas geht selten gut aus, weil man dabei den festen Boden des Markenkerns unter den Füßen verliert, ohne auf dem neu angepeilten Terrain schnell und fest genug Tritt fassen zu können.

Eine einzige Zahl sagt hier mehr als tausend Worte. Es ist ein vom ADAC erhobener Durchschnittswert für die Kosten pro Stunde Fahrzeit, die die Neuwagen einer Marke dem Eigentümer verursachen. Bei dieser Kostenübersichtstabelle, die der ADAC jedes Jahr für mehr als 1000 neue Modelle erstellt, werden für jedes einzelne Grundpreis, Fixkosten, Betriebskosten, Werkstattkosten sowie Wertverlust ermittelt und am Ende ein Durchschnitt für alle Modelle einer Marke gebildet. Das Ergebnis vom April 2005 sei hier der Eindrücklichkeit halber komplett und nach steigenden Kosten aufgeführt:

Durchschnittskosten je Stunde Fahrzeit

Marke	Euro/Stunde	Marke	Euro/Stunde
Lada	39	Toyota	60
Kia	44	Škoda	61
Daihatsu	48	Chrysler	64
Suzuki	48	Jeep	64
Seat	49	Peugeot	65
Chevrolet	50	Saab	65
Subaru	50	Mini	68
Mazda	51	Renault	70
Mitsubishi	53	Lexus	71
Nissan	54	VW	72
Ford	55	BMW	73
Fiat	56	Mercedes	73
Lancia	56	Audi	75
Citroen	57	Smart	75
Honda	57	Volvo	75
Alfa-Romeo	58	Land Rover	78
Hyundai	58	Jaguar	86
Opel	59	Porsche	99

Quelle: ADAC Kostenübersicht, Stand April 2005

Škoda teurer als Opel und Toyota, VW teurer als Lexus und praktisch auf einer Höhe mit BMW und Mercedes – das ist eine Relation, die mit dem Bild, das ich wie viele Autofahrer von diesen Marken des VW-Konzerns vor Augen habe, in keinster Weise übereinstimmt. Und ich kann wohl behaupten, dass das Problem nicht bei mir liegt, sondern bei VW.

Kannibalisch für Fortgeschrittene

Die zweitbeste Markenvernichtungsstrategie nennt sich Kannibalisierung. Die verschiedenen Produkte oder die verschiedenen Marken eines Unternehmens fressen sich gegenseitig auf. Wenn neben der *Sport-Bild* nämlich noch eine »Fußball-Bild« auf den Markt käme, würde wahrscheinlich nur eine von beiden überleben. Deswegen gibt es ja auch keine »Fußball-Bild«. Und keine Haribo Silberbären.

Doch im VW-Konzern gibt es eben nicht nur den VW Sharan, sondern auch den Seat Alhambra. Nicht nur den VW Polo, sondern auch den Škoda Fabia. Nicht nur den VW Golf, sondern auch den Seat Leon und den Škoda Octavia. Und warum das? Weil sich der Techniker Ferdinand Piëch als Vorstandsvorsitzender für die Plattformstrategie begeisterte – und weil keiner aus dem Marketing sich ihm energisch genug in den Weg stellte. Gewarnt hatten die Marktforscher schon vor dem Kannibalisierungseffekt, aber sie waren damit nicht durchgedrungen.

Die Plattformstrategie ist eine für Techniker und Erbsenzähler hoch faszinierende Angelegenheit. Man baut nach außen weiterhin ganz viele verschiedene Autos, verwendet jedoch dafür nur eine ganz geringe Zahl von Produktionsplattformen, sodass man möglichst wenige verschiedene Teile in der Produktion einsetzt, die aber in möglichst großen Stückzahlen. Eine Plattform kann beispielsweise die Bodenplatte, das Brems- und Lenksystem, die Achsen, den Motor samt Getriebe, die Auspuffanlage, die Sitzanlage, den Tank und die Klima- und Heizgeräte eines Autos umfassen – praktisch alles das, was bei einem Auto nicht zu sehen ist.

Der große Vorteil der Plattformstrategie: Sie ermöglicht eine enorme Kostensenkung in der Produktion und in der Entwicklung. »Durch die Plattformstrategie lassen sich jährlich rund 3 Milliarden Mark sparen«, begeisterte sich Piëch in einem *Spiegel*-Interview schon im Jahre 1996. Die gesamte Produktfamilie des VW-Konzerns versammelte er auf vier Plattformen, die etwa 60 Prozent des Fahrzeugwertes ausmachten. Die innere Fahrzeugstruktur wurde damit vom hochpreisigen Audi bis zum billigen Škoda ähnlich bis identisch.

Probleme mit der Plattform

Willi Diez, Professor für Automobilwirtschaft, hat sich in seinem Buch *Automobil-Marketing* intensiv mit der Plattformstrategie beschäftigt. Als Erfolgsfaktoren nennt er unter anderem:

- den Verzicht auf markenübergreifende Plattformen bei vertikal geschichteten Markenportfolios, da es sonst zu einer Erosion der höherwertigen Marken kommen könne;
- die Begrenzung der Preisspreizung plattformgleicher Modelle, um dem Risiko einer Angleichung der Preise auf dem niedrigsten Niveau zu begegnen;
- eine ausreichende Differenzierung plattformgleicher Modelle, um Kannibalisierungseffekte zu vermeiden.

Aus dem Marketingdeutsch in die VW-Welt übersetzt heißt das: Mache keine gemeinsame Plattform für Škoda und VW, denn du musst damit rechnen, dass das Markenimage von VW darunter leidet. Und wenn du doch eine gemeinsame Plattform für Škoda und VW machst, dann sorge dafür, dass die entsprechenden Autos sich so stark voneinander unterscheiden, dass keiner merkt, dass sie auf der gleichen Plattform gebaut werden. Und wenn du auch das nicht schaffst, dann darfst du dich nicht wundern, wenn sich die Preise für die weitgehend gleichen Modelle auf dem niedrigsten Niveau einpendeln.

Im Piëch-Deutsch klang das aber ganz anders: »Nur der Hut ist ein anderer«, sagte der damalige Vorstandsvorsitzende. »Was unter dem Hut ist, ist dem Kunden egal.« Ganz so egal war es den Kunden jedoch offensichtlich nicht. Der Unterschied zwischen einem Škoda Fabia und einem VW Polo oder zwischen einem Seat Leon, einem Škoda Octavia und einem VW Golf war eben im Wesentlichen nur noch der Name auf dem Kühler. Und der Preis natürlich, denn für die Modelle mit den Buchstaben V und W müssen 1000 und mehr Euro extra auf den Tisch des Händlers gelegt werden. Das alles bemerkte die Kundschaft sehr wohl. Also legte der Marktanteil von Škoda zu, während der von VW abnahm. 1996 hatte Škoda noch 263 000 Autos produziert, im Jahr 2004 waren es 444 000. Die VW-Autoproduktion hingegen ging von 3,17 Millionen im Jahr 1998 auf 3,02 Millionen im Jahr 2004 zurück.

Trotzdem entscheidet sich der überwiegende Teil der Neuwagenkäufer bei weitgehend baugleichen Modellen für das teurere, weil es eben ein VW ist. Das wiederum hübscht kurzfristig die Konzernbilanz auf: Wenn man im Schnitt 1000 Euro pro verkauften VW auf diesen Effekt der zwei Buchstaben auf dem Kühler schiebt, macht das bei 3 Millionen verkauften VWs im Jahr eine Summe von 3 Milliarden Euro, die allein für den Wert der Marke VW aufs Konto kommen.

Der Konzern macht also auch heute noch einen Gewinn, weil früher einmal ein VW das hielt, was VW versprach. Aus Sicht der Kunden klingt der gleiche Sachverhalt allerdings um einiges hässlicher: Weil der VW-Konzern weiß, dass viele Millionen Menschen in aller Welt nach wie vor eine enge Bindung an Autos der Marke VW haben, zieht er ihnen alleine für diesen Namen 3 Milliarden Euro pro Jahr aus der Tasche. Aber ist die Marke das noch wert?

Der VW-Wiederverkaufswert bricht ein …

Natürlich gibt es Markenartikel in Hülle und Fülle, die ihren Kunden einen hohen Preis abverlangen und dennoch, oder gerade deswegen, gekauft werden. Bei Autos gibt es jedoch nicht nur den einen Preis, den Verkaufspreis, der in die subjektive Rechnung der Käufer eingeht. Zwei weitere Faktoren beeinflussen die Kaufentscheidung: die Betriebskosten, also der Preis der Nutzung, und der Wiederverkaufswert, also der Preis der Abnutzung. Günstige Betriebskosten sind eines der wichtigsten Argumente für Autos mit Dieselmotoren. Jeder will schließlich einen Wagen fahren, der sparsam im Verbrauch ist, gut durch den TÜV kommt und nur selten in die Werkstatt muss – weshalb alle Hersteller zum Beispiel kaltlächelnd ihre Diesel-PKWs wesentlich teurer als sonst baugleiche Benziner anbieten.

Der Wiederverkaufswert eines Autos spielt beim Autokauf eine fast so wichtige Rolle wie der Kaufpreis selbst. Denn so gut wie kein Neuwagenkäufer fährt seinen Wagen über dessen gesamte Lebensdauer. Im Schnitt werden Autos insgesamt zwölf bis 15 Jahre gefahren – aber nach drei bis fünf Jahren das erste Mal verkauft. Je höher der Wiederverkaufswert in Relation zum Neupreis ist, desto geringer ist der Verlust, den der Neuwagenkäufer als Preis für seinen Fahrspaß einkalkulieren muss.

Je besser die Qualität, je besser das Image, je beliebter das Modell, desto höher fällt der Wiederverkaufswert aus. Traditionell hatten Autos aus deutscher Produktion hier die Nase vorn – vor allem die von Mercedes, BMW, Audi und VW. Das sind auch die Marken, deren inländische Kunden gemäß *DAT-Report 2005* dem Wiederverkaufswert eine besonders hohe Bedeutung beimessen. Und zwei dieser vier Marken haben nach den DAT-Zahlen vom Dezember 2004 in den vergangenen zwei Jahren einen besonders starken Anstieg des Wertverlusts erleiden müssen: VW und Audi. Nach vier Jahren Nutzung und 60 000 Kilometern Laufleistung ermittelten die DAT-Experten für VW-Modelle im Dezember 2002 einen durchschnittlichen Wertverlust von 46,18 Prozent – im Dezember 2004 war dieser Wert auf 49,04 Prozent gestiegen. Audi verschlechterte sich im gleichen Zeitraum sogar um mehr als drei Prozentpunkte: von 44,26 auf 47,62 Prozent Wertverlust. Škoda und Seat hingegen, die kleinen, billigen Marken von derselben Piëch'schen Produktionsplattform, die im Windschatten von VW und Audi segeln, verbesserten sich deutlich.

… und der Markenwert gleich mit

Ein ähnlich niederschmetterndes Ergebnis beschert VW der Automarkenindex »AutoMarxx«. AutoMarxx ist ein Index, der vom »Center for Automotive Research« der Fachhochschule Gelsenkirchen zweimal jährlich im Auftrag des ADAC erstellt wird. Im September 2002 hießen die vier besten Marken Mercedes, BMW, Audi und VW. In der jüngsten Studie vom Juni 2005 liegt BMW vor Audi und Mercedes – und VW ist auf Platz 6 abgerutscht. Die Einzelergebnisse, die in die Bewertung von VW eingingen, sind in der folgenden Tabelle einmal als Schulnote und einmal als Platzziffer (Rangplatz unter den 32 untersuchten Herstellern) dargestellt:

VW-Position im ADAC-Markenindex AutoMarxx

Kriterium	Note 06 2005	Platzziffer 2005	Note 09 2002	Platzziffer 2002
Markenimage	2,0	2	1,7	1
Marktstärke	2,3	1	2,3	1
Kundenzufriedenheit	2,1	32	–	–
Fahrzeugqualität	1,7	3	2,3	9
Techniktrends	2,7	13	2,0	6
Markentrends	4,3	28	3,8	17
Gesamtnote	2,36	6	2,29	4

Quelle: ADAC, eigene Berechnungen

Von den fünf Kriterien, für die vergleichbare Werte in 2002 und 2005 existieren, hat sich VW nur in einer, nämlich der Fahrzeugqualität, im Dreijahresvergleich verbessern können. Bei der Marktstärke wurde der Spitzenplatz gehalten, in den drei übrigen Einzelwertungen hat die Marke sowohl absolut (gemessen an der Schulnote) als auch relativ (gemessen an der Platzierung im Vergleich zu den Konkurrenten) an Boden verloren. Und bei der 2002 noch nicht erhobenen Kundenzufriedenheit schneidet VW zwar mit einer Note von 2,1 scheinbar ordentlich ab – von allen untersuchten Herstellern ist VW damit jedoch der schlechteste! Verursacher dieses Imageverlustes kann dabei noch nicht der neue Konzernchef Pischetsrieder sein. Bei Vorlaufzeiten von drei bis vier Jahren bis zur Markteinführung eines neuen Modelles liegt die Ursache für diese Entwicklung eindeutig bei seinem Vorgänger Ferdinand Piëch.

Wie es sich für Kannibalisierungsprozesse gehört, hat das ehemalige No-Name-Produkt Škoda aus demselben Wolfsburger Hause im gleichen Ausmaß vom Imagetransfer durch VW profitiert, wie VW darunter gelitten hat.

Škodas Position im ADAC-Markenindex AutoMarxx

Kriterium	Note 06 2005	Platzziffer 2005	Note 09 2002	Platzziffer 2002
Markenimage	3,9	16	3,8	18
Marktstärke	3,9	12	3,3	13
Kundenzufriedenheit	1,6	8	–	–
Fahrzeugqualität	2,2	9	2,8	20
Techniktrends	2,7	11	2,9	17
Markentrends	2,8	5	2,0	3
Gesamtnote	2,82	9	2,98	12

Quelle: ADAC, eigene Berechnungen

Faktisch bekommen damit die jährlich drei Millionen VW-Käufer durch den sinkenden Markenwert von Jahr zu Jahr weniger Auto fürs Geld. Und haben damit den Markenaufbau für die jährlich 400 000 Škoda-Käufer genauso subventioniert wie den Einstieg Piëchs in die Luxusklasse der Lamborghinis und Bugattis sowie all die Extrawürste, die sich Vorstand und Betriebsrat auf Konzernkosten genehmigen. Die Plattform macht's möglich.

Halbzeit: Volkswagen – eine mafiöse Vereinigung?

Nach der ersten Hälfte des Buches sieht es so aus, als hätten wir es mit einem gigantischen Selbstbedienungsladen zu tun, der sich von anderen, tendenziell ähnlich gearteten Institutionen oder Unternehmen vor allem dadurch unterscheidet, dass sich nicht nur das Management bedient, sondern sogar ein Teil der Untergebenen. Die so oft beschworene, typisch deutsche Sozialpartnerschaft von Kapital und Arbeit scheint sich in Wolfsburg zu einer perfekt funktionierenden Asozialpartnerschaft entwickelt zu haben.

Ist das alles? Die Volkswagen AG – ein durch und durch korrupter Laden? Am 22. Oktober 2003 schrieb ich auf meiner Website www.hans-joachim-selenz.de: »In Italien nennt man es Mafia und macht es heimlich. Nördlich der Alpen heißt die identische Veranstaltung ›Deutschland AG‹. Das ist so ziemlich dasselbe, bis auf den klitzekleinen Unterschied, dass man es in aller Öffentlichkeit zelebriert.« Damals brachten mir diese Sätze auch von sonst wohlmeinenden Lesern heftige Kritik ein: Mafia, das sei schließlich eine ganze Menge mehr als durchtriebene Selbstbedienung, das seien Maschinengewehre im Geigenkasten und einbetonierte Leichen, das sei Sizilien oder New York, aber nicht Deutschland.

Volkerts Freud'sche Fehlleistung

Dann kam Mitte Februar 2005 der damals noch gänzlich unbescholtene Betriebsratsvorsitzende Klaus Volkert und beschimpfte den niedersächsischen Ministerpräsidenten Christian Wulff (unter anderem als »pubertierenden Heranwachsenden«), nur weil dieser eine Aufklärung der Affäre um die »Lohnfortzahlung« für ehemalige VW-Mitarbeiter in den Parlamenten forderte. Und dann sagte Volkert ganz unvermittelt: Es sei nicht mit dem VW-Interesse in Einklang zu bringen, wenn Wulff den Eindruck erwecke, »dass Volkswagen mit Hilfe der SPD ein mafiöses System zur Korrumpierung der Politik betreibe«. Wobei diesen Eindruck zu diesem Zeitpunkt noch gar keiner geäußert hatte – eine klassische Freud'sche Fehlleistung. Die Frage mit der Mafia stellte sich erst ein paar Monate später.

Die Verteidigungslinie von VW ist noch immer die folgende: Bei all dem Dreck, der aufgewirbelt wird, handele es sich nicht um das systematische Agieren einer kriminellen Vereinigung, sondern immer nur um das individuelle Fehlverhalten einzelner Personen. Dabei bleibt VW – auch wenn inzwischen ziemlich viele einzelne Personen zusammengekommen sind.

Ein wichtiger Gradmesser dafür, ob ein System oder ein Unternehmen kriminell und korrupt ist, ist die Arbeitsweise derjenigen Institutionen, die als interne Kontrollinstanz funktionieren sollten. Tun sie ihre Pflicht, oder drücken sie beide Augen zu? Den Aufsichtsrat, der vor allem für die große Linie und die Überwachung des Vorstands zuständig ist, haben wir bereits behandelt – und dabei die Befürchtung erhärtet, dass es sich wohl nicht um ein individuelles, sondern um ein systematisches Kontrollversagen handelt. Für die vielen Millionen von Gelegenheiten auf allen Konzernebenen, die Diebe machen könnten, ist hingegen nicht der Aufsichtsrat zuständig; darum kümmert sich in Großunternehmen die Revision.

Eine Konzernrevision, die nichts aufklärt ...

Bei VW scheint es allerdings damit nicht sehr weit her zu sein. Kein einziger der in den vergangenen Wochen aufgeflogenen Finanzskandale war im Vorfeld der Wolfsburger Revision aufgefallen. Auch in zwei reichlich verdächtigen Ecken, in die wir im ersten Kapitel dieses Buches geschaut haben, fanden die Prüfer keinerlei belastendes Material: bei der partnerschaftlichen Zusammenarbeit zwischen Speditionsbürgermeister Schnellecke und dem früheren Produktionsvorstand Weißgerber sowie bei den vier Jahre lang unter Helmuth Schusters Oberaufsicht stehenden Geldanlage-Geschäften des VW Pension Trust (vgl. S. 38). Im ersten Fall waren nach offiziellen Konzernangaben ein Dutzend Revisoren aktiv, im zweiten sogar 20.

Theoretisch ist es natürlich möglich, dass Rauch aufsteigt, obwohl es kein Feuer gibt. Aber die Rolle, die die Konzernrevision in der Angelegenheit um den VW-Planer Holger Sprenger gespielt hat, lässt mich an allen Ergebnissen zweifeln, die diese Konzernrevision herausgefunden oder vor allem nicht herausgefunden haben will.

Kommen wir auf Sprengers Geschichte zurück. Der Anfang ist nicht ungewöhnlich: Ein Mitarbeiter meint, einer faulen Sache im Unternehmen auf die Spur gekommen zu sein. Und weil, wenn die Sache wirklich faul sein sollte, seine direkten Vorgesetzten auch daran beteiligt sein könnten, meldet er den Fall nicht auf dem Dienstweg, sondern direkt beim obersten Chef. Dieser Punkt war bei Sprenger erreicht, als er über den Werkleiter von den zusätzlich beantragten Geldmitteln für den Getriebetyp VL-300 hörte.

Sprengers erste Mitteilung an den Vorstandsvorsitzenden Bernd Pischetsrieder datiert vom 30. November 2002, die zweite vom 4. Januar 2003. Auf die erste gab es keine Reaktion; die zweite setzte Pischetsrieder nicht nur eine Frist, nach deren Ablauf Sprenger den Staatsanwalt einschalten würde, sondern enthielt auch einen Vorwurf, der jeden Konzernchef hellhörig machen muss: Das Kasseler Getriebewerk habe von Wolfsburg einen zweistelligen Millionenbetrag gefordert – und 2002 bewilligt bekommen –, um die Kapazität für den Audi-Getriebetyp VL-300 von 240 auf 440 Stück pro Tag zu erhöhen. Dabei sei dieser Antrag gar nicht mehr notwendig gewesen, habe man doch am 21. November 2001 schon eine Anlage für 750 Stück pro Tag mit längst bewilligten Geldern in Auftrag gegeben. Das roch nach Unregelmäßigkeiten, wenn nicht gar nach Betrug an Wolfsburg – und an Ingolstadt. Denn die Kasseler hatten ihren Antrag zur Finanzierung der Kapazitätserhöhung von 240 auf 440 Getriebe pro Tag am 19. November 2001 auf der Audi-Vorstandssitzung begründet, weil von dort letztlich das Geld kommen würde. Da musste Pischetsrieder eingreifen. Also machte der Konzernchef das, was ein ordentlicher Konzernlenker macht, wenn ihm von irgendwo weit unten in seinem Reich ein solcher Verdacht ins Haus flattert: Er übergibt den Fall der Konzernrevision.

Die wiederum war von Sprenger schon seit September 2002 mehrfach über Unregelmäßigkeiten informiert worden, hatte bislang aber entweder keine Zeit oder keine Lust gehabt, sich detailliert mit den Zuständen im Werk Kassel zu beschäftigen, und deshalb Sprenger per E-Mail vertröstet: »Wir werden das Thema aber generell in unsere Jahresplanung für 2003 aufnehmen.« Am 20. Januar 2003 tauchten dann plötzlich drei Revisoren in Kassel auf. Sprenger war skeptisch, hatte von Anfang an den Eindruck, dass hier vertuscht werden sollte, und versuchte per E-Mail an Pischetsrieder, bei diesem einen Termin zu bekommen. Das scheiterte ebenso wie der am gleichen Tag unternommene Versuch, dem Konzernchef über den Kasseler Betriebsratsvorsitzenden und VW-Aufsichtsrat Kakalick belastendes Material zukommen zu lassen. Immerhin reagierte am 23. Januar das Büro Pischetsrieder: Die Herren von der Revision seien vom Chef beauftragt worden, Sprenger solle also mit ihnen zusammenarbeiten.

… sondern lieber vertuscht …

Das tat er eine Woche lang – bis ein Kollege ihm erzählte, auf dem Schreibtisch eines Verdächtigen lägen einige der Dokumente, die Sprenger an Pischetsrieder gesandt hatte. Als Sprenger sich bei den Revisoren beschwerte, erntete er Unverständnis: Man würde das immer so machen.

In den kommenden Tagen wurden, wie konnte es anders sein, die in diesen Unterlagen als Zeugen benannten Kollegen von einem der verdächtigen Manager dringend davor gewarnt, weiterhin für Sprenger auszusagen. Da hiermit die Luft in Kassel reichlich dick geworden war (Sprenger lehnte die weitere Zusammenarbeit mit dem Revisor ab, der die Informationen weitergegeben hatte), schaltete sich am 31. Januar 2003 der Leiter der Konzernrevision, Bodo Reinecke ein, indem er bei Sprenger anrief und ihn als Erstes fragte, warum er eigentlich seine Nase in Dinge stecke, die ihn nichts angingen.

Entsprechend fiel dann der Revisionsbericht aus, der am 24. Februar den Vorstandsmitgliedern zuging. Dass darin einige Themenkomplexe aus Sprengers ursprünglichen Vorwürfen überhaupt nicht auftauchten, darüber könnte man notfalls noch hinwegsehen. Schließlich waren dies Vorgänge, bei denen nur ein einzelner Mitarbeiter (Sprenger) von VW betrogen wurde. Da schreibt man dann zwar auf Seite 1 unten (so weit lesen Vorstände manchmal), man habe »Nachteile aus der Abwicklung der eingereichten Verbesserungsvorschläge« geprüft, unterschlägt dann aber auf Seite 9 (bis dahin ackert sich nie und nimmer ein Vorstand durch) zwei von drei zu prüfenden Verbesserungsvorschlägen, um festzustellen: »Die von Herrn Sprenger beanstandeten Verbesserungsvorschläge sind sämtlich abgeschlossen« – was nicht stimmen kann, wenn in einem Verfahren ein Einspruch eingelegt und darüber noch nicht entschieden worden war.

Eine ebenso virtuelle Realität spiegelt das Urteil der Prüfer über die Anlagen in Kassel: »Weder aus den Planungsunterlagen noch aus der Anlagenbegehung heraus sind von uns Hinweise, Unterlagen bzw. realisierte technische Lösungen festgestellt bzw. erkannt worden, die auf die Umsetzung von Arbeitnehmererfindungen schließen lassen.« Diese Aussage, das bestätigten mehrere mir vorliegende eidesstattliche Versicherungen von Mitarbeitern des Kasseler Werks, entsprach nicht den Tatsachen, und das hätten die Revisoren auch erkennen müssen. Aber die Wahrscheinlichkeit, einer der VW-Vorstände könne vor Ort kontrollieren, ob die Revisoren richtig geprüft haben, ist praktisch gleich null. Und da der Beschwerdeführer im Regelfall den Prüfbericht gar nicht zu sehen bekommt, ist die Chance groß, dass ein solcher Fall im Sande verläuft.

… und fälscht …

Für den Umgang des Revisionsberichts mit den Vorwürfen gegen die Kasseler hinsichtlich ihres Zusatzantrags für eine Kapazitätserhöhung von 240 auf 440 Audi-Getriebe gibt es keine wohlmeinende Erklärung mehr. Da wurde einer Anlage, die offiziell eine Kapazität von 240 Stück pro Tag haben sollte, im Bericht eine ebensolche von 240 Stück pro Schicht (also 720 pro Tag) angedichtet; da wurde ein Gespräch aus dem Dezember 2000 erfunden, bei dem VW-Mitarbeiter auf Positionen auftauchten, die sie erst ein Jahr später einnahmen oder die sie niemals in ihrem Leben erreichten; und da wurde das Ergebnis eines Gesprächs mit Technikern im Werk Kassel eingeflochten, das zwar eigentlich am 21. Februar 2003 hätte stattfinden sollen, aber aufgrund von Terminschwierigkeiten erst am 25. Februar stattfand. Also einen Tag nach Erstellung des Revisionsberichts! Dann ist es natürlich auch verständlich, wenn die Ergebnisse des virtuellen Gesprächs vom 21. Februar, die in den Bericht vom 24. Februar eingingen, nicht den Ergebnissen des real existierenden Gesprächs vom 25. Februar entsprachen.

Ebenfalls verständlich ist aufgrund dieser Vorgeschichte, dass der erste Satz des vertraulichen Prüfungsergebnisses im Revisionsbericht heißt: »Die von Herrn Sprenger aufgestellten Behauptungen und Vorwürfe sind unbegründet.« Nur: Richtig ist das alles nicht. Richtig ist: Das VW-Werk Kassel forderte nach den mir vorliegenden Unterlagen auf der Audi-Vorstandssitzung im November 2001 insgesamt 30,96 Millionen Euro. 10,708 Millionen davon für eine zusätzliche Kapazitätserhöhung der Montagelinie von 240 auf 440 Getriebe pro Tag. Genau diese 30,96 Millionen Euro wurden zur Jahreswende 2001/2002 von Kassel beantragt und daraufhin bewilligt und bereitgestellt, obwohl man zu diesem Zeitpunkt schon die Anschaffung der (von Sprenger entwickelten) Montagelinie mit einer Kapazität von 750 Getrieben pro Tag in die Wege geleitet und in einem Kaufvertrag vom November 2001 festgeschrieben hatte. Und diese war nicht nur ohne die neuen Mittel aus Ingolstadt möglich, sondern sogar noch 5 Millionen Euro billiger als die von VW ursprünglich geplante Anlage mit einer Kapazität von nur 240 Audi-Getrieben pro Tag. Da ist es auch verständlich, dass auf dem Verteiler des Revisionsberichts vom 24. Februar nur sieben der damals acht amtierenden Vorstandsmitglieder der VW AG standen. Ausgerechnet der für Audi zuständige Vorstand Martin Winterkorn fehlte.

Nach Paragraf 91 Absatz 2 des Aktiengesetzes ist der Vorstand dazu verpflichtet, geeignete Maßnahmen zu treffen, insbesondere ein Überwachungssystem einzurichten, damit Entwicklungen, die den Fortbestand der Gesellschaft gefährden, früh erkannt werden. Die Revision ist, im Idealfall, ein Teil dieses Überwachungssystems. Doch innerhalb des VW-Konzerns ist diese offenbar ein völlig ungeeignetes Instrument. Mit einer Revision, die Betrugsvorgänge im Unternehmen systematisch vertuscht, statt sie aufzuklären, kann keine Firma auf Dauer existieren. Wer so »prüft« wie die VW-Revisoren, ist entweder absolut inkompetent oder selbst kriminell. Denn wer als eingesetzter Prüfer oder Gehilfe eines Prüfers über das Ergebnis der Prüfung falsch berichtet oder Umstände im Bericht verschweigt, macht sich gemäß Aktiengesetz strafbar.

… genau wie die Rechtsabteilung

Eine weitere, gesetzmäßig vorgeschriebene Institution des Überwachungssystems ist die Rechtsabteilung. Doch auch die ist offensichtlich eher Teil des Problems als Teil der Lösung, wie der Fall von Name Nummer 13 zeigt. Auf dem Exemplar des Revisionsberichts, den zwei Mitarbeiter der VW-Rechtsabteilung am 27. Februar 2003 an die Staatsanwaltschaft Kassel schickten, taucht als Letzter von insgesamt 13 Empfängern der Leiter der Rechtsabteilung und Chefsyndikus der Volkswagen AG, Michael Ganninger, auf. Derselbe Ganninger übrigens, der am 9. August 2005 beim Arbeitsgerichtstermin in Sachen Klaus-Joachim Gebauer noch weitere Schmiergeld-Vorwürfe präsentierte und sich von Gebauers Anwalt Wolfgang Kubicki in aller Öffentlichkeit den Konter gefallen lassen musste, er wisse ja gar nicht, an welchen Tarnfirmen Chefsyndikus Ganninger beteiligt sei. Wenn ein Anwalt wie Wolfgang Kubicki eine derartige Unsterstellung vor laufenden Fernsehkameras äußert, wird er seine Belege haben. Von einer Anzeige Ganningers wegen Beleidigung oder übler Nachrede gegenüber Kubicki war jedenfalls im Nachgang nichts zu vernehmen.

2003, in Sachen Sprenger, berief sich Ganninger gerne darauf, von nichts gewusst zu haben. Als es am 9. Juli 2003 in einem Rechtsstreit zwischen Sprenger und VW der Rechtsabteilung opportun erschien, dem Gericht weiszumachen, sie habe keine Kenntnis von dem Revisionsbericht vom 24. Februar 2003 gehabt, wurde »als Beweis« beim Gericht ein Revisionsbericht eingereicht, der mit der an die Staatsanwaltschaft gesandten Version bis auf eine Kleinigkeit völlig identisch war: Auf der Verteilerliste standen nicht mehr 13, sondern nur noch zwölf Namen. Die Zeile »Ganninger – K-DR Rechtswesen« fehlte.

Halten wir fest: Wir haben es bei Volkswagen mit einer Revision zu tun, die Gespräche, Gesprächsergebnisse und Maschinen erfindet, um sie im Prüfungsbericht als Realität ausgeben zu können, oder existierende Belege verschwinden lässt, wenn es ihr dienlich erscheint. Und wir haben es mit einer Rechtsabteilung zu tun, die Beweismaterial fälscht, wenn sie sich davon einen Vorteil verspricht. Das ist zwar noch nicht die Maschinenpistole im Geigenkasten – aber das ist ein mafiöses System.

Das mafiöse System à la Volkswagen hat sich gegenüber der archaischen Variante der Originalmafia gewissermaßen weiterentwickelt. Bei der brutalen Mafiamethode, einen Menschen mit einer Kugel oder einer Vielzahl derselben auszuschalten, gab es immerhin noch die Möglichkeit, dass das Opfer in letzter Sekunde zurückschoss. Wie aber soll ein einzelner Mitarbeiter sich gegen derartige perfide Diffamierungskampagnen wie die gegen Holger Sprenger wehren? Noch dazu, wenn diese unter dem Tarnmantel einer Revision erfolgt. Die Revisoren begehen professionellen Rufmord. Dazu braucht es keine Schusswaffe – aber der Gegner ist trotzdem ausgeschaltet. Und das alles ohne Blutvergießen. Die Originalmafia kann von VW noch viel lernen.

Mehr als nur Rufmord?

Aber hat VW auch von der Originalmafia gelernt? Wird im Konzern noch mit anderen Mitteln gearbeitet? Die Frau des bei Škoda aufgeflogenen Personalvorstands Helmuth Schuster ist davon überzeugt. Mitte Juli sagte sie Reportern der Zeitschrift *Bunte*, sie fürchte um das Leben ihres Mannes. Schuster sei durch den VW-internen Geheimdienst unter Leitung des Sicherheitschefs Dietmar Langendörfer bedroht. Jeder, der sich nicht dem System VW anpasse, werde vernichtet. Der ehemalige Škoda-Chef Ludvik Kalma sei 1996 einem als Autounfall getarnten Mordanschlag zum Opfer gefallen. »Auch auf meinen Mann wurden während seiner Zeit bei Škoda mehrere Attentate verübt«, sagte Schusters Ehefrau.

Von einem Mordanschlag auf Ludvik Kalma weiß die tschechische Polizei offiziell nichts. Der damalige Škoda-Chef war am 24. November 1996 in seinem Škoda Octavia SLX auf der E55 in der Nähe von Horusice auf einen Lastwagen geprallt und starb noch an der Unfallstelle. Der Scania-Truck, so die offizielle Version, war beim Auffahren auf die Autobahn ins Schleudern geraten und hatte sich quergestellt; für den mit 160 Kilometern pro Stunde heranrasenden Kalma gab es keine Ausweichmöglichkeit. Im Februar 1997 untersuchte die tschechische Polizei noch einmal gründlich den Unfallhergang – kein Indiz für Fremdverschulden wurde gefunden, sagte der damalige Polizeipräsident Oldrich Tomasek.

Der Anlass für die nochmalige Untersuchung war allerdings einer, der die Polizei sehr intensiv beschäftigte: Im Februar 1997, VW und General Motors hatten sich gerade im Lopez-Rechtsstreit geeinigt, kam aufgrund einer Strafanzeige des ABB-Konzerns eine Bestechungsaffäre bei VW ans Licht: Einkäufer des Unternehmens hatten sich bei der Auftragsvergabe für Großprojekte 5 Prozent der Auftragssumme als Schmiergeld zahlen lassen. Allein der Bau einer Groß-Lackiererei für Škoda habe diesem so genannten »Netzwerk« 18,8 Millionen D-Mark eingebracht. Kalma, so hieß es damals, sei den Betrügern aus dem eigenen Konzern auf der Spur gewesen – und es sind schon Menschen für weit weniger als 18 Millionen Mark ermordet worden.

Bei Škoda kostete diese Schmiergeldaffäre nur einen Topmanager den Posten: den stellvertretenden Vorstandsvorsitzenden Volkhard Köhler. Dem damals 53-jährigen Köhler wurde die Verwicklung in einen unsauberen Immobiliendeal zum Verhängnis. Zudem soll er die Aufklärung der Vorgänge um die Lackiererei behindert haben. Über die Vorgänge, die sich bei Škoda ereigneten, kann er nicht mehr befragt werden: Am 15. Februar 2000 ist Köhler gestorben – im Alter von nur 56 Jahren.

Schon wieder ein Lastwagen

José Ignacio Lopez de Arriortua hingegen – die schillernde Figur, die Piëch als Einkaufsvorstand 1993 in den Konzern holte – schied genau fünf Tage nach Ludvik Kalmas tödlichem Verkehrsunfall aus dem VW-Vorstand aus. In der Presse waren enge Mitarbeiter von ihm mehrfach in Verbindung mit der Schmiergeldaffäre gebracht worden. Aber auch ihn wird man kaum noch zu den damaligen Vorgängen befragen können – denn am 8. Januar 1998 hatte auch Lopez in der Nähe der nordspanischen Stadt Burgos einen schweren Verkehrsunfall. Unfallursache: Zusammenstoß mit einem Lastwagen. Während Kalma mit seinem Škoda in einen querstehenden Truck raste, fuhr Lopez einen Audi 80 und stieß mit einem entgegenkommenden LKW zusammen. Der ehemalige VW-Vorstand erlitt schwere Kopfverletzungen, lag mehr als einen Monat im Koma und ist seither ein gebrochener Mann. Er leide an Gedächtnisschwund, sagt ein Psychiater, der ihn untersucht hat, er denke sich eine eigene Wirklichkeit aus, um die Lücken zu ersetzen. Andere Gutachter zweifeln diese Diagnose zwar an, aber möglicherweise ist es für Lopez am sichersten, sich im Zweifelsfall an nichts erinnern zu können.

Helmuth Schuster hat sich vorsorglich gegen gedächtnis- oder lebensgefährdende Unfälle in Mafiamanier versichert. Nach Angaben seiner Frau habe er all seine Informationen niedergeschrieben, unter anderem über »die speziellen Spesenkonten für Dienstreisen der Topmanager«, und auch »ein Video an einem geheimen Ort« deponiert.

Dietmar Langendörfer hat übrigens Erfahrung mit dem Aufspüren geheimer Orte. Vor seinem Amtsantritt bei VW leitete er bei der Hamburger Kriminalpolizei die SOKO, die die Reemtsma-Entführung aufklärte. Äußerst freimütige Kritik am damaligen Hamburger Innensenator Hartmut Wrocklage bereitete seiner Polizeikarriere ein abruptes Ende. VW-Sicherheitschef wurde Langendörfer am 1. Oktober 1996.

»… großes Interesse, dass die SPD regiert …«

Das ursprünglich von Klaus Volkert heraufbeschworene »mafiöse System zur Korrumpierung der Politik« löst seine Personalprobleme gewöhnlich anders. Das zeigt zum Beispiel ein Brief, den am 11. März 1997 der Betriebsrat des Volkswagenwerkes Salzgitter an den SPD-Bundestagsabgeordneten Wilhelm Schmidt schrieb, den Vorsitzenden des Unterbezirksvorstandes der SPD-Salzgitter und parlamentarischen Geschäftsführer der SPD-Bundestagsfraktion.

Zu jener Zeit stand der SPD-Unterbezirk Salzgitter vor der Aufgabe, einen Kandidaten für die Landtagswahl am 1. März 1998 zu nominieren. Kandidieren sollte eigentlich Norbert Schmidt, der Betriebsratsvorsitzende der Preussag AG. Dem Namensvetter des Bundestagsabgeordneten war allerdings gerade nachgewiesen worden, dass er ebenso wie die anderen »dortigen IG-Metall-Mitglieder im Aufsichtsrat der Preussag AG« (so die IG Metall Verwaltungsstelle Salzgitter) einige 100 000 D-Mark aus Aufsichtsratsvergütungen der Preussag statt an die gewerkschaftseigene Hans-Böckler-Stiftung in die eigene Tasche abgeführt hatte. Das wurde heißes Diskussionsthema sowohl in der IG Metall als auch in der Stahl- und VW-Stadt Salzgitter. Immerhin war es nach Angaben eingeweihter IG Metaller mit einem Gesamtvolumen einiger Millionen D-Mark der »größte Betrugsfall in der Geschichte des DGB«. Die VW-Betriebsräte fürchteten, die SPD könne ihren sicher geglaubten Wahlkreis verlieren, und wandten sich auf offiziellem Papier des Volkswagen-Betriebsrates an den lokalen SPD-Boss.

»Lieber Wilhelm«, schrieben sie, »die IG Metall Fraktion des Volkswagenwerkes Salzgitter hat ein großes Interesse daran, dass die SPD in Niedersachsen regiert.« Und gaben dem MdB Schmidt den guten Rat, dem untreuen IG Metaller die Unterstützung zu entziehen: »Unabhängig davon, ob Norbert Schmidt Aufsichtsratstantiemen korrekt oder nicht abgeführt hat, muss Dir klar sein, dass die Ratsmehrheit aus CDU, FDP und MBS das Verhalten von Norbert Schmidt zu einem zentralen Wahlkampfthema machen wird. Wir gehen davon aus, dass das in einer Schlammschlacht endet, die weder der SPD noch der IG Metall nutzt. Die Gefahr besteht, dass dadurch der Wahlkreis für die SPD verloren geht.«

Den Brandbrief unterzeichneten »mit kollegialen Grüßen« A. Blechner (Betriebsratsvorsitzender), D. Windmüller (Vertrauenskörper-Leiter) und E. Raimer (Fraktionssprecher). Der SPD-Lokalfürst nahm sich den guten Rat aus dem Volkswagenwerk zu Herzen. Norbert Schmidt wurde nicht nominiert, das Direktmandat im Wahlkreis Salzgitter blieb bei der SPD. Getreu dem Motto: Von VW lernen heißt siegen lernen!

Wolfsburg: Casa Nostra

Wie hatte doch Wolfsburgs Oberbürgermeister Rolf Schnellecke so schön gesagt: »Dass man hier in guter gemeinsamer Vertrauensarbeit diesseits und jenseits des Kanals gemeinsame Ziele verfolgt, die die Stadt, die die Menschen, die das Unternehmen betreffen, das ist ja wohl nicht verwerflich.« Die Stadt Wolfsburg ist gleichsam Heimat, Trutzburg und Schaufenster des VW-Konzerns, hier wird denen, die dazugehören, die lauschige Seite des VW-Kapitalismus präsentiert.

Ein Danaergeschenk zum 60. Geburtstag

Ganz besonders lauschig wurde es im Jahr 1998. Es war das Jahr, in dem die bei VW mit Hilfe der Gewerkschaft und der Mehrheitsverhältnisse im Aufsichtsrat herrschende sozialdemokratische Partei in Berlin die Regierung und der einst als niedersächsischer Ministerpräsident bei VW herrschende Politiker Schröder die Regierungsspitze übernahm; es war das Jahr, in dem

Ferdinand Piëch begann, die VW AG in die Luxusklasse hineinzukaufen, koste es, was es wolle; es war das Jahr, in dem Wolfsburg 60. Geburtstag feierte; und es war das Jahr, in dem VW die Macht in Wolfsburg nicht nur faktisch, sondern auch offiziell übernahm. Und zwar mit einem Geschenk.

Timeo Danaos et dona ferentes, «Ich fürchte die Danaer, auch wenn sie Geschenke bringen«, sagte der trojanische Priester Laokoon, als die Griechen die Belagerung Trojas beendeten und nur ein überdimensionales Pferd am Ufer zurückließen. Er plädierte dafür, das mysteriöse Holztier an Ort und Stelle zu verbrennen. Die griechenfreundlichen Götter des Olymp schickten daraufhin eine Schlange nach Troja, die den mahnenden Laokoon und seine beiden Söhne erwürgte. Die Trojaner nahmen das als glückverheißendes Zeichen, zogen das Pferd in die Stadt und wurden in der kommenden Nacht von den darin verborgenen Griechen überfallen und niedergemetzelt.

Die Wolfsburger hatten nicht einmal einen Laokoon, als VW seiner Hauptstadt im Juli 1998 zu deren 60. Geburtstag ein ähnlich überdimensionales Geschenk machte: kein goldenes Buch, kein silberner Teller, kein Planetarium und kein Kulturzentrum, sondern die Halbierung der Arbeitslosigkeit. So was hatte Helmut Kohl den Deutschen vor langer Zeit in Aussicht gestellt, war kläglich daran gescheitert und wurde nicht zuletzt deswegen in jenem Jahr 1998 abgewählt. Aber Wolfsburg ist ja ein paar Nummern kleiner als Deutschland und VW ein paar Nummern dicker als Helmut Kohl. Da wäre es ja gelacht, wenn das nicht zu schaffen wäre. 17,2 Prozent Arbeitslosenquote im Jahr 1997 wurden als Startpunkt gewählt – die halbierte Zielmarke lag bei 8,6 Prozent.

VW-MonSta statt Stamokap

Zur Erreichung des Zieles entwickelte VW zusammen mit der Unternehmensberatung McKinsey das Konzept »AutoVision« und gründete die »Wolfsburg AG« – ein Gemeinschaftsunternehmen von VW und der Stadt Wolfsburg. Damit begann eine in dieser Form in Deutschland noch nicht da gewesene Umkehrung der schlechten alten »Stamokap«-Theorie. Zu Gerhard Schröders Juso-Zeiten gab es dort eine sehr lautstarke Fraktion, die die Ideologie vom »staatsmonopolistischen Kapitalismus« vertrat, wonach der Staat seine politische und wirtschaftliche Macht für das Wachsen und Gedeihen der kapitalistischen Konzerne einsetze. In Wolfsburg kam es jetzt genau andersherum: Der Konzern setzte seine wirtschaftliche und politische Macht dafür ein, das Wachsen und Gedeihen seiner Heimatgemeinde zu sichern.

Die VW-monopolistische Stadt (VW-MonSta wäre eine schöne Abkürzung dafür) ist quasi eine Rückkehr zu den Wurzeln Wolfsburgs, als der Ort noch »Stadt des KdF-Wagens« hieß. Die ersten beiden Bürgermeister, Karl Heinrich Bock (bis 1937) sowie Werner Steinecke (bis 1942), wurden direkt und hochoffiziell von dem Autounternehmen bezahlt; das Stadtbaubüro der Gemeinde fungierte, so Hans Mommsen in seinem VW-Geschichtsbuch von 1996, »als eine Art Abteilung des Werkes«. Das zentrale Vehikel der neuzeitlichen Stadt-Werk-Symbiose wurde die Wolfsburg AG.

Dieses kräftig mit Vorschusslorbeeren bedachte Unternehmen startete mit vier Geschäftsbereichen, die sich ergänzen und gegenseitig stärken sollten:

- dem »InnovationsCampus« zur Unterstützung und Förderung von Unternehmensgründungen,
- der »LieferantenAnsiedlung« zur »Stärkung des Mittelstandes«,
- der »ErlebnisWelt« zur Einrichtung von Freizeit- und Unterhaltungseinrichtungen,

- der »PersonalServiceAgentur« für das Geschäft mit der Leiharbeit, oder öffentlichkeitswirksamer formuliert: »Arbeitsuchende und Unternehmen werden systematisch zusammengebracht.«

Hartz V

Wenn ein Weltkonzern wie die Volkswagen AG gleichsam als Motor ein derartiges Arbeitsplatzbeschaffungsprojekt antreibt, vermag er Kräfte zu entwickeln, die ein »normales« Gemeinwesen nie aufbringen könnte. Wenn sich zudem noch der Arbeitsplatzguru der Republik höchstpersönlich ans Steuer dieses Wunschgefährtes setzt, so ist dessen erfolgreiche Fahrt gleichsam vorprogrammiert. VW-Arbeitsdirektor Peter Hartz wurde Aufsichtsratschef der Wolfsburg AG. Und so wie der Aufsichtsrat der VW AG bislang säuberlich zwischen Kapital, Gewerkschaft und Politik aufgeteilt war, gruppierten sich auch im Aufsichtsrat der Wolfsburg AG die verschiedenen Beteiligten so, dass sie an einem Strang zogen. Wie bei VW stellten von Anfang an auch hier diejenigen, von denen das Geld kam, den Aufsichtsratsvorsitzenden und diejenigen, die es ausgaben, seinen Stellvertreter: Rolf Schnellecke, damals Oberstadtdirektor, heute Oberbürgermeister. Ferner waren vertreten:

- Sieben Aufsichtsräte mit VW-Ticket: Ursula Piëch, die Ehefrau des VW-Aufsichtsratsvorsitzenden, die VW-Vorstände Neumann, Garcia Sanz, Weißgerber und Winterkorn, Oberbetriebsrat Volkert sowie Werner Widuckel, Referent des VW-Gesamt- und Konzernbetriebsrates.
- Sieben Aufsichtsräte mit Wolfsburg-Ticket: die Zweite Bürgermeisterin Bärbel Weist sowie die Ratsmitglieder Anneliese Raschkowski, Christa Westphal-Schmidt, Ralf Krüger, Marco Moretti, Wolfgang Schoefer und Rolf Wolters.
- Ein Neutraler: Peter Kraljic von McKinsey & Company.

Mitte 1999 wurde es ernst, die Wolfsburg AG war konstituiert und arbeitsfähig. Das Arbeitsfeld »LieferantenAnsiedlung«, das Wolfsburgs oberster Wirtschaftsförderer Henning Eckel verantwortete, ist ein besonders schönes Beispiel dafür, wie die Interessen von Wolfsburg und die von VW Hand in Hand gehen – und gleichzeitig gegen die Interessen der umliegenden Gemeinden und der VW-Zulieferer gerichtet sind.

Dazu muss man wissen: Wie jeder Weltkonzern beschäftigt VW ein riesiges Heer von Lieferanten, Subunternehmen und Dienstleistern aller Art. Diese Firmen arbeiten in der Regel an ihren angestammten Standorten und transportieren die dort gefertigten Teile und Komponenten an die Produktionsstätten der Automobilbauer. Den Transport an die Fließbänder der Automobilwerke übernehmen in der Regel LKW und Bahn. Um die zeitlich exakte, »Just-in-Time«-Belieferung des Kunden sicherzustellen, gibt es vor den Toren der Werke Lagereinrichtungen. Für die Technologie-Dienstleister reicht sogar sehr oft das Internet.

Dies garantiert den Lieferanten eine gewisse Unabhängigkeit. Die meisten von ihnen beliefern nämlich nicht nur VW, sondern selbstverständlich auch einige oder alle der anderen großen PKW-Produzenten in Deutschland und im Ausland. Um die Abhängigkeit von einem einzigen PKW-Produzenten zu vermeiden, ist ein Produktionsstandort, von dem aus man mehrere Kunden beliefern kann, aus Sicht der Zulieferer daher optimal. Das sieht der Abnehmer, in diesem Fall VW, natürlich genau umgekehrt: Bei einem Zulieferer direkt vor der Haustür kann man in aller Regel günstigere Konditionen aushandeln, man hat ihn sozusagen besser an oder auch in der Hand. Zulieferer dagegen mögen derartige »nachbarschaftliche« Beziehungen verständlicherweise nicht sonderlich.

Genau hier setzte die Wolfsburg AG ein. Um die Arbeitsplatzmisere der Stadt in den Griff zu bekommen und das vollmundige Versprechen einzulösen, begann man in enger Zusammenarbeit mit der Volkswagen AG, Zulieferer davon »zu überzeugen«, ein Standort in der Nähe des Werkes habe entgegen der alten Philosophie doch ungemein viele Vorteile. Insbesondere den, viele Aufträge, eventuell sogar noch mehr Aufträge als bisher zu erhalten. Im Umkehrschluss bedeutete das: Von einem Lieferanten, der sich darauf nicht einlassen und sich nicht in Richtung Wolfsburg bewegen wolle, würde sich die Volkswagen AG sicher leichter trennen als von den kooperativeren Zulieferfirmen. Die Einkaufsabteilung des Automobilbauers sandte unmissverständliche Signale aus. Das Motto: Ihr werdet schon sehen, was ihr davon habt, wenn ihr nicht kommt. Es handelte sich sozusagen um »eine Einladung, die man nicht ablehnen sollte«, wie man es in Sizilien formulieren würde.

Die Standortfrage vor Ort war schnell gelöst. In Wolfsburg und um Wolfsburg herum gab es nämlich noch genügend unbebautes Land. Das wartete geradezu darauf, besiedelt zu werden. Nun begann bei den Zulieferern die Phase des Nachdenkens. Wollte man es sich mit einem der großen, wenn nicht gar dem größten Kunden ein für alle Mal verscherzen, oder folgte man dem Werben aus Wolfsburg? Selbst vor Firmen, die bereits in Wolfsburg ansässig waren, machten die Werber nicht halt. Man könne ja noch eine weitere Fertigungsstätte errichten. Die Chancen, dadurch das Auftragsvolumen mit VW zu steigern, seien durchaus gegeben. So machten sich viele Lieferanten auf gen Wolfsburg, besiedelten die freien Flächen und reduzierten die hohe Arbeitslosigkeit in Wolfsburg. Fünf Jahre nach dem so großherzigen Geburtstagsgeschenk konnte die Wolfsburg AG mit »Hartz V« denn auch Planerfüllung melden: Im August 2003 betrug die Arbeitslosenquote in Wolfsburg nur noch 8,0 Prozent. 15 591 neue sozialversicherungspflichtige Arbeitsplätze seien im bisherigen Verlauf des Projektes entstanden, 5600 davon, so die Wolfsburg AG, »durch unser Engagement«. Von diesen wiederum entfielen mehr als die Hälfte, nämlich zum Stichtag 30. Juni 2003 genau 2910, auf die Neuansiedlung von 94 Zulieferunternehmen.

Kalte Dusche für neue Siedler

Nach dem Motto »Tue Gutes und rede darüber« ließen sich die Erfinder dieses Jobwunders in unregelmäßigen Abständen für ihre Wunderwerke feiern. Dazu lud man schon einmal die »Neusiedler« ins Schloss Wolfsburg ein. Auch die Engineering-Firma, für die ich zu diesem Zeitpunkt arbeitete, hatte am 6. April 2000 eine zusätzliche neue Niederlassung in Wolfsburg eröffnet. Ich bat meinen alten Gefährten Dr. Alfred Tacke, damals Staatssekretär im Bundeswirtschaftsministerium, im Namen der Bundesregierung einige Worte des Lobes für den nicht ganz billigen Entschluss zu überbringen, die Kapazitäten der Firma in Wolfsburg zu erhöhen. Alfred erledigte dies übrigens – wie eigentlich fast immer – perfekt.

Im Rahmen einer derartigen Veranstaltung im Sommer 2000 in den historischen Räumen der Wolfsburg wurde ich dann gebeten, stellvertretend für die Neuansiedler zu sprechen und der Volkswagen AG, der Wolfsburg AG sowie der Stadt Wolfsburg für die großzügige Einladung, in Wolfsburg siedeln zu dürfen, und die ebenso großzügige Bereitstellung von Siedlungsflächen zu danken.

In meiner Rede forderte ich jedoch zur völligen Verblüffung des nahezu vollständig anwesenden VW-Vorstandes mehr als nur Absichtserklärungen des Konzerns. Schließlich war nicht nur mein Unternehmen in erhebliche, nicht nur finanzielle Vorleistungen getreten. Die Antwort von Einkaufsvorstand Garcia Sanz – ein Lopez-Schüler übrigens, der sich wie sein Lehrer zuerst bei General Motors und dann bei VW als Schrecken der Zulieferer betätigte – war an Unbestimmtheit nicht zu überbieten: Wir Neusiedler hätten uns mit unseren Investitionen vor den Toren des Werkes gleichsam in die erste Startreihe gestellt – aber fahren müssten wir schon selbst. Das war allen Beteiligten sowieso klar gewesen. Nicht erwartet hatten sie allerdings, dass ihnen dann Steine in den Weg gelegt würden.

Bei der schon damals augenfälligen personellen Überbesetzung in vielen Abteilungen der Volkswagen AG, insbesondere am Standort Wolfsburg, sind die Lieferanten bei steigenden Problemen zuerst die Leidtragenden. In der aktuellen VW-Krise zeigt sich, dass meine Befürchtungen aus dem Jahr 2000 durchaus begründet waren. Der neue Mann an Bord, VW-Chef Wolfgang Bernhard, fand 2005 einerseits ein völlig überbesetztes Unternehmen vor, darf aber andererseits gemäß der noch gültigen Betriebsvereinbarung bis 2011 nicht betriebsbedingt kündigen. Da wird ihm nicht viel anderes übrig bleiben, als einen Teil der Aufgaben, die derzeit noch von Fremdfirmen erledigt werden, wieder ins Werk zurückzuholen. »Insourcing«, also Hereinholen von Arbeiten, statt Outsourcing, also Fremdvergabe. Das wird eine Vielzahl der Firmen treffen, die sich nach den Versprechungen – oder latenten Drohungen – der Wolfsburg AG in VW-Nähe angesiedelt haben.

Schlagabtausch der Bürgermeister

Entpuppt sich das VW-Geschenk an Wolfsburg für die Zulieferer also erst mit der Zeit als Danaergeschenk, waren die bisherigen Standorte dieser Unternehmen gleich zu Beginn direkt von der VW-Variante der Wirtschaftsförderung betroffen. Der Zug der Zulieferer nach Wolfsburg hat an deren Heimatstandorten in etwa so viele Arbeitsplätze gekostet, wie in Wolfsburg neu geschaffen wurden. Oft war die Konsequenz der Standortverlagerung die Schließung der Produktionsstätten an den alten Firmensitzen. Das interessierte die Wolfsburg AG und deren Job-Wundermänner zwar wenig, aber die geschädigten Standorte begannen zu murren und beschwerten sich bei den verantwortlichen Job-Beschaffern. In der Regel natürlich diskret und hinter vorgehaltener Hand. Wer traute sich schon, sich mit der mächtigen Volkswagen AG und der Stadt Wolfsburg offen anzulegen.

Einer traute sich doch: der Bürgermeister meiner Heimatstadt Peine, Udo Willenbücher. Anlässlich einer Veranstaltung der Reihe »Quo vadis Wolfsburg?« über »die Chancen und Risiken der Wolfsburger Entwicklung für die Region« kam es am 16. September 2003 zu einem auch über die Grenzen der Region hinaus vernehmlichen Eklat. Mehr als 200 handverlesene Gäste waren der Einladung in das Forum AutoVision gefolgt, wo Klaus Dierkes, der Vorstandsvorsitzende der Wolfsburg AG, erläuterte, wie wichtig der öffentliche Diskussionsprozess für die Entwicklung in Wolfsburg sei – auch und gerade mit den Nachbarn in der Region. Da nahm Willenbücher all seinen Mut zusammen und beschwerte sich laut und vernehmlich über leidvolle Erfahrungen mit dem »Konkurrenten« Wolfsburg. »In jüngster Vergangenheit«, so berichtete er der entsetzten Runde, »wurden gleich zwei in Peine ansässige Autozulieferer von Volkswagen unter Druck gesetzt, ihren Standort nach Wolfsburg bzw. nach Hannover zu verlegen – dieses ist kein partnerschaftliches Verhalten.« Damit hatte er wohl Recht. Derart deutlich war indes zuvor noch niemand geworden. Willenbüchers Kritik brachte ihn daher nicht nur Schlagzeilen, sondern auch eine Menge Ärger ein. Kürzlich entmachtete ihn seine SPD in einer öffentlich ausgetragenen Schlammschlacht als Bürgermeister. Sie strich ihn vor dem staunenden Peiner Publikum am 11. August 2005 von der Kandidatenliste für die anstehende Wahl des Stadtoberhauptes. Das nächste Mal werden sich die demokratisch gewählten Kommunalpolitiker in der Region wohl genauer überlegen, ob sie das Angebot eines »öffentlichen Diskussionsprozesses« wörtlich nehmen.

VW schenkt der Stadt eine Stadt …

Das zweite große Päckchen in VWs Geburtstagsgeschenk für Wolfsburg war fast klassischer Keynesianismus, also eine Steigerung der öffentlichen Investitionen zwecks Verhübschung des Gemeinwesens in Tateinheit mit Arbeitsbeschaffung und Zerrüttung der öffentlichen Finanzen. Nur mit dem einen Unterschied, dass die Investitionen eben nicht aus dem Stadtsäckel, sondern aus der VW-Kasse kamen. Es handelte sich dabei um:

- den Bau der »Autostadt«, eines etwa 500 Millionen Euro teuren Parks zur Auslieferung von Fahrzeugen des VW-Konzerns sowie
- den Neubau des Stadions für den VfL Wolfsburg.

Als langjähriger Bewohner der Region gestehe ich es gerne ein, die Verhübschung ist gelungen. In der bis dahin 60-jährigen gemeinsamen Geschichte von Stadt und Werk entwickelte Wolfsburg niemals architektonisch auch nur einen Hauch mehr Eleganz als die Stahl-Siedlung Eisenhüttenstadt an der Oder. Die historische Wurzel der KdF-Siedlung steckte dem Ort immer noch in den Knochen. Pünktlich zur Jahrtausendwende holte dann VW mit der Autostadt das metropolitane Flair nach Wolfsburg. Der Autostadt-Chefplaner Gunter Henn lobte damals seinen Bauherren in ebenso höchsten wie bedenklichen Tönen: »Kirche und Staat ziehen sich zunehmend aus dem öffentlichen Raum zurück, weil sie ihn nicht mehr ausfüllen können. Die Unternehmen haben die Pflicht, diesen Raum zu besetzen. Piëch ist ein unglaublich großer Bauherr, vergleichbar mit Napoleon.«

Und dieser Napoleon von Wolfsburg schenkte der Stadt eine Art Disneyland für Autofans, die sich ihren neuen Golf gerne direkt beim Hersteller abholen. In der Autostadt gibt es nicht nur zwei runde gläserne Türme, in denen die bestellten Autos auf ihre stolzen Besitzer warten, sondern auch Museen, Veranstaltungsräume, ein First-Class-Hotel, feine Restaurants, eine eigene Zeitschrift und für jede Konzernmarke ein eigenes Gebäude. Und alles zusammen bildet ein architektonisches Ausrufezeichen, das den Bahnreisenden auf der ICE-Strecke von Berlin nach Hannover erstaunte und anerkennende Blicke entlockt. Ein kurzer Spaziergang vom Bahnhof über den Mittellandkanal führt dann in eine Erlebniswelt, die die Autostadt zu einer der beliebtesten Touristenattraktionen im weiten Umkreis macht. Wobei dieser weite Umkreis nicht gerade für seine Touristenattraktionen berühmt ist.

... und ein Stadion ...

Ein paar Schritte weiter den Mittellandkanal Richtung Osten liegt dann das jüngste Wahrzeichen, das der Konzern der Stadt beschert hat: die Volkswagen Arena des VfL Wolfsburg. Das Stadion wurde von der Wolfsburg AG für 53 Millionen Euro gebaut und anschließend an die VfL Wolfsburg Fußball GmbH vermietet, deren Hauptsponsor wiederum die Volkswagen AG ist. Aber wenn eine Fußballmannschaft in der Bundesliga spielt und es auch schon auf einige Spieltage an der Tabellenspitze gebracht hat, wäre es ja nachgerade kleinlich, dem VW-Konzern seine Sponsoring-Millionen für den Verein übel zu nehmen: Wer, wenn nicht VW sollte das Geld zuschießen, um den Retortenklub in die nationale Spitzengruppe zu führen? Und weil ja die gesammelte Managementkompetenz der Region bei VW untergekommen ist, spricht auch nichts dagegen, dass sich der Vorstand des Bundesligisten zum guten Teil aus VW-Personal rekrutiert: Neben den mittlerweile üblichen Verdächtigen Weißgerber und Garcia Sanz sowie natürlich Klaus Volkert ist auch Škoda-Chef Detlef Wittig mit dabei.

Und wenn dem VfL das Geld von VW mal kurzfristig ausgehen sollte, wie zum Ende der Saison 2001/2002, dann hilft die Sportförderung der Volkswagen AG eben aus. Mit ordentlichem Vertrag, versteht sich, in dem es heißt: »Aufgrund des gestiegenen Werbewerts der Lizenzmannschaft der VfL Wolfsburg Fußball GmbH und der medienwirksamen Präsentation in Verbindung mit dem Richtfest des neuen Stadions am 8. Mai 2002 vereinbaren die Vertragspartner einen zusätzlichen Sponsoringbeitrag für die Saison 2001/2002 in Höhe von 1 Million Euro.« In den zwölf Monaten von März 2002 bis Februar 2003 verzeichnete die interne Rechnungsbearbeitung von VW 33 Rechnungen des Lieferanten mit der Nummer 00071056, der VfL Wolfsburg Fußball GmbH, Rechnungsbetrag insgesamt: 17 287 465 Euro und 93 Cent. VW hat's ja. Hoffentlich, ist man geneigt zu sagen.

… aber jetzt doch keine Eishalle

Ganz offensichtlich ist nun aber der ewig fließende Geldstrom aus der Konzernzentrale ins Stocken geraten. Getroffen hat es die Wolfsburger Eishockeymannschaft Grizzly Adams: Zwangsabstieg aus der Deutschen Eishockeyliga (DEL). Am 28. Juni 2005, nur zwei Tage vor dem Abstieg von Betriebsratschef Klaus Volkert und einige Tage nach der roten Karte für Gebauer und Schuster, ging es auf der Gesellschafterversammlung der DEL auch dem Wolfsburger Eishockeyteam an den Kragen. Statt des Vorjahresaufsteigers Wolfsburg bekamen die sportlich abgestiegenen Kassel Huskies eine Lizenz für die Saison 2005/2006 und damit den verlorenen Platz in der Eliteliga zurück.

Die Grizzly Adams hatten 2005 durchaus überraschend den sportlichen Klassenerhalt in Deutschlands oberster Eishockey-Liga geschafft. Und das in ihrer ersten Saison nach dem ebenfalls überraschenden Aufstieg. Bis dato hatte man im Wolfsburger »Eispalast« gespielt, einer Spielstätte mit einem Fassungsvermögen von maximal 2700 Zuschauern. Zu wenig für die Anforderungen der DEL. Die verlangt für die erste Liga ein Mindestfassungsvermögen von 4500 Zuschauern, entsprechende Umkleidekabinen, Schiedsrichterräume und öffentliche Toiletten. Solch ein erstligataugliches Eisstadion müsste aber erst gebaut werden. Der Verein erhielt zwischenzeitlich eine Ausnahmegenehmigung, verbunden mit der Auflage, nach einer Saison eine neue Spielstätte zu stellen. Die Zeit drängte. Sollte man da die bestehende Halle renovieren oder besserr gleich neu bauen? Der Ausbau des Eispalastes auf die geforderte Zuschauerkapazität hätte eine Anhebung des Hallendaches erforderlich gemacht. Das hätte einschließlich der notwendigen Nebenräume rund 4 Millionen Euro gekostet. Für eine Metropole wie Wolfsburg wäre nach dem Selbstverständnis der Stadtoberen eine derartige »Bastellösung« reichlich piefig und provinziell gewesen. Eindeutig einige Nummern zu klein.

Es musste also eine neue Arena her. Wenn schon, denn schon, dachte man sich und begann zu klotzen, nicht zu kleckern.

Die neue Spielstätte der Grizzly Adams sollte 5200 Zuschauern Platz bieten und auch für andere Sportveranstaltungen und Medienereignisse gerüstet sein. Denn Wolfsburg schmückt sich ja gern mit Weltstars. Und in dem neuen Vergnügungspalast würden rund 8000 Plätze für das Showpublikum vorhanden sein. Die Kosten waren einer Metropole gleichfalls würdig: Statt 4 Millionen rechnete man nun mit satten 25.

Die Verhandlungen mit potenziellen Investoren zogen sich über Monate hin. Die Diskussionen vor und hinter den Kulissen füllten die Regionalpresse. Zwischenzeitlich rückte der Termin für das Auslaufen der Ausnahmegenehmigung immer näher. Deadline war unwiderruflich der 31. Dezember 2005. Eine Verlängerung der Zwischenlösung, also der Nutzung des alten Eispalastes, war mehr als unwahrscheinlich. Am 27. April 2005 vermeldete dann schließlich das *Handelsblatt*, die monatelange Suche nach einem Betreiber für die noch zu bauende Multifunktionsarena im Wolfsburger Allerpark habe ein Ende. Schon am nächsten Tag werde der Aufsichtsrat der Wolfsburg AG dem neuen Finanzierungskonzept zustimmen. Dann könne bereits am kommenden Montag der erste Spatenstich erfolgen. Und plötzlich ging alles noch viel schneller. Schon am 28. April blinkten die Spaten. VW-Personalvorstand Peter Hartz ließ es sich nicht nehmen, den ersten Stich höchstpersönlich vorzunehmen. Damit gab er den Startschuss für den Bau der neuen weltstadttauglichen Arena.

Zufrieden äußerte sich Hartz in seiner Funktion als Vorsitzender des Aufsichtsrates der Wolfsburg AG an diesem Tag. »Nach äußerst schwierigen Verhandlungen freuen wir uns besonders auf diese hochmoderne Arena. Hier findet der EHC Wolfsburg rechtzeitig eine neue Heimat für seine sportliche Zukunft.« Mit der Firma »GMUL Investment Company« habe man endlich einen Investor für das 25-Millionen-Projekt gewinnen können. Jetzt sei der Betrieb der neuen Arena gesichert. Auch Oberbürgermeister und Aufsichtsratskollege bei der Wolfsburg AG Rolf

Schnellecke stellte erleichtert fest: »Der EHC, seine Fangemeinde und die ganze Stadt haben über Wochen den Verhandlungskrimi verfolgt, der sich nicht minder spannend gestaltete als die Play-downs des EHC. Umso mehr freuen wir uns auf unsere Multifunktionsarena, die uns neben erstklassigem Eishockey auch weitere hochkarätige Veranstaltungen im Sport- und Kulturbereich bescheren wird und uns auf dem Weg zur ›ErlebnisWelt‹ einen großen Schritt weiter bringt.« Diese Wolfsburger Erlebniswelt sieht sogar eine Skiarena vor. Von der aus kann man bei gutem Wetter den Brocken sehen – im nahe gelegenen Harz.

Nach dem ersten Spatenstich geschah allerdings nicht mehr viel. Spötter in der Eishockeyszene fingen an zu lästern. In der 41. Folge des Magazins *Bandencheck* war am 13. Juni 2005 zu lesen: »Und dann müssten Aufsteiger ihre avisierten Neubauten womöglich auch realisieren, statt wie in Wolfsburg nur einen Bagger wochenlang über eine Wiese fahren zu lassen.« Und weiter: »War der Baggerfahrer eigentlich eine ›Ich-AG‹ oder ein ›1-Euro-Job‹? Peter Hartz kommt doch auch aus Wolfsburg, oder? Läuft die Hinhaltetaktik der Wolfsburger gegenüber der DEL unter dem Stichwort ›Hartz V‹?«, fragte Alexander Brandt, der Autor des Artikels. Damit hatte er den Kern der Probleme wahrscheinlich nur um einen Strich verfehlt, denn Peter Hartz war zwischenzeitlich von Hartz VI, von seinen eigenen Affären, eingeholt worden. Sind also die Probleme mit der DEL-Lizenz letztlich auch eine Folge des riesigen VW-Skandals? Immerhin ist Škoda der Hauptsponsor der Grizzly-Adams.

Der Vorstandsvorsitzende der tschechischen VW-Marke weist das weit von sich. »Wir haben hier kein Thema Škoda«, sagte er der *Braunschweiger Zeitung* im Zusammenhang mit den Themen Korruption, Imageschaden und Eishockeysponsoring. Aber die Lizenz ist futsch. Und dabei hätte es doch noch eine dritte Lösung gegeben: In der Nachbarstadt Braunschweig existiert nämlich bereits eine taugliche Arena. Aber vielleicht wäre Grizzly-Sponsor Škoda mit dieser Lösung nicht so recht glücklich gewesen, denn die Namensrechte an der Braunschweiger Spielstätte hatte sich ein anderer Autohersteller gesichert – sie heißt Volkswagen-Halle!

Die Komplizen

Wir leben nicht in einer Diktatur. Wir leben in einem Rechtsstaat. Sogar in den Unternehmen. Auch wenn einzelne Topmanager sich so benehmen, als gehöre der Laden ihnen und als könnten sie dort schalten und walten, wie es ihnen beliebt – so ist das bei uns nicht vorgesehen. Es gibt gleich eine ganze Reihe von Gesetzen und Institutionen, die die Macht der Manager begrenzen. Bei börsennotierten Konzernen verlangt das Aktiengesetz den Aufbau von Kontrollsystemen, die frühzeitig auf für das Unternehmen gefährliche Situationen aufmerksam machen. Dazu gibt es die nach innen wirkenden Kontrollinstitutionen Betriebsrat, Hauptversammlung und Aufsichtsrat:

- Der Betriebsrat soll gegenüber dem Management die Interessen der Beschäftigten vertreten.
- Die Hauptversammlung soll den Willen der Aktionäre artikulieren sowie Vorstand und Aufsichtsrat kontrollieren.
- Der Aufsichtsrat soll den Vorstand kontrollieren und dafür sorgen, dass die Interessen des Unternehmens jederzeit gewahrt bleiben. In der deutschen Unternehmensordnung gehört dazu, sowohl die Interessen der Beschäftigten als auch die der Aktionäre wahrzunehmen, weshalb jede dieser beiden Seiten die Hälfte der Aufsichtsratsmitglieder stellt.

Bei VW haben weder diese drei Kontrollinstanzen noch das interne Früherkennungssystem der Konzernrevision ihre Aufgaben auch nur ansatzweise erfüllt. So viel haben wir in den bisherigen Kapiteln bereits zeigen können. Ferdinand Dudenhöffer, Professor für Automobilwirtschaft, geht sogar noch einen Schritt weiter. Er sieht die Kontrolle bei VW vollends außer Kraft gesetzt: »Überall im Leben braucht man Kontrollmechanismen, weil alle Menschen irgendwo empfänglich sind. Im VW-System fehlen diese Kontrollmechanismen. Aufsichtsrat und Vorstand hängen viel zu eng miteinander zusammen.« Wo Gewaltenteilung herrschen sollte, gediehen bei VW in den letzten Jahrzehnten Vetternwirtschaft und hemmungsloses Bereicherungsstreben.

Glücklicherweise gibt es noch zwei weitere, externe Kontrollmechanismen: Die »dritte Gewalt«, die Rechtsprechung, erhielt 1948 bei der Verabschiedung des Grundgesetzes eine starke und weitgehend unabhängige Position. Und seit etwa 1960 hat sich eine zusätzliche »vierte Gewalt« etabliert: die Medien. Beide zusammen entfalten im politischen System Deutschlands eine heilsam disziplinierende Wirkung: Die Richter, vor allem das Bundesverfassungsgericht, bremsen die Politik wieder ein, wenn sie zu übermütig geworden sein sollte, oder schaffen mit einem oft salomonischen Urteilsspruch die Rückkehr zu geordneten Verhältnissen, wenn sich Regierung und Opposition heillos zerstritten haben. Und die Medien mit ihrem Interesse an Skandalen und Sensationen stürzen sich auf – fast – alles, was auch nur den Hauch einer Unkorrektheit an sich hat.

Diese beiden Gewalten, die Justiz und die Medien, hätten auch bei Volkswagen schon lange dem Treiben von Managern und Gewerkschaftern Paroli bieten können. Gründe und Gelegenheiten gab es genug. Doch stattdessen haben sie sich fast durchweg zu Komplizen des Konzerns gemacht:

- Die Ehrenwerten unter ihnen haben die vermeintlichen Interessen des Standorts Wolfsburg, Niedersachsen, Deutschland höher gewichtet als Recht und Gesetz.
- Die Schwachen haben sich vor dem vermeintlich unangreifbaren Moloch Volkswagen geduckt und allenfalls im Stillen darauf gehofft, der Gigant möge ins Wanken geraten.
- Und die Halunken haben sich kaufen lassen.

Doch bevor wir uns ausführlich mit Richtern, Staatsanwälten und Journalisten beschäftigen, schauen wir auf eine kleine Schar von Menschen, die, zumindest gemäß der geltenden Unternehmensordnung, ebenfalls eine externe Kontrollfunktion ausüben sollte, daran aber regelmäßig scheitert: die Wirtschaftsprüfer.

Wirtschaftsprüfer

Die Aufgabe der Wirtschaftsprüfer ist in Paragraf 316 des Handelsgesetzbuches (HGB) eindeutig geregelt: »Der Konzernabschluss und der Konzernlagebericht von Kapitalgesellschaften sind durch einen Abschlussprüfer zu prüfen.« Diese Prüfung ist gemäß Paragraf 317 HGB »so anzulegen, dass Unrichtigkeiten und Verstöße, die sich auf die Darstellung der Vermögens-, Finanz- und Ertragslage des Unternehmens wesentlich auswirken, bei gewissenhafter Berufsausübung erkannt werden«. Und bei einer börsennotierten Aktiengesellschaft muss der Prüfer außerdem beurteilen, »ob der Vorstand die ihm nach Paragraf 91 Absatz 2 des Aktiengesetzes obliegenden Maßnahmen (zur Erkennung von Risiken) in einer geeigneten Form getroffen hat und ob das danach einzurichtende Überwachungssystem seine Aufgaben erfüllen kann«.

Mit anderen Worten: Die Wirtschaftsprüfer kommen als unabhängige Instanz ins Unternehmen, um zu beurteilen, ob dort alles mit rechten Dingen zugeht. Haben die Prüfer ihr Gütesiegel erteilt, dürfen die Beschäftigten ebenso wie die Aktionäre annehmen, dass sie dem glauben können, was die Firma in ihrem Zahlenwerk und den Pflichterläuterungen dazu angibt. Die Formulierung im Handelsgesetzbuch erweckt den Eindruck, als müsste jedes geprüfte Unternehmen jedes Jahr eine harte Hürde nehmen, bis es endlich den begehrten uneingeschränkten Bestätigungsvermerk des Wirtschaftsprüfers bekommt: »Unsere Prüfung hat zu keinen Einwendungen geführt. Nach unserer Überzeugung gibt der Konzernlagebericht zusammen mit den übrigen Angaben des Konzernabschlusses insgesamt eine zutreffende Vorstellung von der Lage des Konzerns und stellt die Risiken der künftigen Entwicklung zutreffend dar.« So haben es die Herren Norbert Winkeljohann und Karl Gadesmann aus dem Hannoveraner Büro des weltweit tätigen Prüfungskonzerns PricewaterhouseCoopers, kurz PwC, im Geschäftsbericht 2004 des VW-Konzerns formuliert, und so steht es wörtlich oder sinngemäß in jedem, na, fast jedem Geschäftsbericht.

Im Geschäftsbericht verschwinden eine Million Euro

Da so viele uneingeschränkte Bestätigungsvermerke vergeben werden, ist dieses Prüfsiegel ganz offensichtlich kein Beleg dafür, dass es einer Firma wirklich gut geht. Wenn ein Unternehmen nämlich zum Bilanzstichtag überschuldet sein sollte oder etwa auf 250 Milliarden Dollar Schadenersatz verklagt wurde, kann es trotzdem den Segen der Wirtschaftsprüfer bekommen – solange die Risiken, die sich daraus ergeben, zutreffend dargestellt werden. Der Wirtschaftsprüfer bestätigt also nur Folgendes: Die Zahlen, die das Unternehmen vorlegt, stimmen ebenso wie die Interpretationen der Zahlen, die Vorstand und Aufsichtsrat dem Jahresabschluss beifügen. Und dabei darf man sich getrost darauf verlassen, dass für ein und denselben Sachverhalt in ein und demselben Jahresabschluss auch ein und dieselbe Zahl, die zutreffende eben, verwendet wird. Theoretisch jedenfalls.

Es sei denn, es handelt sich um VW. Dort findet sich auf Seite 87 des Geschäftsberichts für das Jahr 2002 ein »Kreditstand« von 58 602 Millionen Euro – und auf Seite 123 sind es nur noch 58 601 Millionen Euro. Auch wenn es sich »nur« um 1 Million Unterschied handelt, können kaum beide Zahlen gleichzeitig

»zutreffend« sein. Wie auch immer diese »kleine« Abweichung zustande gekommen ist, sie wirft kein gutes Licht auf die Zahlenkünstler bei VW und auf ihre Wirtschaftsprüfer von PricewaterhouseCoopers.

PwC ist einer der so genannten »Big Four«, der vier großen, weltweit agierenden Prüfungskonzerne. Im Geschäftsjahr 2003/04 machte PwC mit 122 000 Mitarbeitern 17,6 Milliarden Dollar Umsatz, in Deutschland waren es 1,04 Milliarden Euro mit 8191 Mitarbeitern. Auf den Geschäftsbereich Wirtschaftsprüfung entfielen davon 666 Millionen Euro. Die anderen drei der »Big Four« heißen Deloitte & Touche (120 000 Mitarbeiter weltweit), Ernst & Young (100 000 Mitarbeiter) sowie KPMG (weltweit 94 000 Mitarbeiter). Letztere sind derzeit bei VW als Sonderprüfer für die jüngsten Skandale am Werk. Kontrollieren die Wirtschaftsprüfer dabei auch die Kollegen von der Konkurrenz?

Enrons fast abschreckendes Beispiel

Vor vier Jahren hieß der Begriff »Big Five«, denn Arthur Andersen gehörte noch dazu. Dann stellte sich jedoch heraus, dass die Andersen-Prüfer dem US-Energiekonzern Enron geholfen hatten, die Bilanzen zu manipulieren, und innerhalb eines Jahres war nicht nur Enron, sondern auch Arthur Andersen vom Markt verschwunden. Sollte nicht dieses abschreckende Beispiel die verbleibenden Wirtschaftsprüfer-Konzerne motivieren, den Unternehmen streng auf die Finger zu schauen? Nicht unbedingt. Denn es gibt da eben auch einen Druck, der aus genau der anderen Richtung ausgeübt wird. Die Prüfer werden zwar formal von der Hauptversammlung, also den Aktionären, eines Unternehmens bestellt; in 99 von 100 Fällen wählen diese aber den Prüfer, den Vorstand und Aufsichtsrat vorgeschlagen haben. Also werden die Prüfer letztlich von genau den Institutionen beauftragt, deren Geschäftsgebaren sie prüfen sollen. Dass sie dabei Betrügereien auf die Schliche kommen, ist denn auch weder die Regel noch beabsichtigt. Die spannendsten Vorgänge in einem Unternehmen zeichnen sich ohnehin dadurch aus, dass es keine Belege gibt – zumindest nicht innerhalb der regulären Buchhaltung.

Gerade bei Großkonzernen stoßen auch die unnachgiebigsten Prüfer an Grenzen. Schließlich können sie nicht jeden Beleg einzeln überprüfen. Sie können das von den Buchhaltern vorgelegte Zahlenwerk auf Plausibilität und saubere Arbeit kontrollieren, sie können Stichproben machen und sich einzelne, besonders auf- oder anfällige Vorgänge gesondert vornehmen – zum Beispiel einmal nachschauen, wie viele Sprühroboter sich das VW-Werk Kassel in den Jahren 2002/03 tatsächlich leistete und wie die Anschaffungskosten verbucht wurden. Aber sie dürfen nur so weit hinter die Karten des Konzerns blicken, wie ihr Prüfauftrag es zulässt. Und bevor sie ihren Bericht dem Aufsichtsrat vorlegen, müssen sie ihn erst mit dem Prüfungssausschuss dieses Gremiums abstimmen – bei VW bestand der in den vergangenen drei Geschäftsjahren aus dem Nicht-Kontrolleur Klaus Liesen, dem »Paten« Ferdinand Piëch, dem Oberbetriebsrat Klaus Volkert und dessen Vize Bernd Sudholt. Also genau das richtige Personal, um den Finger auf offene Wunden zu legen.

Und wenn es tatsächlich einmal zu einem Konflikt zwischen der »Zufriedenheit des Auftraggebers« und der »Freiheit von wesentlichen Fehlaussagen« kommt und das Prüf-Unternehmen sich auf die Seite der Sauberkeit schlägt, hat das meist im darauffolgenden Jahr Konsequenzen: Die Firma beauftragt nun einen anderen Prüfer. Der Verlust von Stammkunden, in anderen Branchen ein Alarmsignal, kann bei Wirtschaftsprüfern geradezu als Qualitätssiegel gelten, bringt aber gleichwohl erhebliche finanzielle Einbußen mit sich. Ehrlichkeit unter Wirtschaftsprüfern ist daher zwar eine ehrenwerte, aber nicht unbedingt lukrative Eigenschaft. Weshalb es nicht wenige schwarze Schafe gibt. Dass PwC erst kürzlich nach einer langen skandalreichen Zusammenarbeit bei der WestLB, nach dem Ausscheiden des »Paten« Neuber und dem Konkurs der Beteiligungsgesellschaft Babcock Borsig AG, vor die Tür gesetzt wurde, spricht daher auch eher für den jetztigen WestLB-Chef Thomas Fischer und seine Bereitschaft zum Neuanfang als für die von ihm abservierten Wirtschaftsprüfer.

Der Lieblingsprüfer staatsnaher Konzerne

Ich bin zutiefst davon überzeugt, da ich es als Vorstand der Preussag AG unmittelbar erlebt habe: Wenn ein Wirtschaftsprüfer seit Jahrzehnten die gleichen Stammkunden hat, muss man davon ausgehen, dass er mit ihnen unter einer Decke steckt und sich im Zweifel für den Auftraggeber und gegen die Korrektheit entscheidet. Und welcher Wirtschaftsprüfer in Deutschland zeichnet sich durch einen besonders hohen Stammkundenanteil aus? PwC. Und das vor allem in einem ganz speziellen Marktsegment: bei der Prüfung der Jahresabschlüsse von staatlichen, halbstaatlichen und ehemals staatlichen Unternehmen.

Das liegt zum einen an der Geschichte von PwC in Deutschland. Die heutige PricewaterhouseCoopers entstand 1998 aus der Zusammenlegung von C&L Deutsche Revision und Price Waterhouse Deutschland. C&L Deutsche Revision wiederum entstand 1995 aus dem Zusammenschluss von Treuarbeit und Treuhand-Vereinigung, wobei die Treuhand-Vereinigung seit 1957 zum weltweiten Verbund von Coopers & Lybrand gehörte, die Treuarbeit hingegen 1922 vom damaligen Deutschen Reich gegründet wurde und für die Prüfung der Rechnungslegung staatlicher und staatsnaher Institutionen zuständig war. Noch 1987 war die Treuarbeit Deutsche Revision AG mehrheitlich in staatlichem Besitz. Die Bundesregierung verkaufte ihren 45-prozentigen Anteil bis 1993 in drei Tranchen. Ebenfalls 1993 gaben die Länder Hessen und Nordrhein-Westfalen ihre jeweils 6-prozentige Kapitalbeteiligung an der Treuarbeit ab. Auch wenn heute keine staatliche Stelle mehr an der deutschen PwC beteiligt ist, hat sie doch die Vermengung öffentlicher, politischer und unternehmerischer Interessen nie ganz abgeschüttelt.

Aktenkundig wurde dies bei zwei Unternehmen: bei der Preussag AG (die 2002 in TUI AG umbenannt wurde) und der Deutschen Telekom.

PwC »rettet« das Eigenkapital der Telekom

Die Deutsche Bundespost Telekom, die im Rahmen der Postreform aus der Postbehörde hervorgegangen war und am Neujahrstag 1995 zur Deutsche Telekom AG werden sollte, stand bei der Erstellung der Eröffnungsbilanz zu diesem Stichtag vor einem massiven Problem: Alle technischen Anlagen mussten entsprechend ihrer Verkehrswerte neu bewertet werden. Und diese lagen insgesamt um 10,2 Milliarden Mark niedriger als die bis dahin verwendeten Wertansätze. Mit diesen Zahlen hätte das frisch gestartete Unternehmen mehr als sein halbes Eigenkapital eingebüßt – was jegliche Aussicht auf einen baldigen Börsengang zerstört hätte.

Also einigten sich alle Beteiligten darauf, das Immobilienvermögen der Telekom ebenfalls neu zu bewerten – wobei wundersamerweise eine Zahl herauskam, die sogar 12,7 Milliarden Mark höher lag als die alten Wertansätze. Die Bilanzrelationen waren wieder in Ordnung, Eigenkapital und Börsengang gerettet. Und weil sich auch der Alleininhaber Bundesregierung nicht so einfach eine elfstellige Höherbewertung aus den Fingern saugen darf, wurde ein Gutachten in Auftrag gegeben, das den Verkehrswert der Telekom-Immobilien ermitteln sollte. Die Gutachter: die Unternehmensberatung Seebauer & Partner sowie die C&L Deutsche Revision (heute PwC).

Das war einerseits praktisch, weil C&L die Eröffnungsbilanz der Telekom testierte und deshalb genau wusste, welcher Betrag bei der Bewertung herauskommen sollte. Es war aber andererseits auch genau dadurch ungesetzlich. Denn gemäß Paragraf 319 Absatz 3 des HGB darf ein Wirtschaftsprüfer eine Bilanz nicht mehr testieren, wenn er »bei der Führung der Bücher oder der Aufstellung des zu prüfenden Jahresabschlusses mitgewirkt hat« oder wenn er »eigenständige versicherungsmathematische oder Bewertungsleistungen erbracht hat, die sich auf den zu prüfenden Jahresabschluss nicht nur unwesentlich auswirken«. Selbst bei einem Giganten wie der Telekom kann eine milliardenschwere Höherbewertung von Immobilien nicht mehr als »unwesentlich« betrachtet werden.

Als im Sommer 2000 die Zeitschrift *Telebörse* erstmals nachwies, dass in der Telekom-Eröffnungsbilanz die Immobilien um einige Milliarden Euro zu hoch angesetzt worden waren, leugnete die Telekom zuerst, wertete dann ihren Immobilienbestand wieder ab, stellte bei Aktionärsklagen auf stur und einigte sich 2005 mit der Bonner Staatsanwaltschaft auf eine Einstellung aller Verfahren gegen Zahlung einstelliger Millionenbeträge an verschiedene wohltätige Organisationen. Den Telekom-Anteil an dieser Summe bezahlten am Ende die Betrogenen selbst, denn die Millionen flossen direkt aus der Kasse der Gesellschaft, also dem Vermögen der Aktionäre. Auch PwC als direkter Nachfolger der C&L Deutsche Revision steuerte ein sechsstelliges Scherflein bei – und ist natürlich nach wie vor der Wirtschaftsprüfer der Deutschen Telekom AG.

PwC hilft Preussag beim Milliardenbetrug

Ebenfalls noch in Honorar und Brot ist PwC bei der TUI AG. Dort zeichnet das Unternehmen als Wirtschaftsprüfer verantwortlich für den größten Betrug in der deutschen Wirtschaftsgeschichte, den Betrugsfall um die West LB und die Preussag-Gruppe. Nahezu 20 Milliarden Euro haben diese Unternehmen seit 1994/95 in betrügerischer Absicht verbrannt, unterschlagen und hinterzogen. Zehntausende Mitarbeiter haben ihre Arbeitsplätze verloren. Das technologische Know-how – zum Teil mit Steuermilliarden aufgebaut, wie bei der Marinewerft HDW – wurde zu allem Überfluss auch noch ins Ausland verschleudert. Ohne die Unterschriften der Prüfer von Treuarbeit, C&L und PwC, wie das Unternehmen in seiner langen Geschichte firmierte, hätte es diesen Milliardenbetrug nie geben können. PwC »prüfte« nämlich nicht nur die WestLB, sondern auch Preussag/TUI, Babcock Borsig und HDW. Dabei war den Wirtschaftsprüfern der Betrug detailliert bekannt. Sie hatten an der Formulierung und Ausgestaltung der Verträge und Gutachten selbst mitgestrickt, die später zum Beispiel bei der Preussag AG und der Babcock Borsig AG reihenweise gebrochen oder betrügerisch unterlaufen wurden.

Eine solche Entfernung von den gesetzlich festgeschriebenen Pflichten eines Wirtschaftsprüfers vollzieht sich nicht abrupt. Der Prozess beginnt schleichend. Ein Unternehmensbereich schwächelt und kann zum Ergebnis des Konzerns nicht wie vorgesehen beitragen. Man müsste daher – eigentlich – das operative Konzernergebnis den veränderten Rahmenbedingungen anpassen, auf gut Deutsch, eine Gewinnwarnung herausgeben. Das bringt aber einen Heidenaufstand an der Börse und vor allem einen gehörigen Ärger mit den Aufsichtsräten. Letzteres wiederum nicht so sehr, weil schlecht gewirtschaftet wurde, sondern weil die Aufsichtsräte, bei der TUI AG wie bei VW, größtenteils erfolgsabhängig honoriert werden. Diese »Erfolgsprämie« entsprach bei der Preussag 1 Prozent des Betrages, der über 4 Prozent des Grundkapitals hinaus an die Aktionäre verteilt wird. Und da wird es dann sogar für Einkommensmillionäre interessant. Insbesondere dann, wenn man dafür nur vier Tage im Jahr arbeiten muss. Auch die Aufteilung der Prämie innerhalb des Aufsichtsrates ist genau festgelegt. In der Regel erhalten alle Mitglieder einen Anteil, der stellvertretende Vorsitzende einen halben Anteil extra, der Vorsitzende einen ganzen Anteil und die Präsidiumsmitglieder sogar zwei Anteile zusätzlich. Bei einem

Gremium von 20 Aufsichtsräten wird die Summe also durch den Faktor 23,5 dividiert und dann nach dem obigen Schlüssel zugeteilt.

Wie soll der Vorstand seinem Aufsichtsrat klarmachen, dass der Konzern im Vorjahr schlechter gearbeitet hat und deshalb die aufreibende Tätigkeit der Aufsichtsräte schlechter honoriert werden soll? Unmöglich, also wird ein wenig »poliert«. Mit einigen Millionen oder auch mehr aus dem Vermögen des Konzerns, das streng genommen den Aktionären gehört, wird die Bilanz so »korrigiert«, dass alle Beteiligten auf ihre Kosten kommen.

Der Wirtschaftsprüfer, dem das alles bekannt ist, drückt ein Auge zu. Der Finanzvorstand hat ihm nämlich hoch und heilig versprochen, das Geld im nächsten Jahr, in dem es selbstverständlich wieder besser laufen wird, zurückzubuchen. Man kennt sich ja nun schon so lange, denkt sich der Wirtschaftsprüfer, da kann man so etwas schon einmal durchgehen lassen. Zumal alle mit der Mauschelei zufrieden sind. Die Analysten jubeln, die Aufsichtsräte bedanken sich artig, die Aktionäre klatschen dem Vorstand Beifall, wenn dieser die »Erfolgsstory« auf der Hauptversammlung verkündet. Nur: Die Aktionäre ahnen nicht, dass sie lediglich ihr eigenes Vermögen in Form einer Dividende ausgezahlt bekommen, das man ihnen vorher – heimlich – aus der anderen Tasche entwendet hat. Wie auch? Der Wirtschaftsprüfer, also quasi ihr Notar, hat doch alles hochoffiziell abgesegnet. Und sich selbst damit natürlich auch wieder das Mandat für das nächste Geschäftsjahr gesichert, einschließlich eines weiteren, kräftigen Honorars.

Schleichender Weg zur kriminellen Vereinigung

Dann läuft es im nächsten Jahr, allen guten Voraussagen und Vorsätzen zum Trotz, noch schlechter. Die Erfolgsstory aber darf keinen Knick bekommen, und so macht man weiter nach dem bewährten Rezept. Die Verluste sind weiter angestiegen, also muss noch mehr Vermögen verkauft werden. So entwickelt sich aus einem freundschaftlich-verständnisvollen Verhältnis zwischen dem Konzernvorstand und dem Wirtschaftsprüfer schleichend, aber unaufhaltsam eine kriminelle Vereinigung. Spätestens wenn das Unternehmen in eine »stabile« Schieflage geraten ist, gibt es kein Zurück mehr. Vorstand, Wirtschaftsprüfer und Aufsichtsrat, der, um seine Entlohnung besorgt, auch zum Komplizen geworden ist, bilden fortan eine untrennbare Einheit. Deren oberstes Ziel ist es, Aktionäre, Analysten und die Öffentlichkeit professionell zu täuschen, um die eigenen Pfründe so lange wie irgend möglich zu sichern. Je größer ein Unternehmen ist und je mehr Vermögen man »umbuchen« kann, um die operativen Verluste zu vertuschen, desto länger läuft dieses Spiel. Wer kann angesichts der bereits dokumentierten chaotischen Buchführung bei der Volkswagen AG schon mit Gewissheit sagen, ob der stetig wachsende, mittlerweile bei über 100 Milliarden Euro angelangte Berg an Verbindlichkeiten des Konzerns nicht zu einem großen Teil aus der Umwandlung von Bankkrediten in Gewinne entstanden ist? Es wäre nicht das erste Mal, dass selbst die beteiligten Banken einem solchen trüben Spiel tatenlos zusehen.

Noch lukrativer ist es selbstverständlich, die eigenen Lasten auf andere, möglichst Unbeteiligte zu übertragen. Diesen Trick wählten die Manager der West LB und der Preussag, indem sie einen Teil der hausgemachten Problemfelder auf die Beteiligungsgesellschaft Babcock Borsig AG übertrugen. Die ließ man dann an die Wand fahren. Einer der Gesellschafter von Babcock Borsig, der amerikanische Unternehmer Guy Wyser-Pratte, sprach in diesem Zusammenhang von »German-Enron« und unterstellte damit, dass wie Andersen bei Enron hier auch die Wirtschaftsprüfer – von PwC – die Finger im Spiel hatten. Der Unterschied zu den Verhältnissen in den USA besteht letztlich nur darin, dass Betrugsvorgänge, die es diesseits wie jenseits des großen Teichs gibt, dort verfolgt und hier vertuscht werden.

Dazu bedarf es allerdings einer vollständigen Überdeckung des weit reichenden Betrugsfeldes (von West LB über Preussag bis Babcock Borsig) durch ein und dasselbe Wirtschaftsprüfungsunternehmen. Die kriminelle Energie für einen solchen »Deal« ist bei PwC zweifellos vorhanden. Davon konnte ich mich als Mitglied des Vorstands der Preussag AG höchstpersönlich überzeugen. In dieser Funktion hatte ich am 7. Januar 1998 eine Sonderprüfung des gefälschten Jahresabschlusses des Unternehmens durch einen zweiten unabhängigen Wirtschaftsprüfer verlangt. Das hinderte die nachweisbar mit hohen fünfstelligen Summen bestochenen Prüfer jedoch nicht daran, ihr eigenes gefälschtes Zahlenwerk nochmals zu bestätigen. Der im Detail informierte Aufsichtsrat nickte das gefälschte Zahlenwerk ab und fälschte danach gemeinsam mit den übrigen Vorstandsmitgliedern und den Wirtschaftsprüfern von PwC auch noch den Geschäftsbericht.

Die Wirtschaftsprüfungsunternehmen der ehemaligen Staatsfirmen und deren Mitarbeiter sind nicht nur innerhalb der Konzernstrukturen in vielen Fällen (personen)identisch, sondern auch innerhalb einer ganzen Region. So prüfte Hermann Eichner, seines Zeichens Vorstandsmitglied der Treuarbeit / C&L / PwC in der Region Hannover/Braunschweig nicht nur die Preussag/TUI-Gruppe, sondern auch die Volkswagen AG. Eben dieser Hermann Eichner war der Mann, der sich bei der Preussag traute, statt der von mir schriftlich geforderten Sonderprüfung durch eine zweite, unabhängige Prüferfirma seine vorher gefälschten Zahlen nochmals zu »überprüfen« und dies dem Aufsichtsrat vorzulegen. Ein solcher Prüfer ist für eine wie auch immer geartete Prüfertätigkeit gänzlich ungeeignet, sei es bei Preussag/TUI oder VW. Dass er darüber hinaus auch noch nachweisbar bestechlich war, wirft ein Licht auf die Glaubwürdigkeit seiner Arbeit.

Die Fakten, die der Justiz in Niedersachsen – mit den entsprechenden Dokumenten belegt – bekannt sind, nahm ich zum Anlass, zur diesjährigen Hauptversammlung der Volkswagen AG einen Antrag auf Sonderprüfung der Bilanz zu stellen. Zusätzlich begründete ich die Sonderprüfung mit den Untreuehandlungen bei VW in Zusammenhang mit den damals bereits öffentlichen VW-Skandalen. Mein Antrag wurde während der Hauptversammlung am 21. April 2005 selbst von der niedersächsischen Landesregierung abgelehnt, genau so, als ob der Hauptgesellschafter kein Interesse an einer Überprüfung des offensichtlich getürkten Zahlenwerks habe. Der Landesregierung werden nach Aufdeckung des ganzen Ausmaßes der Betrugsvorgänge bei VW einige unangenehme Fragen zu stellen sein. Gilt ihr Augenmerk nun dem Schutz der Aktionäre oder dem des mafiösen Systems VW?

Justiz

Justitia, die Göttin der Rechtssprechung, steht in Stein gehauen vor vielen Gerichtsgebäuden in Deutschland. Und immer sind ihre Augen verbunden, damit sie ohne Ansehen der Person nach den Buchstaben des Gesetzes Recht sprechen kann.

So soll es auch sein nach der Theorie der Gewaltenteilung: eine von der politischen Macht unabhängige Justiz, die nicht nach Beifall, nicht nach Wählerstimmen, nicht nach persönlicher Bereicherung giert und deshalb den Staat dauerhaft davor schützt, zu einem korrupten Moloch zu werden, indem sie ihn notfalls zwingt, ein Rechtsstaat zu sein. So setzte es der Alte Fritz, Friedrich II. von Preußen, im 18. Jahrhundert durch: »Wo die Justiz-Collegia nicht mit der Justiz ohne alles Ansehen der Person und des Standes gerade durch gehen, sondern die natürliche Billigkeit bei Seite setzen, so sollen sie es mit Seiner Königlichen Majestät zu thun kriegen.« Das sagte er nicht nur: Der Alte Fritz ließ acht Richter verhaften, die dem Müller Arnold Unrecht getan hatten. Zwei davon sprach er frei und verurteilte den Rest zu Festungshaft sowie Zahlung von Schadenersatz.

Manchmal dürfen Staatsanwälte nicht ermitteln ...

Von einer unabhängigen Justiz kann heute in Deutschland, zumindest bei vielen Staatsanwälten keine Rede sein. Dem steht allein schon entgegen, dass die Staatsanwälte Staatsdiener sind. »Die Beamten der Staatsanwaltschaft haben den dienstlichen Anweisungen ihres Vorgesetzten nachzukommen«, heißt es im Gesetz. Dieser Vorgesetzte ist am Ende der Justizminister eines Bundeslandes und damit in der Regel ein Parteipolitiker.

Der Europarat verlangt zwar, dass Staatsanwälte ihre Aufgaben ohne ungerechtfertigte Einmischung erfüllen können. Aber darüber, was gerechtfertigt ist, sind die Meinungen äußerst geteilt. In dem Augenblick, wo man ihre Kreise stört, verlieren Politiker recht schnell die Contenance, sagte 2003 der brandenburgische Generalstaatsanwalt Erardo Rautenberg dem *Spiegel*. In Mecklenburg-Vorpommern wurde 1999 Generalstaatsanwalt Alexander Prechtel vom damals auch als Justizminister amtierenden Ministerpräsidenten Harald Ringstorff (SPD) entlassen: CDU-Mitglied Prechtel hatte die Ermittlungen gegen die damalige PDS-Fraktionsvorsitzende weiterlaufen lassen, die bei einem Ladendiebstahl ertappt worden war. Da in Mecklenburg-Vorpommern zu dieser Zeit die PDS mit in der Regierung saß (und auch heute noch sitzt), wertete Ringstorff die Ermittlungen als politisch unfreundlichen Akt.

Nun haben wir es bei VW nicht mit einer politischen Partei, sondern mit einem Unternehmen zu tun. Dessen Beziehungen zur Parteipolitik, vor allem zur SPD, sind zwar auf vielen Kanälen äußerst intensiv, trotzdem bleibt es »nur« ein Unternehmen. Und ob eine Firma jetzt klein, groß oder riesengroß wie VW ist, sie sollte in einem Rechtsstaat allen Gesetzen genauso unterworfen sein wie jeder Bürger und jeder Handwerksmeister. Das dachte ich einmal. Bis ich im Herbst 2000 leibhaftig miterlebte, wie die niedersächsische Justiz reagiert, wenn ein riesengroßes Unternehmen mit dem Gesetz in Konflikt kommt.

... manchmal wollen sie auch nicht ...

In meinem Fall ging es um die Preussag. Am 16. November 2000 hatte ich bei der Staatsanwaltschaft Hannover zu Betrugsvorgängen bei der WestLB und der Preussag ausgesagt. Es ging unter anderem um Bilanzbetrug, Börsenmanipulationen, Bestechung, Erpressung, Hantieren mit Schwarzgeldmillionen, Untreue und Urkundenfälschungen. Bereits nach einer Viertelstunde der mehr als sechsstündigen Aussage wollten die beteiligten Staatsanwälte Dr. Gundlach und Voss die Veranstaltung in den Räumen der Staatsanwaltschaft Hannover beenden. Das könne doch alles gar nicht sein, immerhin handele es sich bei der Preussag AG um eine sehr große und renommierte Firma. Ich fragte die beiden Anwälte des Staates, woher sie ihr Wissen nähmen, und bat sie, ruhig sitzen zu bleiben und meine Aussagen zu Protokoll zu nehmen. Alle meine Aussagen waren selbstverständlich mit Dokumenten schriftlich belegt. Mit im Sumpf steckte der ehemalige nordrhein-westfälische Ministerpräsident und damalige Bundespräsident Johannes Rau – bester Freund von WestLB-Chef Friedel Neuber. Alle Vorgänge wurden den Staatsanwälten mundgerecht serviert. Sie mussten nur noch zubeißen.

Danach tat sich erst einmal nichts. Und später tat sich auch nichts. Die Staatsanwaltschaft Hannover war offenbar zu keiner Reaktion fähig. Also konsultierte ich einen mir persönlich bekannten, hochrangigen Juristen – Präsident eines Oberlandesgerichtes ganz in meiner Nähe. Mit einem Packen Dokumente versehen, besuchte ich ihn an seinem Amtssitz und erklärte ihm die Zusammenhänge. Der Präsident lauschte ergriffen. »Das ist ja alles ganz schlimm«, entfuhr es ihm. Später übersandte ich dem angesehenen Spitzenjuristen noch sehr viel mehr Dokumente auf sein heimisches Faxgerät. Sein Urteil: »Ganz, ganz schlimm.« Mehr tat er nicht, der Fachmann, den ich an meiner Seite und der des Rechts wähnte.

Der Braunschweiger Genossen-Schutzverein

Was man in Niedersachsen zur Zeit immer noch braucht, um sich aus jeder noch so kriminellen Situation »legal« zu befreien, ist das richtige Parteibuch. Das der SPD. Die regiert dort zwar schon seit bald drei Jahren nicht mehr, aber in ihrer Herrschaftszeit ist es ihr gelungen, wesentliche Positionen in den Strafverfolgungsbehörden mit »ihren« Leuten zu besetzen. Das müssen nicht immer SPD-Mitglieder sein, Hauptsache, sie funktionieren so, als wären sie welche. Ihr Einfluss reicht bis in die Zentrale von VW in Wolfsburg.

Die für VW zuständige Staatsanwaltschaft Braunschweig erfüllt bis dato treu und brav ihre Rolle als Genossen-Schutzverein. Sogar von Kollegen in Niedersachsen wird die Arbeit der örtlichen Justizbehörden in Teilen schon lange als ausdrücklich »kriminell« bezeichnet. »Seilschaften und kriminelle Cluster« bestimmten das Bild von Justitia an der Oker. Anwälte, Staatsanwälte und Richter arbeiteten zur »Rechtsfindung« außerhalb der gesetzlich vorgegebenen Wege aufs Engste zusammen. Rechtsbrüche und Strafvereitelung im Amt seien für die Braunschweiger Justiz an der Tagesordnung. So erleichterten der Exministerpräsident Gerhard Glogowski (SPD) und sein Freund und Busunternehmer Mundstock 1997 die Braunschweiger Stadtkasse um einen zweistelligen Millionenbetrag, indem Letzterer auf Vermittlung Glogowskis sein Unternehmen zu einem überteuerten Preis an die Stadtwerke Braunschweig verkaufte. Ein klassischer Betrugsfall, bei dem sogar noch ein nachträglich gefälschtes Gutachten die Betrüger »entlastete«. Aber die heimischen Staatsanwälte verschlossen die Augen.

Während die Stuttgarter Justiz seit einigen Monaten den Verantwortlichen bei DaimlerChrysler rechtsstaatlich korrekt unmittelbar aufs Haupt steigt, um die Affäre um Betrügereien im Deutschlandvertrieb von Mercedes aufzuklären, wartet man in Braunschweig gegenwärtig darauf, dass die Volkswagen AG, in der es vor Betrug nur so wimmelt, aussagefähiges Material über verdächtige Mitarbeiter und kriminelle Abläufe im eigenen Hause den Justizbehörden auf den Schreibtisch liefert. Nach dem Vorbild ihrer Stuttgarter Kollegen hätten die Braunschweiger Anwälte des Staates die Filz- und Korruptionsburg bei VW längst nach Beweisen durchsuchen müssen. Stattdessen »ordnet« die VW-Revision gemeinsam mit den Sonderprüfern von der KPMG dort erst einmal die Akten.

Die Ermittlungen zu den mutmaßlichen Betrugsfällen um die VW-Manager Schuster und Gebauer sind noch relativ jungen Datums. Es ist deshalb zumindest theoretisch möglich, dass die Staatsanwaltschaft Braunschweig etwas herausfindet. Nachdem Bernd Pischetsrieder Ende August im *Stern* sagte, die Sonderprüfer von KPMG dürften »nur rückwirkend bis 2001« die Vorgänge rund um Klaus-Joachim Gebauer prüfen, ist ja deutlich geworden, dass die unternehmensinternen Prüfungen nicht ausreichen, um der Wahrheit ans Licht zu verhelfen. Die Erfahrungen, die der ehemalige VW-Mitarbeiter Holger Sprenger mit dieser und auch anderen Institutionen des Rechtswesens in Sachen Volkswagen AG machte, lassen jedoch nichts Gutes erahnen.

Sprenger hatte bis 2003 weder bei seinen Vorgesetzten noch beim Betriebsrat noch beim Vorstand noch beim Aufsichtsrat noch bei der Konzernrevision jemanden gefunden, der sich ernsthaft mit den Vorgängen um seine unterdrückten Erfindungen und die von ihm aufgedeckten betrügerischen Abläufe beschäftigen wollte – und das, obwohl er innerhalb eines halben Jahres mehr als 40 Personen aus dem Unternehmen informierte. Als im Februar des Jahres dann auch noch Mitarbeiter des VW-Werks Kassel unter Druck gesetzt wurden, in Zukunft gefälligst nicht mehr zu Gunsten Sprengers auszusagen, wandte sich dieser nicht nur auf der Hauptversammlung im April 2003 an die Aktionäre, sondern auch an eine externe, also nicht mit VW verbundene Stelle: an den Leiter der Staatsanwaltschaft Kassel. Dieser riet, den Sachverhalt schriftlich zu schildern und der Behörde einzureichen, was Sprenger auch tat.

Die Strafanzeige bearbeitete Oberstaatsanwalt Hans-Manfred Jung. Der sah nach einem Gespräch mit der Konzernrevision, die ihm ihren Bericht vom 24. Februar 2003 überließ, keine Notwendigkeit zu ermitteln: »Wenn schon die VW-interne Revision zu dem Ergebnis kommt, dass durch Manipulationen der in Baunatal sitzenden Beschuldigten dem Gesamtkonzern kein Schaden entstanden ist, besteht für die Staatsanwaltschaft kein Anlass, insoweit vom Gegenteil auszugehen.« Bei einem Treffen am 26. März 2003 versuchte Sprenger, ihn von genau diesem Gegenteil zu überzeugen, und ließ Jung umfangreiche Unterlagen und Belege einsehen. Der Oberstaatsanwalt jedoch blieb bei seinem Glauben an die Qualität der Konzernrevision. Den Bescheid über die Einstellung des Ermittlungsverfahrens schickte die Staatsanwaltschaft dann übrigens, welch bedauerlicher Zufall und Irrtum, an die Volkswagen AG Wolfsburg zu Händen Herrn Sprenger. So bekam nicht nur Wolfsburg, wo Sprengers Post geöffnet wurde, sondern auch die Personalabteilung Kassel, die den Bescheid mit ihrem Stempel versah, Kenntnis von der Strafanzeige und Jungs Verfügung.

Ein merkwürdiger Kriminalkommissar

Sprenger dagegen begann nun, auch noch den Glauben an die Ermittlungsbehörden zu verlieren. Bei einer Zeugenaussage im Rahmen eines Ermittlungsverfahrens gegen den Kasseler Betriebsratsvorsitzenden Gerhard Kakalick traf er im Polizeipräsidium Nordhessen auf einen scheinbar engagierten Kriminalhauptkommissar für Betrugs- und Wirtschaftsdelikte. Dieser sagte, er kenne »Details der VW-Akte« und wolle sich den Fall gerne genauer ansehen. So zeigte Sprenger am 12. November 2003 dem Beamten einige Unterlagen. In den folgenden Wochen wollte dieser wissen, welche weiteren Kollegen betroffen seien, und suchte diese auf – stellte dabei aber die für einen ermittelnden Kriminalkommissar eher ungewöhnliche Frage, ob sie zu einem Klärungsgespräch mit dem Leiter des VW-Werks Kassel bereit seien.

Sprenger selbst wurde von dem Kriminalbeamten aufgefordert, ihm die Buchungsbelege anonym zukommen lassen. Er aber weigerte sich und wollte diese nur in Anwesenheit seines Anwalts und gegen Quittung übergeben. Am 19. Dezember rief der Kommissar an, um mit Sprenger einen Termin für den 23. Dezember 2003 zu vereinbaren. Den lehnte Sprenger ab, weil sein Anwalt in Urlaub sei, woraufhin ihm am 22. Dezember ein reichlich merkwürdiges Ultimatum gesetzt wurde: »Wenn Sie nicht innerhalb einer Stunde die Unterlagen bei mir vorbeibringen, werde ich Sie in Haft nehmen und eine Hausdurchsuchung durchführen.«

Derart vor vollendete Tatsachen gestellt, erklärte sich Sprenger nun doch zu dem Termin bereit – brachte aber keine Unterlagen mit. Die hatte er am Vortag nach Beratung mit seinem Anwalt direkt dem hessischen Landeskriminalamt ausgehändigt. Der Kriminalhauptkommissar war darob äußerst ungehalten und drohte Sprenger mit einer Anzeige wegen Zurückhaltung von Beweismaterial und Verwahrungsbruch. Der jedoch ließ sich nicht mehr einschüchtern. Am 29. Dezember 2003 übergab Sprenger mehrere Aktenordner dem hessischen Landeskriminalamt, dem Bundeskriminalamt sowie Generalstaatsanwalt Dieter Anders, der ein Ermittlungsverfahren gegen die Verantwortlichen der Volkswagen AG, insbesondere gegen die Mitglieder des Vorstands und Mitarbeiter der Konzernrevision einleitete. Das Verfahren wurde zunächst in Kassel bearbeitet und dann an die Staatsanwaltschaft Braunschweig weitergereicht. Besagter Kriminalhauptkommissar wurde nach einer Dienstaufsichtsbeschwerde von dem Fall abgezogen.

Steuerfahnder mit Beißhemmung

Plötzlich schien sich für Sprenger doch noch alles zum Guten zu wenden. Er wurde mehrfach im Auftrag der Staatsanwaltschaft Braunschweig zur Zeugenaussage ins Polizeipräsidium Nordhessen bestellt und ausführlich befragt. In der Akte befindet sich sogar eine Mitteilung vom 7. Januar 2004 an die Steuerfahndung Braunschweig, die jeden Kriminalisten und Steuerfahnder aufhorchen lassen sollte: »Es besteht der Anfangsverdacht, dass Gelder im mehrstelligen Millionenbereich durch ›Luftbuchungen‹ dem Fiskus entzogen werden. Ebenso kann nicht ausgeschlossen werden, dass sich Mitarbeiter zum Nachteil des VW-Werkes bereichern.« Sowohl für merkwürdige Anforderungsnummern bei Investitionsprojekten als auch für Privatvergnügen auf Geschäftskosten sollte sich das Finanzamt doch eigentlich interessieren.

So kam die Steuerfahndung Braunschweig ins Boot – sie bemühte sich aber sofort darum, wieder auszusteigen. Die Steuerfahnder Hahn und Krok zeigten sich absolut sicher, »dass der Vorstandsvorsitzende des VW-Konzerns, Herr Pischetsrieder, seine Rechnung für eine Dienstreise nach Genf sicher nicht einen VW-Arbeiter einsehen lassen würde«, und bezweifelten, dass Sprenger den Sachverstand hätte, Untreue zum Nachteil des VW-Werkes analysieren zu können. Doch statt mitsamt ihres Sachverstandes als Steuerfahnder endlich und gründlich die Arbeit aufzunehmen, zogen sich die Braunschweiger Finanzbeamten zurück. Sie wollten die Prüfung lieber den »im VW-Werk befindlichen Konzernbuchprüfern« überlassen. »Der Prüfvorgang dürfe maximal fünf Jahre dauern.«

Für die Staatsanwaltschaft Braunschweig waren Sprengers Vorwürfe offensichtlich zu schwer zu verstehen. Also überließ man den Vorgang lieber den Fachleuten – im VW-Konzern. In einem internen Vermerk der Staatsanwaltschaft vom 6. Juli 2004 steht: »Nach dem derzeitigen Stand der Ermittlungen erscheint es angesichts der komplexen Materie erforderlich, die Vorwürfe durch die Konzernrevision der Volkswagen AG prüfen zu lassen.« Wie kann ein Staatsanwalt in einem Verfahren, in dem unter anderem gegen Mitarbeiter der Konzernrevision Strafanzeige gestellt wurde, die Aufklärung der Vorwürfe von ebendieser Konzernrevision vornehmen lassen? Zumal, wie wir im letzten Kapitel gesehen haben, die VW-Revision im Fall Sprenger nicht prüfte, sondern augenscheinlich fälschte und vertuschte. Wen wundert da noch, dass die VW-Konzernrevision keinen einzigen Hinweis auf strafbare Handlungen im Verhalten der VW-Konzernrevision feststellte? Auch vor den Augen des Gesetzes hatte Sprengers Version der Ereignisse im Kasseler Werk keine Chance. Denn wieder galt: im Zweifel für den Großkonzern.

Keiner will die Prüfer prüfen

So hatten die »Untersuchungen« dann auch das offensichtlich schon vorher erwünschte Ergebnis: Am 30. November 2004 wurde das Ermittlungsverfahren von der Staatsanwaltschaft Braunschweig eingestellt. In der Begründung heißt es unter anderem: »Anhaltspunkte für Unregelmäßigkeiten bei den Projekten 446451 (Kapazitätserhöhung für VL-300-Front-Getriebe, HJS) und 475846 (Änderungen bei einem 4-Gang-Automatikgetriebe, HJS) konnten trotz intensiver Prüfung durch die Revisionen der VW AG nicht festgestellt werden.« Auch die Details über die Privatvergnügungen des Topmanagements auf VW-Kosten, von denen Holger Sprenger am 24. April 2003 auf der VW-Hauptversammlung berichtet hatte, ließ die Staatsanwaltschaft nicht gelten: »Aufgrund der von Ihnen erhobenen Vorwürfe, die Vorstands- bzw. Aufsichtsratsmitglieder der VW AG hätten ungerechtfertigte Vergünstigungen bzw. Geschenke erhalten bzw. aufwändige Reisen auf Kosten der VW AG unternommen, sind die in den von Ihnen zur Verfügung gestellten Ordnern enthaltenen Unterlagen ebenfalls von der VW-internen Revision geprüft worden. Auch insoweit wurden keinerlei Unregelmäßigkeiten festgestellt.«

Hätte damals die Staatsanwaltschaft Braunschweig die Prüfungen der VW-Prüfer seriös und rechtsstaatlich korrekt geprüft, wäre in Wolfsburg manches früher bekannt geworden.

Gegen die Einstellung des Verfahrens legte Sprenger Einspruch ein. Der wurde am 7. Januar 2005 von der Generalstaatsanwaltschaft Braunschweig zurückgewiesen. Am 10. Februar 2005 beantragte er deshalb beim Braunschweiger Oberlandesgericht ein Klageerzwingungsverfahren. Über dieses ist bisher nicht entschieden.

Hören wir hierzu noch einmal den Alten Fritz: »Ein Justizcollegium, das Ungerechtigkeiten ausübt, ist gefährlicher und schlimmer, wie eine Diebesbande, vor die kann man sich schützen, aber vor Schelme, die den Mantel der Justiz gebrauchen, um ihre üblen Passiones auszuführen, vor die kann sich kein Mensch hüten. Die sind ärger wie die größten Spitzbuben, die in der Welt sind und meritiren eine doppelte Bestrafung.«

Je länger die VW-Affäre dauert – und wir erleben gerade die Ouvertüre – desto unverständlicher erscheint die Ermittlungsstarre der Justiz in Braunschweig. Gelähmt erleben die »Anwälte des Staates«, wie die Medien ihnen immer wieder neue Belege liefern. Doch die Steuerfahnder lesen offenbar nicht einmal mehr die Presse. Mittelständler können nur noch mit dem Kopf schütteln, wenn sie aus der Zeitung erfahren, dass VW inzwischen allein von Klaus-Joachim Gebauer ausgestellte Eigenbelege in Höhe von 760 000 Euro offiziell eingesteht. Das wird in den Braunschweiger »Finanz-Collegien« ganz offensichtlich mittlerweile als ganz legales Gelddrucken gewertet. Der Gesellschafter eines großen Unternehmens sagte mir kürzlich: »Wenn ich dem Finanzamt einen Eigenbeleg über 50 Euro vorlege, stellen die mir im Nachgang die ganze Bude auf den Kopf.« Bei VW ist offenbar der Jagdinstinkt der Finanzfahnder und der Staatsanwälte in eine totale Beißhemmung verwandelt worden.

Wie man eine vergleichbare Beißhemmung mit überschaubarem Aufwand erreichen kann, hat die WestLB vorgemacht. Die lud die zuständigen Rechts- und Geldprüfer zu rauschenden Festen ein – auf dem Rhein und im bankeigenen Jagdschloss. Wenn dann tatsächlich einmal ein übereifriger Staatsanwalt eine Hausdurchsuchung bei der WestLB ansetzte, fanden die Beamten »klinisch-saubere« Büros vor mit komplett neu angelegten Ordnern. Bei VW muss sicher noch einiges an »Aufräumungsarbeit« geleistet werden, bis man die staatlichen Justiz- und Finanzkontrolleure in die Büros bitten kann.

»... die ganze Republik aus den Angeln heben ...«

»Wir ermitteln nicht gegen einen ganzen Konzern, sondern gegen zwei Mitarbeiter eines Konzerns«, sagte Ende Juli 2005 Klaus Ziehe, der Sprecher der Braunschweiger Staatsanwaltschaft. Es gehe nicht an, dass auf bloße Verdachtsmomente hin eine »Kavallerie Justiz« in Unternehmen stürze und alles auf den Kopf stelle. »Wir müssen immer erst klären, ob es überhaupt einen Anfangsverdacht gibt.« Den gebe es bislang eben nur gegen Helmuth Schuster und Klaus-Joachim Gebauer. Und seit Ende August 2005 auch gegen den Exbetriebsratsvorsitzenden Volkert, weshalb der sich zum 30. November »freiwillig« in den Ruhestand verabschiedet. Das System VW scheint die Ermittler nicht zu interessieren. Der Schutz der Aktionäre, um deren Geld es bei den Betrugsvorgängen immerhin geht, ebenfalls nicht.

Wie schwer wiegend die Betrugsvorgänge bei VW sind und wie viele Personen und Persönlichkeiten in unterschiedlichster Weise darin verwickelt sein dürften, erfuhr man ganz zu Anfang der Sex- und Schmuddelphase im Juni 2005. Der Anwalt eines betroffenen VW-Mitarbeiters soll nach Zeitungsmeldungen gedroht haben, mit dem Material, das ihm zur Verfügung stehe, könne er 70 hochrangige Personen beschuldigen und die ganze Republik aus den Angeln heben. Angesichts dieses Bedrohungspotenzials muss man fast so etwas wie Mitleid haben mit den Strafverfolgern aus Braunschweig. Liegt ihnen daran, so wenige Betrüger wie irgend möglich offiziell anklagen zu müssen?

Aber zur Justiz gehören nicht nur die Staatsanwälte, die im Zweifelsfall an die Weisungen ihrer Vorgesetzten gebunden sind, sondern auch die Richter. Die sind formal in ihrer Entscheidung völlig unabhängig und sollen sich einzig und allein an Recht und Gesetz orientieren. Auch das scheint allerdings im VW-Dunstkreis nicht zu funktionieren, wie die drei folgenden Beispiele zeigen.

Rattennest im VW-Sumpf

Das erste spielt im Landesarbeitsgericht Niedersachsen und handelt von einem Streit im Betriebsrat des VW-Nutzfahrzeugwerks Hannover-Stöcken. Die dortige Arbeitnehmervertretung gehört der IG Metall nämlich nicht alleine: Die Liste »Ohne Opposition keine Demokratie« stellt drei von insgesamt 41 Mitgliedern. Die zahlenmäßig kleine Opposition ist jedoch nicht zu unterschätzen. Mit unangenehmen Fragen und Dutzenden von Klagen macht sie der Mehrheitsfraktion das Leben schwer. So will deren Sprecher Ibrahim Badan etwa wissen, wie viel der örtliche Betriebsratsvorsitzende Günter Lenz verdient und wie viel er dafür leistet. Kollege Lenz ist nebenbei Abgeordneter der SPD im niedersächsischen Landtag und erhält für diesen Job natürlich neben seinem VW-Salär die regulären Abgeordnetendiäten – und einen Dienstwagen und dessen Treibstoffverbrauch, versteht sich. Genosse Lenz steht außerdem in dem noch immer nicht ausgeräumten Verdacht, einer der beiden VW-Betriebsräte zu sein, denen im System Gebauer auf Kosten von VW exklusive Aufenthalte in Barcelona bezahlt wurden (vgl. S. 33f.). Lenz ist für seine Arbeit im Betriebsrat freigestellt und geriet deshalb bisher nicht in den Strudel des Doppelbezahlungsskandals, der seinen Fraktionskollegen im Landtag, Viereck und Wendhausen, derzeit zu schaffen macht. Ein Betriebsrat bei VW ist immer im Dienst, ein

Nachweis für seine Tätigkeit erübrigt sich daher. Die Opposition im Stöckener Betriebsrat sieht dagegen sehr wohl Vergleichspunkte. Aber Kollege Lenz verbittet sich alle Nachfragen.

Angesichts diverser Vorwürfe und Gegenvorwürfe ist die Stimmung zwischen der IG-Metall-Fraktion und der Opposition im Betriebsrat hochgradig vergiftet. Badan wirft Lenz sogar vor, er habe die Oppositionellen als »Ratten« und deren Liste als »Rattennest« bezeichnet. Der Attacktierte weist das scharf zurück und klagt, die Gegenseite hätte im Zusammenhang mit der IG Metall Begriffe wie »Vetternwirtschaft, Filz und Korruption« plakatiert. Nach allem, was über die Vorgänge im System VW mittlerweile bekannt ist, wäre das allerdings eine den Tatsachen durchaus entsprechende Bewertung der Arbeit der Gewerkschaft bei VW.

Das Landesarbeitsgericht in Hannover zeigte hingegen großes Verständnis für die Nöte der IG Metall und den Rattenvergleich des Kollegen Lenz. Es kommentierte den Streit zwischen den beiden Gruppen so: »Selbst wenn der Betriebsratsvorsitzende Lenz den Antragsteller Badan beleidigt haben sollte, wäre dies durch vorhergehende Beleidigungen zwar nicht gerechtfertigt, aber immerhin entschuldbar.« So etwas geht wohl wirklich nur im juristischen Genossenparadies Niedersachsen.

Wenn Richter zu sehr tricksen

Für den zweiten Fall begeben wir uns wieder an ein Arbeitsgericht, diesmal nach Kassel. Dort ging es in einem Verfahren um die Kündigung von Holger Sprenger und um eine Strafanzeige Sprengers gegen Verantwortliche des VW-Konzerns. VW behauptete, von der Anzeige erstmals am 6. Mai 2003 erfahren zu haben, legte aber dummerweise als Beweis eine gefaxte Verfügung der Staatsanwaltschaft vor, aus deren Sendeprotokoll erkennbar ist, dass dieses Fax bereits Anfang April 2003 von der VW-Rechtsabteilung zur Personalabteilung nach Kassel gesandt wurde. Ebenfalls wurde in der Verhandlung behauptet, Sprenger hätte in seiner Strafanzeige den Fertigungsleiter des Kasseler Werkes, Manfred Mazen, beschuldigt, seine Daten gelöscht zu haben. Dabei stand in der Strafanzeige kein Wort von gelöschten Daten.

Selbst solche offenkundigen Falschbehauptungen von VW-Seite konnten die Richterin Charlotte Gieraths nicht beeindrucken. Sie folgte der Datierung der Personalabteilung und behauptete in ihrem Urteil, Sprenger habe eben jene Beschuldigung gegen Mazen in einer Strafanzeige erhoben, die er gar nicht erhoben hatte. Im Ergebnis ließ Gieraths zwar nicht die fristlose, aber zumindest die fristgerechte Kündigung Sprengers durchgehen. Vom Landesarbeitsgericht wurde sie dann allerdings für nichtig erklärt.

VW kündigte Sprenger daraufhin noch einmal fristlos, mit der gleichen Begründung. Damit landete ein neues Verfahren mit den gleichen Beteiligten und nochmals gleicher Begründung erneut bei Richterin Gieraths. Ich hatte mich schon darauf gefreut, sie nun persönlich kennen zu lernen, da mich Sprengers Anwalt als Zeuge benannt hatte. Ich hätte dem Gericht gerne erklärt, wie ein Unternehmen sauber zu führen ist, was man so auf der Hauptversammlung sagen darf und was die Beweise belegen. Daran jedoch hatte VW kein Interesse, und schon war Charlotte Gieraths wieder zur Stelle und verlegte den Termin gleich um mehr als fünf Monate. Das nennt man Prozessverschleppung. Sprenger beschwerte sich beim Richterbund. Nun gibt es eine(n) neue(n) Richter/in. Ich bin gespannt, wie es weitergeht.

Was ist schon 1 Prozent?

Für den dritten Fall wenden wir uns an ein Landesarbeitsgericht, und zwar nach Frankfurt. Dort ging es in einem Verfahren um die Berufungsverhandlung von Holger Sprenger unter anderem um ein Dokument, in dem dessen Vorgesetzter, der Getriebebauleiter Jürgen Tischler, zugegeben hatte, dass Gelder aus einem Projekt abgezweigt worden waren. Die Aussage im Wortlaut: »Hier können Sie den bewilligten Betrag in Höhe von 160 Millionen für das Projekt DQ-250 nachlesen und anhand der aufgelisteten Positionen feststellen, für was die Gelder im Einzelnen verwandt worden sind. Hieraus geht hervor, dass lediglich bei zwei Positionen eine Summe von ca. 1,5 Millionen anderweitig eingesetzt worden ist.« Nun sind 1,5 Millionen »anderweitig eingesetzte« Euro ziemlich viel für einen Abteilungsleiter, der nur für Beträge bis 50 000 Euro allein zeichnungsberechtigt ist. Für die Arbeitsrichterin Asrit Paki scheint dieser Betrag allerdings ein Klacks zu sein. In ihrer Urteilsbegründung hält sie fest, es habe sich »nur um 1 Prozent der bewilligten Summe« gehandelt.

Ein Prozent, was ist das schon? Das ist ein bisschen weniger als die Rendite, die laut Geschäftsbericht 2004 der VW-Konzernbereich Automobile auf das investierte Vermögen erwirtschaftet hat: 514 Millionen Euro operatives Ergebnis nach Steuern bei einem investierten Vermögen von 41,5 Milliarden Euro ergibt eine Kapitalrendite von 1,2 Prozent. Und es ist sogar ein bisschen mehr als die Umsatzrendite des VW-Konzerns: 716 Millionen Euro Ergebnis nach Steuern bei einem Umsatz von 88 963 Millionen Euro ergibt eine Umsatzrendite von 0,8 Prozent. Ein Prozent aller Sachinvestitionen des VW-Konzerns entsprach im Jahr 2004 immerhin einer Summe von 118 Millionen Euro. Würde dieser Betrag nicht »anderweitig eingesetzt«, sondern schlicht eingespart, könnte sich allein dadurch das Vorsteuer-Ergebnis um mehr als 10 Prozent verbessern!

Vor Gericht und auf hoher See ist man in Gottes Hand. Viele, die sich schon einmal auf einen vermeintlich sicheren Rechtsweg begeben haben, können davon ein Lied singen. Ein Fehlurteil, ein unfähiger Richter, ein korrupter Staatsanwalt sind für den Rechtsstaat nicht gefährlich. Anders wird die Situation, wenn wir uns nicht mehr in Gottes, sondern in des Gegners

Hand befinden, sobald wir gegen einen Großkonzern antreten. Mein ehemaliger Arbeitgeber, die Preussag, hat sich Jahr für Jahr die »Pflege der politischen und juristischen Landschaft« einen zweistelligen Millionenbetrag kosten lassen. Schwarzgeld, verteilt über Schweizer Konten. Auch dies ist den zuständigen Strafverfolgungsbehörden seit langem bekannt.

Näheverhältnisse in der Provinz

Mir liegt derzeit kein Beleg vor, aus dem sich Geldflüsse von VW an niedersächsische Staatsanwälte und Richter ableiten ließen. Die Erfahrungen, die über den Umgang der Justiz mit VW vorliegen, sprechen meines Erachtens jedoch ganz eindeutig für ein besonderes »Näheverhältnis« zwischen Konzern und Justiz. Das muss noch nicht einmal auf direkter Korruption beruhen. Gerade wenn, wie bei VW, wie bei Preussag, wie bei der Telekom, ein vergleichsweise gigantischer Konzern in einem vergleichsweise provinziellen Ort angesiedelt ist. Dann ist die Wahrscheinlichkeit nämlich sehr hoch, dass die obersten Manager des Konzerns im gleichen Golfklub spielen wie die obersten Richter und Staatsanwälte; dass man sich bei den Rotariern trifft, im Theater, bei Empfängen und Wohltätigkeitsveranstaltungen; und dass man gleich dutzendweise Leute kennt, die für den Konzern arbeiten. All das kann den Blick trüben, wenn es zum Beispiel um die Einleitung von Ermittlungsverfahren oder die Anordnung von Hausdurchsuchungen geht. All das erleichtert informelle Kontakte, bei denen man Informationen austauschen oder platzieren kann und bei denen es ein Leichtes ist, diskret vorzufühlen, wie und in welche Richtung die Ermittlungen sich bewegen und auf welche Urteile sie hinauslaufen, oder besser: hinauslaufen sollen. All das entwertet diejenige Kontrollinstanz, die in unserem Rechtsstaat genau dann einspringen müsste, wenn alle internen, vorgeschalteten Kontrollinstanzen versagen – die Justiz.

Natürlich gibt es auch unbestechliche Richter und Staatsanwälte in Deutschland. Sogar in Braunschweig. So wie es auch unbestechliche Politiker geben wird. Aber wenn die Atmosphäre in einer Organisation durch und durch korrupt ist, wird die Unbestechlichkeit eben nicht zum Vorteil, sondern zum Karrierenachteil gereichen. Wer nicht bereit ist, sich selbst zu bedienen, braucht sich nicht zu wundern, wenn die anderen ihn von den Fleischtöpfen wegdrängen und die zweifelhaften Juristen an ihren korrekten Kollegen vorbei Karriere machen.

Journalisten

Am 26. Oktober ist es 43 Jahre her, dass die Hamburger Redaktionsräume des *Spiegel* durchsucht wurden und der Verleger Rudolf Augstein vorübergehend in Untersuchungshaft kam. Seine Zeitschrift sollte einen »Abgrund von Landesverrat« (Konrad Adenauer) begangen haben, als sie über eine Herbstübung der NATO berichtete. Die »*Spiegel*-Affäre« löste eine Regierungskrise aus, und Franz Josef Strauß, damals Verteidigungsminister, verlor sein Amt, weil er das Parlament belogen hatte. In der Machtprobe zwischen Politik und Presse behielt das »Sturmgeschütz der Demokratie« (Augstein über den *Spiegel*) die Oberhand – und etablierte damit die Medien als die in der klassischen politischen Theorie nicht vorgesehene »Vierte Gewalt«.

Als »Sturmgeschütz der Marktwirtschaft«, das mit den Konzernen so umgeht wie der *Spiegel* mit den Parteien, hat sich hingegen noch kein Medium bezeichnet. Was nicht nur daran liegt, dass die Marktwirtschaft in Deutschland keinen so guten Ruf hat wie die Demokratie, sondern auch daran, dass die Verhältnisse der Medien zu den Unternehmen etwas komplizierter gestrickt sind als die zu den Politikern. Schließlich beziehen die Zeitungs- und Zeitschriftenverlage, Fernseh- und Radiosender in der Regel mehr als die Hälfte ihrer gesamten Einnahmen aus Anzeigenerlösen, und die werden nun einmal von den werbetreibenden Unternehmen bezahlt.

Der Wink mit dem Anzeigen-Zaunpfahl

Je größer ein Konzern ist, und vor allem: Je größer sein Werbebudget ist, desto mehr Vorsicht lassen die Journalisten walten. Bei vielen Medien, vor allem Fachzeitschriften, gibt es einen direkten Zusammenhang zwischen dem Anzeigenauftrag und dem daneben platzierten redaktionellen Text. Bei Publikumszeitschriften ist dieser Zusammenhang meist lockerer. Aber auch dort ist den Chefredakteuren durchaus bewusst, welche Folgen ein redaktioneller Angriff auf einen Anzeigenkunden haben kann: Die *Süddeutsche Zeitung* bekam 2003 wegen kritischer Äußerungen zu Aldi vom Discountgiganten keine Anzeigen mehr, die *Financial Times Deutschland* wurde 2001 nach einem Lufthansa-kritischen Artikel eine Zeit lang von der Fluglinie nicht mehr als Bordlektüre verteilt, und in der Redaktion der RTL-Verbrauchershow *Wie bitte?!* trudelte 1998 ein Fax der eigenen Geschäftsführung ein: Nicht nur die Telekom, sondern auch andere Unternehmen sprängen mit ihren Kunden übel um. Das solle man bei der Berichterstattung doch bitte berücksichtigen. Helmut Thoma, zu jener Zeit noch RTL-Geschäftsführer, berichtete, wie die Telekom massiven Druck auf ihn ausgeübt hatte: »Die haben tatsächlich verlangt, dass wir in der Sendung *Wie bitte?!* keine Beschwerden mehr über die Telekom bringen. Ansonsten gäbe es keine Werbung mehr.«

Zigarren im Papierkorb

Nur wenige Medienunternehmen können es sich leisten, in solch eine Situation zu geraten. Und die Autoindustrie gehört nun mal zu den Branchen mit dem größten Anzeigenaufkommen, und in dieser Branche ist wiederum VW einer der größten Anzeigenkunden. Auch wenn keine der Marken des VW-Konzerns bisher dafür bekannt ist, in die redaktionelle Unabhängigkeit der Medien einzugreifen, in denen inseriert wird, so ist die Schere im Kopf immer präsent. Und die Zahl der Redaktionen, in denen Journalisten tatsächlich etwas aufdecken und investigativ arbeiten können, ist verschwindend gering.

Natürlich werden gerade diese Redaktionen vom Konzern am intensivsten bearbeitet. Das musste auch ein Mitarbeiter einer großen deutschen Zeitung irritiert zur Kenntnis nehmen, als er im Frühjahr 2005, inmitten der erregten Diskussionen um Hartz IV und Geldzahlungen an Ex-VW-Aufsichtsrat Gabriel, eine Geschichte über die privat gerauchten, aber dienstlich bezahlten Zigarren des Namensgebers und damaligen VW-Personalvorstands Peter Hartz geschrieben hatte. Die für die Veröffentlichung auf der Titelseite vorgesehene Story wanderte nach einem Anruf der VW-Kommunikationsabteilung bei der Chefredaktion in den Papierkorb. Hätte die Redaktion anders entschieden, der aktuelle VW-Skandal wäre womöglich schon ein paar Monate früher hochgekocht.

Äußerst handfest und direkt ist die Zusammenarbeit der Autokonzerne mit den Autojournalisten. Diese sind sogar innerhalb der eigenen Branche als besonders korrupt verschrien – genauso wie die der Reisebranche. Sie fliegen auf Kosten der Konzerne zu den schönsten Plätzen der Welt, dürfen dann dort ein paar Runden mit einem neu vorzustellenden Auto drehen und sich ansonsten amüsieren. Zurück in der Heimat fahren sie immer wieder mit einem anderen Testwagen in der Redaktion vor, und wenn sie tatsächlich einmal in die Verlegenheit kommen sollten, sich privat einen Wagen anschaffen zu müssen, macht ihnen der Pressesprecher bestimmt einen ordentlichen Preis.

1500 Spezialrabatte für Journalisten

Wobei man wissen sollte, dass Journalisten ohnehin schon bei den meisten Unternehmen ordentliche Preise bekommen: Presserabatt heißt dieses System, mit dem die Herren und Damen von der Presse Produkte vom Telefonanschluss über das Auto bis zur Urlaubsreise, ja sogar die Gleitcreme von Beate Uhse weit unter Listenpreis bekommen. Ein sachlich begründetes Argument für diese Spezialbehandlung gibt es nicht – außer dem Kalkül der Unternehmen, auf diese Weise die Journalisten für sich zu gewinnen. Denn, so bringt es ein Audi-Sprecher auf den Punkt: »Journalisten sind für uns wichtige Multiplikatoren.«

Weshalb sich bei VW, so der Journalist Peter Diesler, gleich »eine eigene Vertriebsabteilung um den Autoabsatz an Medienprofis« kümmert. Und er muss es wissen, betreibt Diesler doch die Website www.journalismus.com, auf der sich eingetragene Mitglieder in einer Datenbank über 1500 Presserabatte informieren können und sich in Diskussionsforen über die Rabattpraxis der Unternehmen austauschen. Den in der Autobranche mittlerweile üblichen Journalistenrabatt von 15 Prozent für Neuwagen gibt es auch bei VW und Audi. Die Wolfsburger bieten als besonderes Schmankerl darüber hinaus Gebrauchtwagen an: Autos, die als Testwagen den Journalisten kostenlos zur Verfügung gestellt werden, sind nach dieser »Testphase« als Gebrauchte 10 Prozent unter dem DAT-Schätzpreis zu haben.

Hierbei handelt es sich, wohlgemerkt, um die Rabatte für Allerweltsjournalisten: Jeder, der einen Presseausweis besitzt, kann sie bekommen. Für die Journalisten, die tatsächlich über das Unternehmen oder dessen Produkte berichten, gibt es dann weitere Sonderkonditionen. Die Konsequenz: Nur alle Schaltjahre kommt es mal vor, dass in den veröffentlichten Fahrberichten ein Auto niedergemacht wird.

Kosten – freie Presse im Luxushotel

Mit den Wirtschaftsjournalisten ist es nicht ganz so einfach wie mit den Kollegen aus dem Autoressort. Das nicht nur, weil man ihnen neben Chrom und PS auch noch Umsatzrenditen und Arbeitskosten vorsetzen muss. Man kann ihnen auch keine Testwagen vor die Tür stellen, und eine Lustreise ans Mittelmeer könnte ebenfalls verdächtig wirken. Also vielleicht lieber an den Genfer See? Im »President Wilson« bringt VW während des Genfer Automobilsalons nämlich nicht nur seine Vorstände unter, sondern auch liebe Gäste. Im Februar 2001 zum Beispiel Peter Boehnisch, Regierungssprecher unter Helmut Kohl, ehemaliger *Bild*-Chefredakteur und zu jener Zeit Aufsichtsratsmitglied des Axel-Springer-Verlags. Die Rechnung, die der Topjournalist für drei Übernachtungen,Verpflegung, Reinigung, Telefon, Minibar und vieles andere hinterließ, belief sich auf stattliche 13 878 Schweizer Franken. Selbst für die immer etwas teurere Messezeit ein stolzer Preis. VW bezahlte anstandslos.

Weniger prominente Journalisten hinterlassen weniger teure Spuren: Gleiche Zeit, gleiches Hotel, gleicher Anlass – die Unterkunft und Verpflegung für Annette Binninger von den *Dresdner Neuen Nachrichten* kostete VW nur 1175 Schweizer Franken. Eine sicherlich lohnende Investition in die Zukunft einer aufstrebenden Journalistin: Seit Mitte 2003 ist Binninger Pressesprecherin des sächsischen Wirtschaftsministeriums.

Dass Journalisten auf Kosten von Unternehmen reisen und speisen, über die sie regelmäßig berichten, ist in Deutschland die Regel. Es gibt allerdings auch die Ausnahme: Redaktionen, die die Reisekosten ihrer Mitarbeiter selbst zahlen und auch bei Pressereisen darauf bestehen, vom Ausrichter eine Rechnung zu bekommen. Zu diesen löblichen Ausnahmen gehören *Spiegel*, *manager magazin*, *Handelsblatt* und seit kurzem auch alle Redaktionen des Axel-Springer-Verlags. Die von Springer-Chef Mathias Döpfner Ende 2003 verkündeten »Leitlinien zur Sicherung der journalistischen Unabhängigkeit bei Axel Springer«

sehen ausdrücklich vor, dass Springer-Redaktionen für die Reisekosten ihrer Redakteure selbst aufzukommen haben. Die Reisekostenetats der Redaktionen wurden entsprechend erhöht. Das ist eine kostspielige Investition in die journalistische Unabhängigkeit – und für die Strategen in den Kommunikationsabteilungen der Konzerne eine neue Herausforderung: Wie kann man sich in Zukunft Springer-Journalisten gewogen machen, wenn es mit Spesen nicht mehr geht?

Lokale Extrawürste

Besonders umworben werden von den Kommunikatoren in der Regel die Vertreter der am jeweiligen Standort erscheinenden Lokalzeitungen. Deren Berichterstattung bleibt zwar im Rest der Republik ohne Widerhall, dafür jedoch erreichen sie besser als jedes andere Blatt die Beschäftigten des Konzerns. Den Lokalredakteuren kann man möglicherweise etwas über die Unternehmenszahlen vorflunkern, aber ganz bestimmt nicht über die Stimmung im Werk.

Anders als in den meisten deutschen Städtchen vergleichbarer Größenordnung erscheinen in Wolfsburg sogar zwei Lokalzeitungen: die *Wolfsburger Allgemeine*, eine Lokalausgabe der *Hannoverschen Allgemeinen Zeitung* (*HAZ*), und die *Wolfsburger Nachrichten*, die zur *Braunschweiger Zeitung* gehören. Und da es, in Deutschland absolut einmalig, nicht nur zwei Lokalzeitungen gibt, sondern auch beide Zeitungen ziemlich genau gleich viele Exemplare verkaufen, ist Wolfsburg derzeit die deutsche Provinzstadt mit dem härtesten Wettbewerb auf dem Lokalzeitungsmarkt.

Eigentlich könnte es keine bessere Ausgangslage geben, um heiße Informationen über VW an die Öffentlichkeit zu bringen: VW ist der mit Abstand größte Arbeitgeber am Ort, in praktisch jeder Familie gibt es mindestens einen, der bei VW oder einem Zulieferer für VW arbeitet. Würde eine der beiden Zeitungen Enthüllungen über den Konzern veröffentlichen, müssten ihr die Blätter doch aus der Hand gerissen werden, die Auflage müsste steigen, und die Konkurrenz könnte einpacken.

Trotzdem ist der VW-Skandal weder von einer der Wolfsburger Zeitungen enthüllt worden, noch haben sie bisher eine sichtbare Rolle bei der weiteren Aufklärung gespielt. Warum? Das Hindernis im Allgemeinen ist die schiere Größe von VW: Nicht nur die Leser, auch die Anzeigenkunden sind alle irgendwie von VW abhängig. Wenn der Konzern sich an seiner Heimatbasis von einer Zeitung bedroht fühlen sollte, könnte er ohne weiteres dafür sorgen, dass sich die Inserenten von diesem Blatt ab- und der Konkurrenz zuwenden.

Ein Fünftel Parteizeitung

Im Besonderen aber hat jede der beiden Lokalzeitungen ihren speziellen Grund für die Stillhaltepolitik gegenüber dem Moloch in ihrem Revier. Der Grund des *HAZ*-Beiboots *Wolfsburger Allgemeine*: Die Verlagsgruppe Madsack, die die *HAZ* herausgibt, gehört zu mehr als 20 Prozent zur Deutschen Druck- und Verlagsgesellschaft (DDVG). Die DDVG gehört zu 100 Prozent der Sozialdemokratischen Partei Deutschlands.

Bei ordentlichen Tageszeitungen, wie etwa der *Financial Times Deutschland* (FTD), wird in jedem Artikel, der die Unternehmen Bertelsmann oder Gruner + Jahr erwähnt, darauf hingewiesen, dass diese Unternehmen am Verlag der FTD beteiligt sind. Selbst wenn es bislang keinen Anlass gab, der FTD Hofberichterstattung über den Bertelsmann-Konzern vorzuwerfen, hat doch jeder Leser auf diese Weise die Möglichkeit, die Informationen des jeweiligen Artikels als möglicherweise nicht frei von Interessen zu erkennen. Das ist gute Tradition des angelsächsischen Journalismus. Der niedersächsische Journalismus hält hingegen von solchen Regeln wenig. Mit keinem Wort werden die *HAZ*-Leser über den parteipolitischen Hintergrund eines der größten Miteigentümer informiert.

Wo mögliche Interessenverflechtungen nicht offengelegt werden, ist damit zu rechnen, dass diese umso intensiver gepflegt werden. Das gilt für die Berichterstattung über Bundes- und Landespolitik ebenso wie über die Wolfsburger Konzernpolitik: Wenn es um die Unterstützung von Parteigenossen geht, nimmt man es mit den Fakten nicht so genau. Da muss schon mal der Deutsche Presserat einschreiten, etwa mit der Feststellung des Beschwerdeausschusses, bei einem Artikel vom 24. November 2000 über den Verkauf der Salzgitter-Werke sei dem Blatt »ein Sorgfaltspflichtverstoß unterlaufen«. Mit ähnlichen Gründen und in ähnlichem Umfang trifft das für den SPD-nahen VW-Konzern zu. Hier steht die *Wolfsburger Allgemeine* in Nibelungentreue fest zum Unternehmen – was insbesondere in jüngster Zeit das Blatt etwas abgestanden wirken ließ.

Geheimpapier auf der Titelseite

Anders liegt der Fall bei der *Braunschweiger Zeitung* nebst ihrem Ableger, den *Wolfsburger Nachrichten*. Die gehört keiner Partei, sondern in guter deutscher Nachkriegstradition einem lokal verankerten mittelständischen Verlagshaus. Und sie hat auch einen besseren Grund für ihre vorsichtige Haltung im VW-Skandal als die *Wolfsburger Allgemeine*: Sie hat es nämlich mit den Enthüllungen über VW schon einmal versucht – und schlechte Erfahrungen damit gemacht. Die Geschichte ist geradezu ein Lehrbuchbeispiel für mutigen Lokaljournalismus – und für die Folgen.

Am 15. August 2003 platzte eine mittelschwere Bombe in der VW-Region um Braunschweig, Wolfsburg und Salzgitter. In der *Braunschweiger Zeitung* stellte ein kecker Journalist die provokante Frage: »Wohin steuert VW?« Die Überschrift prangte fett und provozierend auf der Titelseite des Blattes. Darunter die nicht weniger aufreizende Zeile: »Papiere des Vorstands für die Zeit nach dem VW-Gesetz: Die Speckschicht muss weg.«

Eckard Schimpf, so der Name des Autors, verfügte über engste Kontakte zur Topetage des Konzerns. Mit Übervater Piëch, damals schon Aufsichtsratsvorsitzender, verband ihn eine enge Männerfreundschaft. Auch Vorstandschef Pischetsrieder pflegte mehr als formelle Kontakte zu Ecki Schimpf, wie ihn seine Freunde nennen. Und Ecki, ein über die Grenzen der Region bekannter ehemaliger Rennfahrer und Autor überaus lesenswerter Bücher zur Historie der Stadt Braunschweig, hatte an jenem 15. August scheinbar der Teufel geritten. Er legte nämlich sofort mit einem zweiten Artikel auf Seite 3 nach. Titel: »Selbstbedienungsladen vor der Schließung«.

In beiden Artikeln wimmelte es nur so von VW-Interna. Artikel Nummer Eins startete mit der Information, in Führungskreisen gäbe es vertrauliche »Strategiepapiere« und »Stabsspiele«, wonach sich besonders die Standorte Braunschweig und Salzgitter auf gravierende Veränderungen gefasst machen müssten. Es sei so gut wie unmöglich, gegen das Land Niedersachsen und die Gewerkschaft Entscheidungen zu fällen. Die Strategiepapiere, die der Redaktion zum Teil vorlägen, spielten den Ernstfall durch: »Was passiert, wenn der jetzige Schutzmechanismus eine noch stärkere VW-Globalisierung nicht mehr verhindern kann und wenn VW dem Wettbewerb wie jeder andere Konzern in Europa ausgesetzt ist?« Eine durchaus interessante Frage. Die Antwort der »Stabsspiele« sei eindeutig: Die Speckschicht müsse weg. Noch sei VW ein Zehnkampf-Champion, der gefesselt in der Hocke sitze. Daher seien bittere Einschnitte nötig:

- Die hohen Haustarif-Löhne müssten absacken.
- Die Zahl der Mitarbeiter müsse schrumpfen.
- Viele Privilegien müssten fortfallen, zum Beispiel die Pausen, die Freistellungen und der Sonderurlaub.
- Auch die hohen Alterspensionen, die 47 Prozent des letzten Bruttolohnes betragen können, seien kaum noch lange darstellbar.
- Und: Es werde länger gearbeitet werden müssen.

Die Krönung lieferte Schimpf am Ende seines Hintergrundberichtes auf Seite 3. Allein im Werk Wolfsburg gäbe es 67 Betriebsräte (in der ganzen VW AG 254) und außerdem 1900 Vertrauensleute. Diese seien nicht als vollwertige Mitarbeiter anzusehen, weil sie »ständig mit irgendeinem Betriebsratsauftrag unterwegs seien und auch noch andere von der Arbeit abhielten«. Dafür habe man mit dem Konzern 300 000 Freistunden vereinbart. Das entspreche 300 Full-Time-Jobs. So gehe es nicht mehr weiter. Vorbei seien die Zeiten, als Abgesandte des Betriebsrates abends die beleuchteten Fenster in der Abteilung FE (Forschung und Entwicklung) notierten und die freiwillig länger Arbeitenden daraufhin mit »Büroverbot« belegt wurden. Das war für die Zeitung – und für VW – verdammt starker Tobak.

Die Quelle für diese Artikel war so transparent, dass man sich nur wundern konnte über so viel Mut – oder Übermut. Informationslieferant konnte nur die Vorstandsetage gewesen sein. Und zwar ganz oben. Das hätte sich sonst kein Mensch in Wolfsburg getraut. Bernd Pischetsrieder, der damals neue Chef, residierte zwar schon in Wolfsburg, war aber noch nicht ganz angekommen im System VW. Allen Insidern war also sofort klar: Hier hatte der Chef höchstpersönlich den Stein ins Wasser werfen lassen. Er wollte wohl einmal testen, wie so etwas in der VW-Region ankommt. Und bei der *Braunschweiger Zeitung* gab es dafür nicht nur den passenden Autor, Eckard Schimpf, sondern auch den passenden Chefredakteur: Paul-Josef Raue hatte erst zwei Jahre zuvor dort angefangen. Der renommierte Mitautor mehrerer Journalismus-Lehrbücher war wie Pischetsrieder kein Gewächs der Region und auch wie dieser noch nicht Teil des VW-Systems. Und für einen Chefredakteur, der nach journalistischen Kriterien urteilt, ist ein solches Insiderpapier aus der Topetage des größten Arbeitgebers vor Ort natürlich hoch attraktiv.

Die Wirkung des publizistischen Sprengsatzes übertraf alle Erwartungen. Für die IG Metall, die sofort den Absender identifiziert hatte, war das wie eine offene Kriegserklärung. Den Krieg erklärte man aber nicht dem VW-Chef, von dem die Informationen stammen mussten, sondern dem Überbringer der schlimmen Nachrichten – Ecki Schimpf und der *Braunschweiger Zeitung*. Zum Glück für die Überbringer der VW-Nachrichten ist das Abschlagen des Kopfes heutzutage nicht mehr erlaubt. Doch auch unterhalb dieser Schwelle gibt es eine Reihe interessanter Interventionsmöglichkeiten.

Die IG Metall fühlt sich gekränkt …

Noch am selben Tag meldeten sich die Vertreter der IG Metall aus dem VW-Werk Braunschweig. Dem Chefredakteur flatterte ein zweiseitiger Brief auf den Tisch, der sich gewaschen hatte. Darin war zu lesen:

»Sehr geehrter Herr Raue, mit großem Unverständnis und Verärgerung haben wir, die Vertrauensleute bei Volkswagen in Braunschweig, gemeinsam mit unseren Betriebsräten und in der IG Metall Verwaltungsstelle, auf unserer IGM Vertrauensleuteversammlung die Artikel ›Wohin steuert VW?‹ und ›Selbstbedienungsladen vor der Schließung‹ in der Ausgabe 15. 08. 2003 zur Kenntnis genommen. Insbesondere hat uns verärgert, dass beide Artikel vor Ideologie nur so strotzen, den tatsächlichen Gegebenheiten widersprechen und darüber hinaus das Engagement der hier beschäftigten Kolleginnen und Kollegen diskreditieren.

Vertrauensleute sind, übrigens auch aus Sicht des Unternehmens, Bestandteil der bei Volkswagen gewachsenen und erfolgreichen Unternehmenskultur. Die Behauptung, Vertrauensleute seien keine vollwertigen Mitarbeiter und hindern andere bei ihrer Arbeit, egal ob von einem Redakteur oder, wie hier behauptet, von einem Abteilungsleiter von Volkswagen geäußert, empfinden wir als zutiefst ehrverletzend und weisen sie entschieden zurück.

Mit dem flexiblen Tarifsystem und der 28,8-Stunden-Woche ist es Volkswagen Mitte der Neunzigerjahre gelungen,

30 000 Entlassungen in unserer Region zu verhindern und in den folgenden Jahren die höchsten Gewinne in der Unternehmensgeschichte einzufahren.

Ihre oben benannten Artikel lassen den Schluss zu, dass die Redaktion der *Braunschweiger Zeitung* es für besser gehalten hätte, die 30 000 Kolleginnen und Kollegen wären damals entlassen worden. Für uns ist es absolut unverständlich, dass eine der Region verpflichtete Zeitung den Kräften die Bahn ebnet, die offensichtlich ihre eigenen Gewinninteressen höher setzen als die Entwicklung der VW-Standorte, ihrer Beschäftigten und letztendlich unserer gesamten Region.«

… der Betriebsrat fährt eine Abo-Kündigungs-Kampagne

In den nächsten Tagen lief eine Kampagne an, wie sie das eher betuliche Regionalblatt noch nie erlebt hatte. Es hagelte Abonnementskündigungen. Kein Wunder, wenn der VW-Betriebsrat dazu aufruft, die Abos der *Braunschweiger Zeitung* systematisch aufzugeben. Die ganze Region schien zu beben. Eckard Schimpf steckte Prügel ein wie noch nie in seinem Journalistenleben. Er bekam Anrufe der übelsten Art. Man drohte ihm nicht nur, sein Auto zu demolieren, sondern tat es auch. Nicht nur das: »Wir stecken dir die Bude über dem Kopf an«, war die nächste Drohung aus dem Gewerkschaftslager. Die Polizei riet Schimpf, Vorsicht walten zu lassen. Diese Art der Drohungen aus der Ecke gewerkschaftlicher Hardliner sei nicht zu unterschätzen. Schimpf, der schreibende Unglücksrabe, hätte fast seine Existenz und die seines Arbeitgebers aufs Spiel gesetzt. Und das mit Unterlagen aus dem VW-Vorstand.

Um das Schlimmste abzuwenden, begab sich eine Delegation des Betriebsrates der Zeitung zu ihren Gewerkschaftskollegen bei VW. Dort verdeutlichte man den aufgebrachten VW-Werkern, dass man ebenfalls gezwungen sei, Stellen abzubauen, wenn die VW-Beschäftigten die heimische Presse boykottierten. Das sahen die Gewerkschafter des Konzerns am Ende ein und ließen von ihrem Boykott-Aufruf ab. Die Zeitungs-Betriebsräte hatten das Blatt gerettet. Das verdeutlichten sie umgehend ihrer Geschäftsführung.

Doch auch die Redaktion bemühte sich um eine Wiederbelebung des einst so guten Verhältnisses zu Volkswagen. Man verfasste Ruhmesmeldungen über VW ohne Ende. Dazu hat man in der *Braunschweiger Zeitung* den bekennenden IG-Metall-Sympathisanten Klaus Sievers. So übten sich alle in Schadensbegrenzung. Die Region kam langsam wieder auf die Füße. Und auch Herr Pischetsrieder stritt – selbstverständlich – alles ab. Nie habe er so etwas in die Welt gesetzt. Die Gewerkschaft war wieder beruhigt. Pischetsrieder hatte verstanden und war ebenfalls ruhig – und blieb es fürderhin. Endlich war auch er angekommen im System VW.

Mitarbeiter

Mit korrupten Menschen und ebensolchen Strukturen kennt sich Holger Hildebrandt von Amts wegen aus. Er ist Hauptgeschäftsführer des Bundesverbandes Materialwirtschaft, Einkauf und Logistik e.V. in Frankfurt. Und im Einkaufsbereich gibt es nun mal die mit Abstand meisten jener Gelegenheiten, die Diebe machen. Alleine beim Einkauf der öffentlichen Hand ist deswegen laut Hildebrandt von einem jährlichen Schaden in Höhe von 5 Milliarden Euro auszugehen. Das entspricht 2 Prozent des gesamten öffentlichen Beschaffungsvolumens in Höhe von rund 250 Milliarden Euro. Für Hildebrandt ist der entscheidende Faktor bei der Korruptionsbekämpfung der Umgang des Unternehmens mit intern bekannt werdenden Fällen. Es reiche nicht, »den Umstand von kriminellem Verhalten lediglich zu beklagen, wenn sich die Öffentlichkeit dafür interessiert«. Dabei sei es unerheblich, wer den ersten Schritt zur Bestechung anstößt. Entscheidend sei, seitens der Unternehmensleitung vehement zu demonstrieren, dass auf Fehlverhalten unweigerlich Konsequenzen folgen – und zwar für jeden Mitarbeiter.

Der Ehrliche ist das Problem

Solange die oberste Etage sauber agiert, gibt es also die Chance, ein Unternehmen auch bis ganz nach unten sauber zu führen. Umgekehrt können selbst an sich kleine Beträge, mit denen die Topmanager Schindluder treiben, sich auf die Gepflogenheiten im gesamten Unternehmen auswirken. Je mehr sich herumspricht, dass die da oben sich selbst bedienen, desto geringer werden die Hemmungen für die da unten, es ihnen gleichzutun. Und so wird jeder sich selbst der Nächste, bis am Ende nicht mehr der Unehrliche das Problem ist, sondern der Ehrliche. Dann findet sich die mit weitem Abstand größte Zahl von korrupten Komplizen der Führungsetage – unter den Mitarbeitern des eigenen Konzerns.

Dass bei VW zumindest im Werk Kassel der Ehrliche das Problem ist, dürfte im bisherigen Verlauf des Buches deutlich geworden sein. Dass es sich hierbei um ein systematisches Problem handelt, zeigt sich vor allem daran, wie im Konzern mit erwiesenen Unehrlichkeiten umgegangen wird. Jeder, der dem Unternehmen geschadet habe, werde konsequent zur Rechenschaft gezogen, sagte Bernd Pischetsrieder im Juli 2005 – als nur noch die Flucht nach vorne half. Bei der Schmiergeldaffäre, die 1997 bei Škoda aufflog, machte zumindest das, was öffentlich wurde, nicht den Eindruck einer konsequenten Aufarbeitung. Auch das Stöhnen über korrupte VW-Einkäufer, das ich nach wie vor von Zulieferern höre, lässt daran zweifeln, dass die Wolfsburger Zentrale mit korrupten und kriminellen Elementen in den eigenen Reihen tatsächlich aufräumt.

»Mister 10 Prozent« kassiert seine Mitarbeiter ab

Besonders gut belegt ist wieder einmal ein Fall aus dem Werk Kassel. Es geht um zwei Mitarbeiter, die sich bereits in den Achtzigerjahren an derjenigen Stelle in den Geldfluss zwischen Unternehmen und Beschäftigten hineindrängten, an der dieser besonders leicht beeinflussbar ist – beim Vorschlagswesen. Der eine, Unterabteilungsleiter Karl-Heinz B., machte sich VW-intern einen Namen als »Mister 10 Prozent«: Bei Verbesserungsvorschlägen, die von seinen Untergebenen eingereicht wurden, kassierte er 10 Prozent der zugesprochenen Prämien, ohne dass es dafür eine andere Begründung gegeben hätte als seine Machtposition als direkter Vorgesetzter.

Dieses Nebengeschäft wurde Anfang der Neunziger von einem der betroffenen Mitarbeiter aufgedeckt. Die an sich logische Konsequenz wäre gewesen, B. fristlos zu feuern und den betrogenen VW-Beschäftigten entweder dabei zu helfen, ihr Geld zurückzubekommen – oder es ihnen nachzuzahlen. VW hätte den so doppelt gezahlten Betrag dann beim ertappten Manager wieder eintreiben können. Im Fall der 2 Millionen an Vashishta Wahan gezahlten Euro ging das ja auch so.

In Kassel jedoch ging der Fall anders aus. Der Betriebsrat sorgte dafür, dass B. gegen eine Zahlung von 10 000 Mark an VW seinen Job behalten durfte. Die Mitarbeiter, denen er einen Teil der ihnen zustehenden Prämie abgepresst hatte, bekamen hingegen keinen Pfennig zurück. Zwar hätte jeder der Betroffenen angesichts der klaren Faktenlage »Mister 10 Prozent« auf Herausgabe des Geldes verklagen können, aber an dieser Art von Wirbel war dem Konzern nicht gelegen, daher die unverblümte Warnung von VW und Betriebsrat: Sollte jemand das erpresste Geld einklagen oder Anzeige erstatten, werde er seinen Job verlieren. Im Ergebnis kam der überführte Übeltäter mit einem blauen Auge davon, und die Opfer schauten durch die Finger. Wem wäre es da zu verdenken, wenn er das nächste Mal lieber Täter als Opfer sein möchte?

100 Prozent sind mehr als 10

Aber Mister 10 Prozent ging noch einer weiteren Nebenbeschäftigung nach. Zusammen mit einem Komplizen namens Achim G. reichte er viel versprechende Verbesserungsvorschläge seiner Mitarbeiter gleich selbst ein und lehnte die der Untergebenen ab. 100 Prozent sind eben noch mehr als 10.

Einer der Fälle betraf 1988 einen Verbesserungsvorschlag von Holger Sprenger. Es ging um eine technische Vorrichtung, mit der eine vollautomatische Getriebemontagelinie auch beim Ausfall der Steuerung einer Roboterstation weiterlaufen konnte. Obwohl die Idee umgesetzt werden sollte, wurde der Verbesserungsvorschlag am 16. Dezember 1988 abgelehnt. Und zwar von Achim G. – der danach gemeinsam mit Mister 10 Prozent einen nahezu identischen Vorschlag einreichte. Als Sprengers ursprüngliche Lösung – mit vollem Erfolg – an der B80-Montagelinie zum Einsatz kam, machte dieser 1991 eine Eingabe beim Vorschlagswesen. Die wurde prompt abgelehnt. Begründung: Es bestünde kein technischer Zusammenhang zwischen der Lösung und Sprengers Idee. Unterzeichner des abschlägigen Bescheids: Achim G. Im Juli 1992 unterschrieb der noch eine weitere Ablehnung: »Die Geräte wurden damals auf mündliche Anweisung des H. Westerkamp Ende 1987 angefertigt … Da die Anweisung mündlich gegeben wurde, existieren keine Unterlagen.« Praktisch für G., dass Westerkamp nicht mehr dazu Stellung nehmen konnte, da er inzwischen verstorben war.

Danach war Sprengers gesamte Akte mehr als fünf Jahre bis Oktober 1997 verschwunden. Das Vorschlagswesen konnte oder wollte weder die Akte noch das Duplikat auffinden. Erst als Sprenger genügend Unterlagen und Zeugenaussagen gesammelt hatte, um den Zusammenhang zwischen seinem ursprünglichen Vorschlag und der später verwirklichten Umsetzung nachweisen zu können, und dazu noch ankündigte, seine Prämie einklagen zu wollen, wurden seine VW-Kollegen aktiv. Plötzlich kam Bewegung in die Angelegenheit. Im Dezember 1998 erhielt Sprenger vom VW-Vorschlagswesen mit »herzlicher Gratulation« die Mitteilung, sein »Verbesserungsvorschlag 4185. Monatgelinie B80, Antriebsmot. d. Schn.« von 12. Februar 1988 sei nunmehr, mehr als zehn Jahre später, »von der Vorschlagskommission positiv beurteilt worden«. Als Prämie wurden 35 360 Mark festgesetzt und ausgezahlt.

Halunken werden nicht gefeuert, sondern befördert

Nach Sprengers Berechnungen hätte die Prämie mehr als doppelt so hoch ausfallen müssen. Also fragte er nach und bekam zur Antwort: Da die Kollegen B. und G. bereits eine Prämie erhalten hätten, stünde ihm jetzt nur noch die Hälfte zu. Wenn ein Unternehmen rigoros gegen all diejenigen vorgehen möchte, die dem Unternehmen geschadet haben, und wenn sich durch die Faktenlage eindeutig ergibt, dass zwei Mitarbeiter sich vor zehn Jahren mit fremden Federn geschmückt hatten, müssten diese auch nach dieser langen Zeit gekündigt oder zumindest degradiert werden. Nicht so bei VW. Dort wurde Sprenger mitgeteilt, die Rechtsabteilung gehe nicht mehr gegen G. vor, da er mittlerweile Abteilungsleiter geworden sei. Die Konzernrevision schloss sich in ihrem Bericht 2003 dieser Sprachregelung an: »Ein Vorgesetzter hatte mit einem Kollegen 1988 einen gleich lautenden Verbesserungsvorschlag eingereicht, der mit dem von Herrn Sprenger zusammengefasst und prämiert wurde.« Und: »Ein Schaden aus der verzögerten Abwicklung ist Herrn Sprenger nicht entstanden, da alle beanstandeten Verbesserungsvorschläge prämiert wurden.«

Ein Zyniker könnte einwenden, dass ja dem Unternehmen noch nicht unbedingt ein Schaden entstehe, nur weil ein Mitarbeiter um einen Teil der ihm zustehenden Prämien geprellt werde. Für Sprenger wäre es mehr als nur ein Teil gewesen: Hätte er zehn Jahre zuvor seine volle Prämie von 70 000 D-Mark erhalten, wäre 1998 mit Zinsen knapp das Doppelte auf seinem Konto gewesen. Moralisch lässt sich dagegen argumentieren: Natürlich nimmt ein Unternehmen Schaden, wenn es kriminelles Verhalten seiner Beschäftigten durchgehen lässt. Und ökonomisch lässt sich argumentieren: Wenn Mitarbeiter sehen, dass ihnen der ihnen zustehende Lohn für Erfindungen und Verbesserungsvorschläge von den »lieben Kollegen« abspenstig gemacht wird, sinkt natürlich die Motivation, sich Innovationen für das Unternehmen auszudenken. Die pfiffigsten – und wertvollsten – Köpfe würden sich schließlich vom Unternehmen ab und an einen Konkurrenten wenden, der Kreativität und Innovationsgeist besser honoriert. So weit so korrekt. Aber der direkte Nachweis, dass es dem Unternehmen nachrechenbar schadet, Führungskräfte gewähren zu lassen, die ihre Mitarbeiter ausplündern, gelingt in der Regel nicht.

»Wer lehnt unseren Vorschlag ab? Befürworten!«

Im VW-Werk Kassel allerdings schon. Denn die Komplizen B. und G. haben sich nicht darauf beschränkt, sich auf Kosten von Untergebenen zu bereichern. Sie haben selbstverständlich auch versucht, das Unternehmen zu schröpfen. Und zwar mit einem nachgerade absurden »Verbesserungsvorschlag«, den die beiden einreichten: Eine automatische Schraubstation, die zwei verschiedene Getriebetypen komplett verschraubte, sollte abgerissen und durch eine andere ersetzt werden, die nicht vollautomatisch arbeitet, sondern drei zusätzliche Mitarbeiter benötigt. Der völlig unwirtschaftliche Vorschlag wurde abgelehnt, die Ablehnung mit der Akte in die Hauspost zum Vorschlagswesen gegeben.

Von dort fischten die Komplizen die Akte wieder heraus. Dem zuständigen Sachbearbeiter legten sie sie zurück in sein Fach, obendrauf einen Zettel, auf dem stand: »Klaus was soll das? Wer lehnt unseren Vorschlag ab? Befürworten!« Die Handschrift erkannte der Sachbearbeiter als die von Achim G. Die vom Hauptabteilungsleiter unterschriebene ablehnende Stellungnahme war durchgestrichen, G. hatte darunter seine »Befürwortung« verfasst, die der Sachbearbeiter abtippte und an die Akte heftete.

In jedem auch nur ansatzweise auf Selbstachtung und Selbsterhalt orientierten Unternehmen dürften solche Mitarbeiter das Firmengelände nicht mehr betreten. Und bei VW? Bei Volkswagen wurden beide Komplizen zu leitenden Angestellten befördert.

»Das kann kein Zufall mehr sein!«

Es kann natürlich sein, dass es im Kasseler VW-Werk eine besondere kriminelle Energie gibt. Darauf deutet die Äußerung der Mobbingexpertin Ricarda Rolf hin, die sich um mehrere VW-Mitarbeiter im zu Kassel gehörenden Werk Baunatal kümmerte. Am 25. November 2004 schrieb sie auf ihrer Website www.mobbing-zentrale.com: »War ich bisher geneigt zu unterstellen, dass der Betriebsrat Baunatal lediglich unfähig ist, wenn es um Mobbing geht, muss ich nun davon ausgehen, dass dort bewusst gelogen wird und die Dinge in der Öffentlichkeit bewusst falsch dargestellt werden.« Hierzu wiederum passt, dass der Kasseler Betriebsratsvorsitzende Gerhard Kakalick im Mai 2004 nur durch Zahlung von 1000 Euro an eine soziale Einrichtung eine Anklageerhebung wegen Verletzung der Schweigepflicht abwenden konnte: Über einen Mitarbeiter, der den Betriebsrat um Hilfe gebeten hatte, hatte er sich anderen Mitarbeitern gegenüber abfällig geäußert.

Auch wenn VW-Kassel eine herausragende Rolle im Volkswagen-Sumpf spielen sollte – die Ereignisse dort sind kein abschreckendes Einzelbeispiel, sondern die Spitze des Eisbergs. Alleine bei Ricarda Rolfs Mobbingzentrale haben sich nach deren Angaben aus dem Kreis der VW-Mitarbeiter »über 70 Betroffene gemeldet. Alle erzählen mir dieselbe Geschichte. Das kann kein Zufall mehr sein!« Und die Reaktionen aus dem Konzern? Die sind laut Ricarda Rolf schlicht skandalös: »Ihr habt bei VW eine Betriebsvereinbarung. Damit wird geworben. Dann darf auch erwartet werden, dass sich alle daran halten – auch Betriebsräte und Vorstände. Beschwerden einfach nicht zu bearbeiten, Briefe nicht zu beantworten – das ist nicht o. k.! Hier wird totgeschwiegen. Alle ziehen sich aus der Verantwortung – ganz voran Herr Pischetsrieder.«

Gegen die Wand

»Werte schaffen Werte«, verkündete der VW-Geschäftsbericht 2003, um sieben Leitsätze anzumoderieren, die der damals neue Konzernchef Bernd Pischetsrieder der Volkswagen AG verordnete, damit sie »der Unternehmenskultur ihren Rahmen geben«. Seine Begründung dafür: »Die Kunst guter Führung ist, seinen Mitarbeitern Maßstäbe an die Hand zu geben, anhand derer sie die Richtigkeit ihrer Entscheidungen selbst beurteilen können, und sie dazu anzuhalten, diesen Freiraum auch zu nutzen.« Solche Leitsätze, auch Leitbilder oder Visionen genannt, sind bei Großkonzernen derzeit groß in Mode. Ob sie jenseits monatelanger Beschäftigung ganzer Heere von Stabsmitarbeitern und Strategieberatern wirklich etwas bringen, lässt sich kaum beweisen. Das schamhaft verschwiegene Vorbild für diese Mode hat jedenfalls nichts bewirkt: die Spruchbänder und Losungen, mit denen die sozialistischen Planwirtschaften ihre Arbeiter zu verantwortungsvoller und gewissenhafter Normerfüllung anhielten. Einer dieser Sprüche in der DDR selig hieß beispielsweise: »Jeder liefert jedem Qualität.« Das unterscheidet sich allenfalls durch die prägnante Formulierung vom VW-Leitsatz: »Alle Mitarbeiter handeln stets so, dass am Ende einer Prozesskette eine Wertsteigerung steht. Konsequentes Denken in Prozessen und regelmäßige Rückkopplung zwischen den Prozessbeteiligten unterstützen diese Wertorientierung.«

Eigentlich sollte es eine Selbstverständlichkeit sein, dass die Mitarbeiter Werte schaffen, statt sie zu vernichten. Bei VW aber ist das offensichtlich überhaupt nicht selbstverständlich. Das zeigen nicht nur die jüngsten Skandale, sondern auch eine Geschichte aus dem Jahr 1991, als in Wolfsburg die Welt noch in Ordnung schien und die größte anzunehmende Indiskretion nicht die Veröffentlichung von Spesenrechnungen für Privatvergnügen war, sondern die Enthüllung eines noch supergeheimen neuen Modells – lange vor dem geplanten Termin. Ein solches Fahrzeug nennt man in Expertenkreisen einen »Erlkönig«. Hin und wieder sieht man in *Stern* oder *Auto-Bild* unscharfe Fotos, auf denen ein merkwürdig verkleidetes Auto über menschenleere Straßen fährt, und man braucht schon den Begleittext dazu, um zu verstehen, dass es sich dabei um die nächste Generation von Astra, C-Klasse oder Mégane auf Testfahrt handeln könnte. Für einen solchen Schnappschuss legen sich Erlkönig-Jäger wochenlang am Ende der Welt auf die Lauer und nehmen vielerlei Unbill und Gefahren in Kauf. Ein Fotograf der *Braunschweiger Zeitung* konnte jedoch im Herbst 1991 in aller Seelenruhe und Schärfe den neuen VW Passat abschießen, der erst ein ganzes Jahr später auf den Markt kommen sollte. Und das nicht in Feuerland oder der Hohen Tatra, sondern in Braunschweig-Riddagshausen.

Und das kam so: Im stilvollen Ambiente des in Riddagshausen gelegenen ehemaligen Zisterzienserklosters unterhielt die Volkswagen AG das konzerneigene VW Management Marketing Institut (MMI). Der Fotograf hatte dort gemeinsam mit einem Redakteur einen Termin, von Erlkönigen war dabei überhaupt keine Rede. Als sie ankamen, fanden sie die Einfahrt auf das altehrwürdige Klostergut allerdings geschlossen. Sie parkten ihren Wagen neben dem Tor – und auf dem Parkplatz neben ihnen stand jener Passat Kombi, der nicht nur nagelneu war, sondern auch gar nicht so aussah wie die Passats, die sonst auf der Straße herumfuhren. Eine solche Chance bekommt man nicht alle Tage, dachte sich der Redakteur und bat den Fotografen, seine Kamera in Stellung zu bringen. Der nahm sich den Erlkönig aus allen Ecken und Perspektiven vor. Kein Mensch weit und breit, der ihn davon hätte abhalten können. Dann trat auch noch der Wärter des angrenzenden Zisterziensermuseums auf die Straße und sagte beiläufig: »Wären Sie eine halbe Stunde früher da gewesen, hätten Sie den neuen Golf auch fotografieren können. Aber den haben sie noch reingefahren.«

Was war geschehen? Im Management Marketing Institut sollte an jenem Wochenende ein Treffen der Topmanager des Konzerns stattfinden. Daher wurden am Samstagvormittag die neuen Modelle bereitgestellt. Der Vorstand sollte die Erlkönige begutachten. Herantransportiert wurden sie in Spezialfahrzeugen der Wolfsburger Spedition des heutigen Oberbürgermeisters Schnellecke. Aus Konzernsicht zu einem äußerst ungünstigen Zeitpunkt: Erst kurz vor 12 Uhr standen alle neuen Fahrzeuge vor dem Kloster. Der Golf und die anderen neuen Modelle rollten noch durch das Tor des MMI – nur der Passat schaffte es nicht mehr rechtzeitig. Der VW-Pförtner hatte nämlich ab 12 Uhr frei (ob Feierabend oder Mittagspause, war nicht in Erfahrung zu bringen) und weigerte sich, den neuen Passat noch hinter die Klostermauern zu lassen. Der Fahrer des Autotransporters bestand jedoch auf seinem Auftrag, alle Autos abliefern zu müssen. Es kam zum Disput zwischen Fahrer und Pförtner, beide schalteten auf stur, der Torwächter schloss ab, der Fahrer ließ den Wagen auf der Straße stehen und kehrte zurück nach Wolfsburg. So stand der brandneue Passat vor dem verschlossenen Klostertor.

Die Bilder des Erlkönigs wurden bundesweit veröffentlicht. Der Schaden für VW war riesengroß, weshalb man die Geschichte im Konzern auch »streng untersuchte«. Ein leitender Marketingmitarbeiter musste schließlich seinen Hut nehmen, obwohl ein Zusammenhang zwischen Passat-Affäre und Personalie offiziell sorgfältig vermieden wurde. Fragen nach dem Schicksal des Pförtners begegneten die VW-Leute dagegen lachend: »Dem ist nichts passiert, der ist doch IG-Metall-Mitglied.« Wie heißt es so schön in den VW-Leitwerten: »Jeder Mitarbeiter übernimmt mit Mut, Kreativität und Fantasie Verantwortung für sein Handeln.«

Kundennähe. Höchstleistung. Werte schaffen. Erneuerungsfähigkeit. Respekt. Verantwortung. Nachhaltigkeit. So heißen seit 2003 Pischetsrieders sieben hehre Prinzipien für VW. Ich hege starke Zweifel, dass sie tatsächlich die Unternehmenskultur des Konzerns prägen. Ich bin mir aber sehr sicher, dass der Konzern sie dringend brauchen könnte – um angesichts der prekären Situation, in der sich das Unternehmen befindet, einen Systemcrash zu verhindern.

Zu teuer

Für das Jahr 2008 plant die indische Automobilfirma Tata Motors den Marktstart eines ganz besonderen Autos. Sein Name: 1 Lakh, auf Deutsch heißt das 100 000, und damit trägt es sein Preisschild als Markenzeichen: Für 100 000 Rupien soll der Wagen überall in Indien zu haben sein und so auch Bevölkerungsschichten den Kauf eines eigenen Autos ermöglichen, die bisher nicht einmal von einem solchen Luxus zu träumen wagen. Zum derzeit aktuellen Wechselkurs sind 100 000 indische Rupien etwa 1700 Euro.

Das ist ziemlich genau der Unterschied bei den Listenpreisen zwischen einem VW Golf und einem Hyundai Matrix; der Kia Cerato als günstigstes Angebot in der Golf-Klasse ist sogar 2500 Euro billiger. Wer sich statt für VWs Hauptumsatzträger, den Golf, für einen seiner Konkurrenten entscheidet, kann für das gesparte Geld demnächst also gleich noch ein Auto kaufen: das absolute Einsteigermodell made in India. Ein erschreckender Befund für den VW-Konzern – und ein erschreckend weiter Weg für ein Unternehmen, das vor 70 Jahren angetreten war, eben jenen Bevölkerungsschichten den Kauf eines eigenen Autos zu ermöglichen, die bis dahin nicht davon zu träumen wagten, das 20 Jahre danach in Deutschland genau diese Aufgabe mit Bravour erfüllte und das weitere 20 Jahre später in Mexiko und Brasilien mit demselben Käfer dasselbe Wunder gleich ein zweites Mal vollbrachte. Die Motorisierung der Schwellenländer von Mitteleuropa bis Mittelamerika war jahrzehntelang die Kernkompetenz von VW – und jetzt?

Vorbei. Schon für den chinesischen Markt baute VW keine Volks-, sondern den Bonzenwagen Santana. Auch in Indien droht die Massenmotorisierung ohne Beteiligung von VW stattzufinden – und das nicht etwa, weil ein Škoda-Personalvorstand namens Helmuth Schuster sich bei »Vashishta Wahan« privat bedienen wollte. Immerhin gibt es jetzt wenigstens ein Projekt, das wie ein direkter Konter auf Tatas »1 Lakh«-Konzept wirkt: das 3-K-Projekt. 3-K steht für 3000 Euro, dementsprechend soll der Wagen ein preisgünstiges und geräumiges Einstiegsautomobil für die Entwicklungsländer werden. Ab 2008 soll das Auto zunächst in China, später auch in Indien auf den Markt kommen. Allerdings ist der gegenüber Tata knapp doppelt so hohe Preis nicht die ganze Wahrheit: Die 100 000 Rupien oder 1700 Euro sind bei Tata als Verkaufspreis geplant – die 3000 Euro bei VW als Herstellungskosten. Inklusive der Handelsspanne des Vertriebs und der Gewinnmarge des Konzerns, ohne die das Projekt sicher nicht verwirklicht wird, dürfte man am Ende eher bei 4-K als bei 3-K liegen.

Kein Konzept fürs Entry Level

Die alte Kernkompetenz des Erstmotorisierers hat VW in den Industrieländern offensichtlich aufgegeben. In einer Präsentation erläuterte VW-Finanzvorstand Hans Dieter Pötsch am 19. Mai 2005 vor Finanzexperten, wie die Marken des VW-Konzerns in Relation zu den sozialen Schichten in diesen Ländern positioniert seien. Mitten durch die untersten 20 Prozent der Bevölkerung, irgendwo zwischen »Lower Income Class« und »Lower Middle Income Class« verläuft die Grenze zwischen denen, die sich ein Auto leisten können, und denjenigen, die das nicht schaffen: der »Entry Level Car Market«. Keine einzige der Konzernmarken, weder VW noch Audi noch Seat noch Škoda, kommt auch nur in die Nähe dieser Grenze, alle liegen weit darüber. Für die oberen Zehntausend hat VW inzwischen gleich drei Marken: Bugatti, Bentley und Lamborghini – für die unteren 10 Millionen hingegen keine einzige mehr. Wer heute das klassische Einsteigerauto sucht, wird im gesamten VW-Konzern nicht mehr fündig.

Ein Unternehmen, das nach wie vor Volkswagen heißt – und für das dieser Name einmal ganz wörtlich Programm war –, darf es eigentlich nicht zulassen, dass ein unterstes Preissegment ohne seine Beteiligung entsteht. Aber genau das geschah mit den Autos unter 10 000 Euro. Als sich 2004 die Meldungen verdichteten, eine ganze Reihe von Herstellern würden ihre Neuwagenpreise reduzieren, hielt Konzernchef Pischetsrieder arrogant dagegen: Wer nicht mehr als 8000 Euro für ein Auto ausgeben möchte, solle sich eben einen Gebrauchten kaufen. Eine klare Absage an die traditionelle Stammkundschaft – offenbar mit spürbaren Folgen für den Konzern. Denn 2005 bewegt sich VW nun doch, allerdings eher widerwillig, mit dem aus Brasilien importierten Fox in diese Preiskategorie hinein.

Wie groß der Abstand zwischen den VW-Marken und denen anderer Hersteller unterdessen geworden und wie notwendig dieser Schritt daher ist, zeigt die jüngste Autokostentabelle des ADAC (Stand April 2005), die den Fox noch nicht berücksichtigt. Für drei der wichtigsten Faktoren – Grundpreis, Kosten pro Monat und Kosten pro Kilometer – habe ich die jeweils drei günstigsten Modelle der Tabelle herausgesucht und die Angaben für die jeweils besten Modelle der einzelnen Marken des VW-Konzerns hinzugefügt:

Grundpreis

Modell	Grundpreis in Euro
Fiat Seicento 1,1	6.950
Chevrolet Matiz 0,8	7.890
Lada 2110 1,6 8V	7.990
Audi A 2 1,4	17.000
Seat Ibiza 1,2 12V	10.800
Škoda Fabia 1,2 HTP	9.990
VW Polo 1,2	11.250

Quelle: ADAC-Autokostentabelle, Stand 04/2005

Autokosten pro Monat

Modell	Euro
Smart fortwo coupé	327
Fiat Panda 1,1	328
Daihatsu Cuore 1,0	339
Audi A 2 1,2 TDI	396
Seat Ibiza 1,9 SDI	398
Škoda Fabia 1,2 HTP	363
VW Polo 1,2	374

Quelle: ADAC-Autokostentabelle, Stand 04/2005

Kosten pro gefahrenem Kilometer

Modell	Euro-Cent
Fiat Panda 1,1	26,2
Smart fortwo coupé	26,2
Kia Picanto 1,1	27,1
Audi A 2 1,2 TDI	31,7
Seat Ibiza 1,9 SDI	31,8
Škoda Fabia 1,2 HTP	29,0
VW Polo 1,2	29,9

Quelle: ADAC-Autokostentabelle, Stand 04/2005

Natürlich ist ein VW Polo ein anderes Auto als ein Fiat Seicento oder ein Smart Fortwo. Die Tabellen sollen ja auch nicht den direkten Vergleich zeigen, sondern belegen, dass dieser direkte Vergleich gar nicht möglich ist, wenn es um die Modelle des »Entry Level« geht.

Wo ein direkter Vergleich möglich ist, zeigt er, dass VW in jeder Produktkategorie ein Preisproblem hat. Nehmen wir als Beispiel die Golf-Klasse, in der noch immer die entscheidenden Schlachten für den Konzern geschlagen werden. Ich habe hier für neun vergleichbare Modelle (jeweils 1,6 Liter Hubraum, zwischen 74 und 77 Kilowatt) aus der ADAC-Tabelle die Daten für Grundpreis (in Euro) und die vier zentralen Kostenblöcke (in Euro pro Monat) übernommen:

Autokosten in der Golf-Klasse

Modell	Preis	Fixkosten	Werkstattkosten	Betriebskosten	Wertverlust	Gesamtkosten
Kia Cerato	14.100	109	45	121	187	462
Hyundai Matrix	14.990	96	34	125	197	452
Seat Leon	15.130	101	50	125	189	465
Ford Focus	15.625	87	48	118	187	440
Škoda Octavia	15.690	93	49	125	188	455
Opel Astra	16.560	88	48	118	190	444
Mazda 3	16.590	93	40	125	190	448
VW Golf	16.625	91	36	126	183	436
Audi A 3	19.100	90	45	123	195	453

Quelle: ADAC-Autokostentabelle, Stand 04/2005

Vor allem durch den geringen Wertverlust ist der Golf noch immer das Auto seiner Klasse, das die niedrigsten monatlichen Kosten verursacht. Dafür jedoch muss der Golf-Käufer eben mehr als jeder andere auf den Tisch des Händlers blättern – wenn man den Audi A 3 nicht als direkte Konkurrenz wertet. Und ob die 4 Euro, die der Golf pro Monat günstiger als ein Ford Focus ist, den 1000 Euro höheren Kaufpreis wert sind? Rein rechnerisch amortisieren sie sich jedenfalls erst nach 21 Jahren. Wenn jetzt noch die Wertstabilität, eine Art Vertrauensprämie für das Zuverlässigkeitsimage der Wolfsburger, weiter abbröckelt, fällt das letzte »vernünftige« Kaufargument für VW. Das Bröckeln begann schon vor den aktuellen Skandalen und wird durch den gegenwärtigen Zustand des Konzerns und der Marke eher beschleunigt als gebremst.

Produktivitätsschlusslicht Emden

Wer trotz höherer Preise als die Konkurrenz keine höheren, sondern, wenn überhaupt, niedrigere Gewinne als die Wettbewerber einfährt, hat ein Problem. Und zwar ein Kostenproblem. Nach all dem, was auf den bisherigen Seiten zu lesen war, wird das niemanden verwundern. Ein Konzern, der so wie VW wirtschaftet, also: nicht wirtschaftet, kann auf der Kostenseite niemals mit den globalen Wettbewerbern mithalten.

Die weltweiten Produktionskapazitäten des VW-Konzerns werden nicht ausgelastet. Sie liegen etwa 20 Prozent über den derzeit benötigten 5 Millionen Autos pro Jahr. Einzelne Werke, wie Wolfsburg oder Brüssel, sind noch weit weniger ausgelastet. Die prestigeträchtige »gläserne Fabrik«, in der in Dresden der Phaeton montiert wird, fuhr im Jahr 2004 sogar nur auf einem Viertel ihrer Kapazität. Trotzdem hat sich VW in der Tarifeinigung vom Herbst 2004 verpflichtet, keine Werke zu schließen.

Die Löhne in den deutschen VW-Werken liegen 20 Prozent über dem Tariflohn und 11 Prozent über den Löhnen der inländischen Wettbewerber. In den ausländischen Werken sind die Arbeitskosten bis zu 80 Prozent niedriger. Trotzdem hat sich VW darauf verpflichtet, bis 2011 in Deutschland auf betriebsbedingte Kündigungen zu verzichten.

Die Produktivität der VW-Werke liegt allenfalls im unteren Mittelfeld. Im letztmalig 2003 veröffentlichten *European Automotive Productivity Index* des World Markets Research Centre (WMRC) taucht unter 44 untersuchten europäischen Automobilwerken das beste Werk des Volkswagen-Konzerns erst auf Platz 25 auf: das Seat-Werk im spanischen Martorell mit 58 montierten Autos je Beschäftigtem und Jahr. Danach folgen auf Platz 27 das VW-Werk in Pamplona (56 Autos), auf Platz 31 das Škoda-Werk in Mlada Boleslav (48 Autos). Und in Deutschland? Wolfsburg liegt mit 42 Autos je Beschäftigtem auf Platz 37, und Emden ist mit 27 Passats das mit Abstand schlechteste aller 44 untersuchten Werke. Zum Vergleich: Die zehn besten Fabriken in der WMRC-Studie schaffen 80 oder mehr Autos je Mitarbeiter und Jahr.

Aber nicht nur die einzelnen Werke, auch der Gesamtkonzern hinkt in der Produktivität hinterher. Bei VW fertigen 325 000 Beschäftigte 5 Millionen Fahrzeuge pro Jahr. Toyota, das von Neu-Vorstand Wolfgang Bernhard immer wieder genannte Effizienzvorbild, hat nur 260 000 Beschäftigte – aber die bauen 5,8 Millionen PKW.

200 Euro pro Auto für die Betriebsrenten

Ein nicht unerheblicher Kostentreibsatz ist die VW-Altersvorsorge. Bisher hat Volkswagen für die Betriebsrenten aus eigener Kasse Rückstellungen von knapp 11 Milliarden Euro gebildet. Pro Jahr kostet die Altersvorsorge den Konzern derzeit etwa 1 Milliarde Euro. Die Hälfte davon geht in die Rentenzahlungen an die VW-Pensionäre, der Rest teilt sich auf in Beiträge an den VW Pension Trust sowie in die Aufstockung der Rückstellungen. 7,4 Prozent des Personalkosten im VW-Konzern entfallen damit auf diese Art der Altersvorsorge – die Arbeitgeberbeiträge zur staatlichen Rentenversicherung sind da noch nicht einmal mitgerechnet.

Und der Aufwand wird steigen, weil es immer mehr Betriebsrentner gibt und sie immer länger leben. Bis 2030 werde sich die Zahl der VW-Pensionäre um 30 000 auf etwa 100 000 erhöhen, rechnet das Unternehmen. Das wird auf die Kostenrechnung des Unternehmens durchschlagen – faktisch muss jeder Kunde beim Kauf eines VWs die Betriebsrenten mitfinanzieren. Rein rechnerisch heißt das: Etwa 200 Euro je Auto gehen jetzt schon aufs Konto der betrieblichen Altersvorsorge.

Gemessen an den US-Konkurrenten ist das geradezu günstig. Bei General Motors müssen vom Verkaufspreis eines Autos schon mehr als 1000 Dollar für die Renten der Pensionäre abgezweigt werden. Im Vergleich mit den Produzenten aus Fernost sind die Pensionsbelastungen für VW allerdings ein weiterer massiver Kostenblock, der von Jahr zu Jahr gewichtiger werden wird. Was tun?

2001 entschied man sich für die Auflegung des VW Pension Trust (an dem auch Helmuth Schuster, wie wir in Kapitel 1 gesehen haben, privat mitverdienen wollte): Wenn die Geldanlage an den Kapitalmärkten ordentliche Renditen bringt, muss der Konzern damit wesentlich weniger Geld beiseite legen, um später die Renten zahlen zu können. Eine Gewähr dafür gibt es natürlich nicht – dafür eine ganz besonders bittere Pille, wenn es zu einer weltweiten Rezession kommen sollte. Diese würde durch auf breiter Front sinkende Aktienkurse die Vermögenslage des Pensionsfonds drastisch verschlechtern und damit eine große Lücke zwischen investiertem und benötigtem Kapital für die Altersvorsorge aufreißen. Da Rezessionen für gewöhnlich auch die Ertragslage eines Unternehmens verschlechtern, dürfte sich dann bei VW gleichzeitig ein Milliardenloch bei den Betriebsrenten und ein Milliardenloch in der Gewinn-und-Verlust-Rechnung auftun.

Zur Verbesserung der aktuellen Ertragslage legte Bernd Pischetsrieder im März 2004 das »ForMotion«-Programm auf. Das in feinster Orwellscher Neusprechmanier »Leistungssteigerungsprogramm« genannte Sparprogramm ist die erste konzernweit angewandte Kostenbremse seit dem Sturm von 1993 bis 1995, als der damalige Neueinsteiger José Ignacio Lopez vor allem den Zulieferfirmen mit einem konsequenten Sparkurs zusetzte. Für 2005 wurde die Einsparlatte im Konzern auf 3,1 Milliarden Euro gelegt. Im ersten Quartal erreichte allerdings das ForMotion-Sparvolumen mit 684 Millionen Euro erst 88,3 Prozent des Plansolls. Die rote Laterne unter den sieben ForMotion-Themenkreisen trug dabei die »Leistungssteigerung Vertrieb«, zu der Zeit noch der Verantwortungsbereich von Peter Hartz: Von angepeilten 400 Millionen Spar-Euro im Gesamtjahr 2005 waren nach den ersten drei Monaten noch keine 40 Millionen geschafft.

Volkswagen soll oberklassig werden

ForMotion ist immerhin ein Stück Normalisierung – und seit langen Jahren das erste Indiz für ein potenzielles Umdenken im VW-Management. Unter Ferdinand Piëch an der Konzernspitze wurden die Kostenprobleme nämlich auf andere, ganz spezielle Weise gelöst, und zwar nach folgendem Rezept: Wenn die VWs nicht so billig wie die Autos der Konkurrenz zu bauen sind, muss man sich eben eine neue Konkurrenz suchen; und wenn plötzlich alle anderen in die Golf-Klasse drängen, muss sich VW eben in eine neue Klasse versetzen – Flucht nach vorne also in die Oberklasse. Bei seiner Präsentation am 19. Mai 2005 veranschaulichte Finanzvorstand Pötsch diese Strategie an einer denkbar einfachen Grafik.

Sie besteht aus zwei Bildern: VW-Marken und Sozialstruktur »heute« und »morgen«. Die Sozialstruktur »heute« ähnelt einem Wassertropfen: Von der spitzen Oberklasse verbreitet sich die Figur immer weiter bis zum Bauch bei Mittelklasse und unterer Mittelklasse, die jeweils 35 Prozent der Bevölkerung stellen. Zur Unterklasse hin (10 Prozent der Bevölkerung) wird die Figur wieder schlanker. In den dicksten Segmenten sitzen die Marken VW (Mittelklasse) sowie Seat und Škoda (untere Mittelklasse). Audi ist in der oberen Mittelklasse positioniert, Lamborghini und Bentley in der Oberklasse.

Bei »morgen« ist aus dem Wassertropfen ein Gummibärchen geworden. Gedrungener Kopf, dicker Oberkörper, darunter eine schlanke Taille und dann eine bis zu den Füßen immer breiter werdende Pyramide. Die Taille steht für eine wesentlich schmaler gewordene Mittelklasse, die sich zum kleineren Teil nach oben und zum größeren Teil nach unten abgesetzt hat. Der Druck entsteht genau an der Stelle, an der bisher VW positioniert war. Deshalb soll VW aufgewertet werden, in die obere Mittelklasse aufsteigen – also zum dicken Oberkörper des Gummibärchens. Dort wartet allerdings bereits Audi, und damit sich die beiden Marken nicht ins Gehege kommen, katapultiert man am besten Audi in die Oberklasse.

Damit ist, zumindest im Kopf, das Kostenproblem elegant aus der Welt geschafft. Wenn sich nämlich der höhere Preis für Golf, Polo oder Passat dadurch rechtfertigen lässt, dass die Konsumenten ja durchaus bereit sind, für einen VW mehr zu zahlen als für einen Ford – dann handelt es sich bei VW um ein Premiumprodukt mit Premiumpreisen. Qualität kostet. Das ist bei einer Tasche von Louis Vuitton, einem Tuch von Hermès, einer Flasche Dom Perignon, einem iPod von Apple oder bei Parmaschinken nicht anders. Da akzeptieren die Kunden fast jeden Preis – warum dann nicht auch für VWs?

Was als Kopfgeburt brillant klingt, zog in der VW-Praxis der Ära Piëch jedoch fatale Konsequenzen nach sich. Der VW-Konzern hat im vergangenen Jahrzehnt sein traditionelles Kostenproblem nicht gelöst, ja nicht einmal gemildert, sondern er hat sich gleich noch das nächste Problem direkt daneben gestellt: das Luxusproblem.

Zu abgehoben

Wenn der Volkswagen-Konzern in den nächsten Jahren in den Abgrund fahren sollte, dann dürfte in den Nachrufen ein Ereignis für den Anfang vom Ende des Unternehmens stehen: die Präsentation des Golf V im September 2003 auf der Internationalen Automobilausstellung (IAA) in Frankfurt. Es geschah zwar keine Katastrophe bei diesem so entscheidenden Ereignis. Aber es geschah eben auch sonst nichts. Der neue Golf zeigte weder von vorne noch von hinten, weder von außen noch von innen, weder beim Anschauen noch beim Probefahren auch nur irgendetwas, das erklären konnte, warum man so lang auf ihn warten musste – und warum er so viel teurer war als sein Vorgänger.

Der Geschäftsbericht von 2003 zählte die »neuen Standards« auf, die der neue Golf in den Augen des Managements in seiner Kompaktklasse setzte:

- eine neu entwickelte Mehrlenker-Hinterachse
- eine elektromechanische Lenkung
- eine »dynamische Formensprache, die seine souveränen Fahreigenschaften bestens widerspiegelt«
- eine zugluftfrei arbeitende Klimaanlage mit getrennt regelbaren Klimazonen für Fahrer und Beifahrer

Ganz nett, aber war das alles? Was war aus all den Energien geworden, die sich in den Jahren zuvor auf den fünften großen Auftritt dieses legendären Wagens hätten konzentrieren müssen? Der gesamte Konzern war doch angewiesen auf den Erfolg seines Aushängeschildes. Die Experten waren ratlos, die Autojournalisten waren ratlos, und der Werbeagentur, die den Wagen nun verkaufen sollte, ging es nicht anders.

Schmerzhafte Rabatte kurz nach Verkaufsstart

»Der neue Golf. Fährt jetzt auch geradeaus«, hieß Ende 2003 einer der Werbeslogans zum Verkaufsstart. Man hätte auch sagen können: Uns fällt zwar kein wirklicher Grund ein, warum man den neuen Golf kaufen sollte, aber kauft ihn doch einfach.

Den potenziellen Kunden fiel indes auch nichts zum neuen Golf ein. Also taten sie genau das Richtige, wenn einem keiner erklären kann, warum man ein neues Produkt unbedingt kaufen muss: Sie kauften das neue Produkt nicht. Erst mit schmerzhaftem Rabatt kam der Golf V Monate später in die Gänge – mit dem serienmäßigen Einbau der so innovativen Klimaanlage, die ursprünglich als Extra 1250 Euro kosten sollte. Trotzdem lag der Golf V auch im Jahr 2004 noch etwa 70 000 Stück hinter der geplanten Verkaufszahl von 600 000 zurück. Die im Geschäftsbericht gefeierten 711 883 produzierten Golfs zählten nämlich alle Golfs aus der vierten Generation (zum Beispiel die Cabrios) mit. Doch auch so geschönt waren es noch genau 107 072 Golfs weniger als die 818 955, die VW im Jahr 2000 produzierte.

Noch immer kaufen die Leute zu wenig Golfs – und diejenigen, die einen kaufen, zahlen nicht den Preis dafür, der zum weiteren Wohltatenverteilen nötig wäre. Eine Alternative zum Golf steht ebenso wenig in den Werkshallen – er existiert nicht einmal in den Köpfen der VW-Designer und Entwickler. So wie Ende der Sechzigerjahre VW in eine Krise geriet, weil der Käfer zu schwächeln begann und kein Nachfolger in Sicht, geschweige denn auf dem Markt war, so befindet sich der Konzern nun in der Golf-Krise: ein schwächelndes Flaggschiff und kein Nachfolger am Horizont.

Natürlich ist der September 2003 nur das Datum, an dem diese Krise nach außen hin sichtbar wurde. Der Grundstein dafür wurde 1996 gelegt. Damals bestimmte Piëch die Richtung, in die sich die vier Marken des Unternehmens entwickeln sollten: »Audi fährt gegen BMW, VW gegen Mercedes, Seat zielt auf Alfa Romeo, Škoda auf Rover und Volvo.« Was Audi angeht, war die

Stoßrichtung plausibel und vernünftig, bei Seat und Škoda war sie zumindest zweifelhaft – und für VW eine einzige Katastrophe. Vielleicht war es einfach nur Ausdruck einer herzlichen Männerfeindschaft. Der damalige Daimler-Chef Jürgen Schrempp sagte einmal laut *Wirtschaftswoche* über Ferdinand Piëch: »Mit dem würde ich nicht mal pinkeln gehen.« Immerhin solle, so die Wirtschaftszeitschrift im Jahr 2000, Piëch persönlich Autojournalisten auf die Idee gebracht haben, die A-Klasse von Mercedes dem Elch-Test auszusetzen. Vielleicht aber war es auch der bei Topmanagern immer wieder ausbrechende Cäsarenwahn. Jedenfalls musste der Versuch, VW gegen Mercedes zu steuern, in Wolfsburg einen kapitalen Motorschaden erzeugen – so unterschiedlich sind die beiden Marken sowohl in der Außenwahrnehmung als auch in der jeweils dahinter stehenden Unternehmenskultur.

Das keusche Auto schlechthin

Mercedes heißt im Volksmund »die eingebaute Vorfahrt« – ein Synonym für die Arroganz der Macht, für Stärke und Potenz, eine durch und durch männliche Marke. Das Image von VW ist dagegen, nein, nicht etwa weiblich, sondern durch und durch asexuell. Der *Zeit*-Feuilletonist Jens Jessen formulierte es im Juli 2005 besonders prägnant: »Die ganze biedere, steifleinerne Firma, die sich zu einem Tugendmodell für ganz Deutschland aufgeblasen hatte, ließ sich nur ertragen, solange sie die Zuverlässigkeit ihrer Autos verbürgte und als Unternehmen tatsächlich den Konflikt von Kapital und Arbeit ohne unerlaubte Schmiermittel löste. Ein VW Golf war über Jahrzehnte auch schon deswegen so etwas wie die Erstausstattung der braven Tochter, weil er zuverlässig verbarg, was an einem Auto schmutzig, gefährlich oder abenteuerlich sein konnte. Der Golf war das keusche Auto schlechthin; und dagegen sprachen auch die GTI-Versionen nicht. Sie sollten nur demonstrieren, dass der Sex, der vor der

Ehe verboten war, nach der Trauung zumindest im Bereich des Vorstellbaren lag.«

Und diese biedere Familienvatermarke sollte sich jetzt mit dem Potenzprotz Mercedes auf einen Größenvergleich einlassen! Das war nicht nur aussichtslos, sondern auch noch degoutant. Hinzu kam: In den Jahren 1996 bis 1998 reiften die kurzfristig so süßen Früchte von Ferdinand Piëchs Plattformstrategie: Die Entwicklungs- und Produktionskosten sanken drastisch. Die negativen Auswirkungen der dadurch entstehenden Kannibalisierungseffekte sowie der Markenverwässerung schlugen sich noch nicht in der Bilanz nieder. Leider war so plötzlich auch noch Geld übrig. Eigentlich hätte der Vorstandsvorsitzende die verfügbaren Milliarden investieren können – und müssen –, um einen Nachfolger für den Golf auf die Schiene zu setzen. Doch stattdessen kaufte sich Piëch zuerst 1997 Lamborghini, dann 1998 Bentley und Rolls-Royce, baute 1999/2000 das Vorzeigewerk für den Phaeton in Dresden, die »gläserne Manufaktur«, und in Wolfsburg die Autostadt.

Rolls-Royce musste Piëchs Nachfolger Bernd Pischetsrieder 2003 an BMW abgeben, weil 1998 im Kampf um die beiden englischen Luxusmarken der damalige BMW-Chef Bernd Pischetsrieder (ja, genau der) die VW-Leute das Unternehmen Rolls-Royce kaufen ließ, aber die Markenrechte für Rolls-Royce ab 2003 vergleichsweise günstig für BMW erworben hatte. Aber Piëch versuchte, noch dieser Niederlage eine positive Wendung zu geben: »Wir haben bekommen, was wir wollten, und wir haben weniger bezahlt, als es uns kosten würde, eine neue Super-Luxus-Marke aufzubauen.«

Ein Alptraum namens Veyron

Absoluter Höhepunkt dieser pubertären Spiele wurde Bugatti. Schon mehrfach war versucht worden, die Automobilmanufaktur des 1881 geborenen genialen italienischen Konstrukteurs Ettore Bugatti zu reaktivieren, aber alle Anläufe waren an den enormen Kosten gescheitert. Autofreak Piëch wollte nun das Unmögliche möglich machen. Mit den scheinbar unbegrenzten Mitteln des Volkswagen-Konzerns betrat er Ende der Neunziger seinen Abenteuerspielplatz Bugatti. Nach unzähligen Vorstudien innerhalb und außerhalb des Konzerns entwarfen die Designer in Wolfsburg die sportliche Hülle. Die anderen technologischen Vorgaben des Konzernchefs lasen sich wie ein Märchen aus 1001 Nacht. Doch Piëch beließ es nicht bei einem Traum – und damit bereitete er VW einen immer noch anhaltenden Alptraum. Dieser Alptraum hat einen Namen: Veyron.

Der Bugatti Veyron, benannt nach dem Sieger der »24 Stunden von Le Mans« von 1939, gilt derzeit als schnellster Serien-PKW der Welt – wenn er denn irgendwann serienmäßig gebaut wird. Mit seiner Motorleistung von 1001 PS erreicht das Fahrzeug eine Spitzengeschwindigkeit von 407 Kilometern pro Stunde. Das sind umgerechnet 113 Meter pro Sekunde. Die jeweils abgerufene Motorleistung wird erstmals in einem PKW mit Hilfe eines Kraftanzeigers links vom zentralen Drehzahlmesser angezeigt. Der Tacho reicht bis 280 Meilen pro Stunde, rund 450 Stundenkilometer. Bei diesen Geschwindigkeiten hat jeder Jumbo-Jet längst abgehoben. Der Benzinverbrauch bei Höchstgeschwindigkeit beträgt sagenhafte 100 Liter auf 100 Kilometer. Eine Tankfüllung von 100 Litern ist bei Spitzengeschwindigkeit dabei schon nach 15 Minuten aufgebraucht. Der Bremsweg von der Höchstgeschwindigkeit bis zum Stillstand beträgt etwa einen halben Kilometer. Wie der Fahrer dieses Rennwagens auf öffentlichen Straßen einem Stau hinter einer Kuppe ausweichen soll, bleibt das Geheimnis der Konstrukteure. Es steht zu befürchten, dass auch dabei neue Rekorde aufgestellt werden.

Den Motor für den Veyron soll Ferdinand Piëch im Flugzeug auf einer Serviette konstruiert haben. Die so skizzierte Zylinderzahl von 18, zusammengesetzt aus drei 6-Zylindern, ließ sich dann aber doch nicht realisieren. Der Wagen muss nun mit einem schlichten 16-Zylinder auskommen – leider nur die Einstellung des erstmals 1930 von einem Cadillac aufgestellten Rekords im internationalen Automobilbau. Zwischenzeitlich war sogar schon die Fertigung einer noch »sportlicheren« Variante mit 1101 PS angedacht, die so genannte S-Version des Veyron. Die ist angesichts des müden Bestelleinganges allerdings vorerst auf Eis gelegt.

Rekorde über Rekorde – die einer Fahrzeugmarke wie VW nach Ansicht von Vorstand und Aufsichtsrat gut zu Gesicht stehen. Alle haben dem autoverrückten Gastarbeiter aus Österreich, wie Piëch sich selbst gern nennt, völlig freie Hand gelassen. Herausgekommen ist ein Tiefflieger, dem in mühsamer Arbeit im Windkanal und mit dem Einsatz aerodynamischer Hilfsmittel aus dem Flugzeugbau das Abheben erst abgewöhnt werden musste. Aber auch in wirtschaftlicher Hinsicht hat der Veyron Probleme mit der Bodenhaftung.

Und als wäre das alles noch nicht genug, musste nach dem Willen von Ferdinand Piëch natürlich auch das örtliche Ambiente in Molsheim, der historischen Heimat der Autoschmiede von Ettore Bugatti, restauriert werden: das Bugatti-Schloss ebenso wie die Produktionsanlagen der hundertprozentigen VW-Tochtergesellschaft Bugatti Automobile SAS. Dort soll im Herbst 2005 die Fertigung des Veyron starten. Soll – wohlgemerkt.

Rechnet man alle Aufwendungen aus Planung, Entwicklung und Fertigungsvorbereitung einigermaßen realistisch zusammen, ergibt sich nach Insiderinformationen aus dem Konzern bisher schon ein Aufwand von weit mehr als 400 Millionen Euro. Dem sollen im Sommer 2005 angeblich 23 feste Bestellungen gegenüberstehen – inklusive der Bestellung von Frau Piëch persönlich. Die Material- und Fertigungskosten für jedes dieser Projektile sind selbstverständlich noch zu addieren. Bei einem Verkaufspreis von 1 Million Euro plus Mehrwertsteuer verliert der Konzern an jedem Wagen einen ein- bis zweistelligen Millionenbetrag. Das wiederum ist absoluter Weltrekord für einen Serien-PKW!

1-Liter-Auto? 100-Liter-Auto!

Nun will ich nicht ausschließen, dass ein Monster wie der Veyron für einen Hersteller wie Porsche, Ferrari oder Aston Martin interessant sein könnte. Aber was sucht dieses Projekt bei einem Massenhersteller, der traditionell keine elitäre Klientel, sondern eine breite, durchaus preisbewusste Kundschaft bedient? Und das angesichts der geradezu dramatischen Entwicklungen auf dem Energiesektor sowie der ständig steigenden Benzinpreise. Da müsste ein Konzern wie VW doch eher auf Energie sparende statt schluckende Autos setzen. Genau das Gegenteil passiert. Während weiter am Veyron der Superlative gearbeitet wird, stellte man in Wolfsburg Anfang 2005 ganz offiziell die Weiterentwicklung des 1-Liter-Autos ein – eines Fahrzeuges, in dem sich Ferdinand Piëch auf der Fahrt zu seiner letzten Hauptversammlung als Konzernchef im April 2002 feiern ließ. Mit den 100 Litern Sprit, die der Veyron bei Höchstgeschwindigkeit in 15 Minuten verbrennt, käme das verbrauchsoptimierte Fahrzeug, das ebenfalls von VW-Ingenieuren entwickelt wurde, mehr als 10 000 Kilometer weit.

Die Frage nach dem Sinn des Bugatti-Projektes ist bei zu erwartenden Rohölpreisen von 100 Dollar je Barrel und mehr nicht leicht zu beantworten. Sie hat offensichtlich sehr viel mit Tiefenpsychologie und dem familiären Umfeld des langjährigen Konzernlenkers zu tun. Einerseits war Ferdinand Piëch in seiner Zeit als Vorstandsvorsitzender getrieben von dem Ehrgeiz, eine extrem hohe Hürde zu nehmen und es seinem berühmten Großvater Ferdinand Porsche mindestens gleichzutun. Andererseits waren die Entwicklungsingenieure im Konzern über seine Fähigkeiten als Techniker jenseits ostentativ exzentrischer Extreme, die von Piëch'schen Hofberichterstattern gern hochgejubelt werden, durchaus geteilter Meinung. Entwicklungen, die ihm im deutschsprachigen Raum gern zugeschrieben werden, wie der Allradantrieb, waren bereits ein Jahrzehnt vor der vermeintlichen Piëch-Erfindung in Großserien-Fahrzeugen eingebaut, so bei der japanischen Firma Subaru. Deren Werbestrategen machen sich inzwischen öffentlich lustig über die Jubelarien, die in und um Wolfsburg über die angeblichen Piëch Erfindungen jahrelang erklungen sind und zu deren angeblich 25-jährigem Jubiläum immer noch erklingen.

Für Bugatti, Bentley und die an der Realität des »Volks«-Wagen-Konzerns vorbeigehende Vision von einer VW-Luxusklasse verpulverte der Vorstandsvorsitzende Piëch das Geld, das er durch die bilanziellen Strohfeuer seiner Plattformstrategie verdiente – indem er die Konkurrenz zur Traditionsmarke VW als Seat und Škoda im eigenen Haus auf derselben Plattform bis zur Unverwechselbarkeit nebeneinander produzieren ließ. Und der Golf, der nach den Zielvorgaben des VW-Vorstands gegen Mercedes fahren sollte, bekam keinen Nachfolger.

Oder doch? Hören wir hierzu noch einmal den *Zeit*-Autor Jens Jessen: »Manches spricht dafür, dass sich Peter Hartz dem aus Lissabon eingeflogenen Callgirl zu Recht als ›geheimer Mann‹ vorgestellt hat. Dieser geheime Mann, der in jedem Deutschen stecken mag, hat vielleicht auch schon lange von keinem Passat mehr geträumt, sondern von dem erotischen Glamour alter Kolonialnationen. Vielleicht war der unkeusche Traum sogar früher bereits bei Volkswagen zu entdecken, in dem Zukauf immer neuer Luxusmarken, von Bugatti, Bentley, Lamborghini, mit denen der deutsche Volkskonzern in die Aristokratie aufsteigen wollte. Der Phaeton war nur der verunglückte Versuch, mit Hausmitteln zu erreichen, was doch nur importiert werden kann.«

Der Phaeton sollte Golf-Nachfolger werden

Da ist er – der Name des Wagens, der ganz offensichtlich den Golf beerben sollte. Denn wenn man VW gegen Mercedes laufen lassen wollte und die Marke ihr Heil in der Oberklasse suchen musste, dann war es nur konsequent, als neues Flaggschiff der Marke VW einen Wagen auf den Markt zu bringen, der den

Vergleich mit Mercedes nicht zu scheuen brauchte. Und das war der VW Phaeton. Er verkörpert all das, was für die Zukunft Volkswagens stehen sollte: Er ist groß, stark, edel und dabei sogar ein kleines bisschen unkeusch – hätte VW ihn sonst Anfang 2002 monatelang in Dubai präsentiert, die Präsentationsgäste im Luxushotel Burj Al-Arab einquartiert und mit der Yacht »Majesty« zur Probefahrt geschippert?

Auch die zu jener Zeit allgegenwärtige Fernsehwerbung für den Phaeton machte deutlich, dass der Volkswagen-Konzern mit dem neuen Modell ganz hoch hinauswollte: Der Phaeton war das Auto, das einer baut, der schon 100 Millionen Autos gebaut hat, die Quintessenz aus all der Erfahrung, die sich in Wolfsburg angesammelt hatte. Sogar der Name war in diesem Sinne programmatisch: Phaeton hieß in der griechischen Sage der Sohn des Sonnengottes Helios. Eines Tages erhielt er von seinem Vater die Erlaubnis, eigenhändig den Sonnenwagen zu lenken – prompt kam er dabei der Erde zu nahe und setzte sie in Brand. Der Sonnengott Piëch, der sein geliebtes Kind Phaeton die düstere Wolfsburger Erde erleuchten lässt und dann durch bloße Berührung dieser beiden Welten gleich ganz VW mit in Brand setzt – eine beängstigend perfekte Symbolik.

In der Tat, der Phaeton ist ein hervorragendes Auto. Man könnte ihn, so ein VW-Händler, sogar verkaufen – wenn da nur nicht dieses VW-Logo auf dem Kühlergrill wäre, das jedem Chef täglich aufs neue bewusst macht, dass er die gleiche Marke fährt wie seine Sekretärin. Die gute alte Tradition der Marke VW hängt dem Phaeton wie tonnenschwerer Ballast an den Rädern. »Wenn ich schon über 50 000 Euro für ein Luxusauto ausgebe«, sagen viele potenzielle Käufer eines VW-Oberklasse-Modells, »will ich nicht, dass dieses Auto ausschaut wie ein Golf. Da kaufe ich mir doch lieber gleich einen Benz oder BMW. Da sieht man wenigstens, dass das Auto teuer war!« Und auf der Autobahn, beklagen viele Phaeton-Fahrer, sei das für ein zügiges Vorankommen trotz dichten Verkehrs so wichtige Überholprestige katastrophal. Der Vordermann habe keine Chance zu erkennen, dass der inzwischen fast in seinem Kofferraum befindliche vermeintliche Passat tatsächlich eine bis zu 100 000 Euro teure Nobellimousine sei – der man auf der linken Spur selbstverständlich wie einem Mercedes Platz zu machen habe.

Wie die Designverwandtschaft der VW-Luxusklasse zur Golf-Mittelklasse in der Praxis wirkt, zeigen zwei Presseberichte aus dem August 2005, als der Konzern der Kundschaft in Deutschland den neuen Jetta vorstellte, also den Golf mit angehängtem Kofferraum. Die *Braunschweiger Zeitung* findet für das Äußere des »neuen VW made in Mexiko« lobende Worte: »Der neue Jetta wirkt zwar eigenständig und homogen, lässt aber gleichzeitig die Verwandtschaft zu Passat und Phaeton sichtbar und spürbar werden.« Fatal für VW wird diese spürbare »Verwandtschaft« in der *Hannoverschen Allgemeinen Zeitung*. Dort ist ein silberfarbener Stufenheck-VW abgebildet. Der Bildtext dazu: »Fast wie ein kleiner Passat: Der neue Jetta hat eine üppige Grundausstattung, ein exzellentes Fahrwerk und sieht sportlich aus.« Dumm nur, dass es sich bei dem abgebildeten VW nicht um den neuen Jetta handelt – der »kleine Passat« ist ein Phaeton!

Muss man sich da noch wundern, dass so viele Phaetons mit dem Kennzeichen »DD« durch die Lande fahren? Der Wagen wird in Dresden gebaut, sodass fast alle Dienstwagen der VW-Mitarbeiter mit diesem auch steuerlich begünstigten amtlichen Zeichen DD durch die Gegend fahren. Wenn man die Dienstfahrzeuge und die Muss-Fahrzeuge der Händler und Lieferanten abzieht, die gar keine andere Wahl haben, als den Wagen zu kaufen, bleiben nicht viele »echte« Phaeton-Käufer übrig. Das ganze Desaster zeigen die Verkaufszahlen:

- 2001: 371 Phaetons
- 2002: 3403 Phaetons
- 2003: 5885 Phaetons
- 2004: 5485 Phaetons

Und die Wiederverkaufswerte: Für seine Autokostentabelle hat der ADAC auf Grundlage der DAT-Schätzwerte den Wertverlust berechnet, den die einzelnen Automodelle innerhalb von vier Jahren erleiden. Für die fünf untersuchten Phaeton-Varianten liegen diese Größen zwischen 61,9 und 72,0 Prozent. Wohlgemerkt: Dabei handelt es sich nicht um den Restwert, den ein Wagen nach vier Jahren noch hat – es handelt sich um den Verlust! Zum Vergleich: Bei Modellen der Mercedes S-Klasse liegt der Restwert nach vier Jahren 10 bis 15 Prozent höher als beim Phaeton, was gut und gerne 10 000 Euro Unterschied ausmacht. Und ein Porsche 911 Carrera verbrennt in den ersten vier Jahren seines Lebens sogar nur 40,7 Prozent des Kaufpreises – und ist dann mehr als 20 000 Euro mehr wert als ein gleich alter Phaeton V 8, der bei der Anschaffung etwa das gleiche gekostet hat.

Bis zu 40 Prozent Rabatt

Beziehungsweise: gekostet hätte – wenn ihn denn überhaupt jemand zum Listenpreis kaufen würde. Angesichts der desolaten Verkaufszahlen sollen beim Phaeton-Kauf bis zu 40 Prozent Nachlass auf den Listenpreis drin sein. VW-Händler witzeln schon: »Beim Kauf eines Phaeton gibt es drei Golf als Rabatt – dann aber keinen Nachlass!«

Ist es demnach vollkommen unmöglich, einem Volkswagen ein Luxusauto an die Seite zu stellen? Keineswegs, man muss es nur richtig machen. Wie man es macht, haben die Japaner den Wolfsburgern gezeigt. Toyota hat nämlich mit Lexus eine eigene Luxussparte aufgebaut, die strikt von der Marke Toyota getrennt wird. Damit entwickeln die Lexus-Autos zwar keine Strahlkraft in den Toyota-Konzern hinein – aber die würde ohnehin nur, ähnlich wie bei VW, zu gefährlichen Identitätskrisen und Irritationen führen. Und umgekehrt ist praktisch ausgeschlossen, dass das Massenproduzentenimage, das Toyota völlig zu Recht anhaftet (und auf das der Konzern auch stolz ist), das Luxusimage des Lexus gefährdet.

Den Phaeton als erstes Modell einer VW-nahen Luxusmarke zu präsentieren wäre sicher Erfolg versprechender und profitabler gewesen, als ihn als Über-VW zu konzipieren. Das allerdings hätte sich mit Piëchs Irrsinnseinkäufen der späten Neunzigerjahre nicht vertragen: Warum baut der Kerl denn noch eine eigene Luxusmarke auf, wenn er die ganze Garage voller fremder Luxusmarken hat? So stürzte Ferdinand Piëch VW nicht nur in eine Kostenkrise, sondern auch in eine Identitätskrise. Und der Golf wartet weiterhin auf einen Nachfolger, der eine Chance hätte, in die obersten Regionen der Verkaufsranglisten vorzustoßen. Damit sieht es für Volkswagen, den Konzern genau wie die Marke, geradezu zappenduster aus.

Zu schlecht

Zappenduster? Ist das nicht ein zu hartes Wort für die gegenwärtige Situation bei VW? Der Konzern mag ja ein paar Skandale haben, vielleicht sogar noch ein paar mehr als bisher bekannt. Er ist auch sicherlich nicht besonders profitabel, das ist er aber noch nie gewesen, weil der größte Teil der Erträge getreu dem Stakeholder-Prinzip an die Beschäftigten umverteilt wird. Aber Ertragsschwäche heißt ja immerhin, dass Erträge erwirtschaftet werden, dass es etwas zum Verteilen gibt. So meldet die Volkswagen AG Jahr für Jahr schwarze Zahlen und zahlt Jahr für Jahr Dividende und Ertragssteuern. Der letzte Verlust nach Steuern wurde im Jahr 1993 ausgewiesen: 992 Millionen Euro. Seither: Gewinne, Gewinne, Gewinne.

Solange sich ein Unternehmen in den schwarzen Zahlen befindet, kann es sich den einen oder anderen Skandal leisten. Solange am Ende Gewinne ausgewiesen werden, fragt kaum jemand, wie diese zustande kamen. Schon Helmut Kohl wusste schließlich: »Entscheidend ist, was hinten rauskommt.« Und die Analysten haben einen ganz ähnlichen Spruch: »In the End, Cash Flow is Cash Flow.« Die Unternehmen können ihre Bilanzen hin und her schieben, wie sie wollen, Gestaltungsspielräume nutzen und stille Reserven bilden oder verbrauchen, am Ende kommt es darauf an, dass ein Cash-Flow erwirtschaftet wird, aus dem der Konzern die Dividenden für die Aktionäre zahlen kann. Dieser Zahltag kann durchaus in weiter Ferne liegen: Bei Großprojekten wie Staudämmen, Atomkraftwerken oder einem neuen Bugatti dauert es eben viele Jahre, bis das Geld, das in das Projekt hineinfließt, als Ertrag wieder herauskommt. Aber irgendwann kommt eben die Abrechnung: »In the End, Cash Flow is Cash Flow.«

Tiefrote Zahlen beim Netto-Cash-Flow

Deshalb ist eine der für Analysten interessantesten Seiten in jedem Geschäftsbericht die »Kapitalflussrechnung«. Aus dieser ergeben sich gleich mehrere interessante Kenngrößen. Zum Beispiel der Cash-Flow aus dem laufenden Geschäft, der Cash-Flow aus der Investitionstätigkeit und die Entwicklung der Finanzschulden. Ohne in die Details der Buchführung von Großkonzernen einzusteigen, ergibt sich dabei folgender Zusammenhang: Im operativen Geschäft wird ein positiver Cash-Flow erwirtschaftet, der dazu dient, die Investitionen zu finanzieren. Was davon übrig bleibt, ist der Netto-Cash-Flow. Wenn er positiv ist, ist nach der Bezahlung der Investitionen noch Geld vorhanden, mit dem das Management die Schulden reduzieren und/oder den Aktionären eine Dividende ausschütten kann. Wenn der Netto-Cash-Flow negativ ist, reicht das Geld aus dem operativen Geschäft nicht aus, um die Investitionen zu finanzieren. Dann müssen neue Schulden gemacht werden, und wenn man eine Dividende ausschütten möchte, wird auch diese durch neue Kredite gezahlt. Das kann man schon einmal tun – insbesondere, wenn große Investitionsvorhaben kurzfristig den Cash-Flow ins Minus drücken. Man sollte es aber keinesfalls zur Regel machen. Denn wer immer über die Verhältnisse lebt, den erwischt es irgendwann …

Wie sieht das nun bei Volkswagen aus? Die folgende Tabelle enthält die wichtigsten Daten aus den Kapitalflussrechnungen des VW-Konzerns von 1998 bis 2004, alle Angaben in Millionen Euro:

Gewinn, Cash-Flow und Verschuldung der VW AG

Größe	1998	1999	2000	2001	2002	2003	2004
Ergebnis vor Steuern	3.215	2.522	3.719	4.409	3.986	1.354	1.099
Ergebnis nach Steuern	1.147	844	2.614	2.926	2.597	1.003	716
Cash-Flow lfd. Geschäft	4.635	5.927	9.210	10.038	10.460	8.371	11.494
Investitionen lfd. Geschäft	8.982	11.618	14.563	15.191	16.016	15.464	15.079
Netto-Cash-Flow	–4.346	–5.690	–5.353	–5.153	–5.556	–7.093	–3.585
Zunahme Finanzschulden	3.138	3.321	8.891	8.004	4.960	11.933	6.774
Dividenden	251	323	333	465	509	539	457

Quelle: VW-Geschäftsberichte

Halten wir als Zusammenfassung für diese verflixten sieben Jahre fest:

- In jedem Jahr wurde ein positives Ergebnis gemeldet, sowohl vor als auch nach Steuern.
- In jedem Jahr wurde eine Dividende ausgeschüttet, in den sieben Jahren zusammengerechnet mehr als 2,8 Milliarden Euro.

- In keinem einzigen Jahr reichte der Cash-Flow aus dem laufenden Geschäft, um die Investitionstätigkeit zu finanzieren.
- Der Netto-Cash-Flow für die sieben vergangenen Geschäftsjahre betrug minus 36,8 Milliarden Euro.
- Die Finanzschulden des VW-Konzerns nahmen in den sieben vergangenen Geschäftsjahren um 47 Milliarden Euro zu.
- Im Schnitt der sieben Jahre kommen auf jeden Euro des Nachsteuer-Ergebnisses 3,97 Euro neue Finanzschulden.

Bei VW ist es demnach nicht die Ausnahme, sondern die Regel, einen negativen Netto-Cash-Flow zu erzielen – und trotzdem Gewinne auszuweisen, und trotzdem Dividenden, und trotzdem Ertragssteuern zu zahlen.

Mehr Schulden als Umsatz

Betrachtet man die Umsätze von VW im Vergleich zu den Verbindlichkeiten im Konzern wird die fatale Entwicklung gleichfalls deutlich. Den 103 Milliarden Euro Schulden stehen heute nur knappe 89 Milliarden Euro an Umsatzerlösen gegenüber. Das war früher bei VW einmal anders: Im Jahr 1998 (weiter zurück reichen die Geschäftsberichte nicht, die VW auf seiner Website zur Verfügung stellt) lagen die Verbindlichkeiten bei 28,2 Milliarden Euro, die Umsätze bei 68,6 Milliarden.

Bei Verbindlichkeiten, die 40 bis 50 Prozent der Bilanzsumme betragen, kann man wohl noch von einer einigermaßen soliden Unternehmensführung sprechen. So war es bei VW vor sieben Jahren (48,7 Prozent der Bilanzsumme im Jahr 1998), und so ist es heute bei Porsche und BMW. Aber wie ist es heute bei VW? Das Wolfsburger Unternehmen drücken Verbindlichkeiten von über 80 Prozent der Bilanzsumme.

Beängstigender könnte die Parallele zwischen der wirtschaftlichen Entwicklung in Deutschland und bei der VW AG nicht ausfallen. Seit vielen Jahren werden Wachstum und scheinbarer Wohlstand mit immer weiter steigender Verschuldung erkauft. Genau wie das Land lebt der Konzern über seinem Limit – und tröstet sich damit, trotz allem ein wirtschaftlicher Gigant zu sein: Deutschland, der Exportweltmeister, und VW, der 100-Millionen-fache Autoverkäufer mit bald schon 100 Milliarden Euro Umsatz im Jahr. So gesehen kann dann VW-Chef Pischetsrieder in der Rückschau auf das Jahr 2004 durchaus davon sprechen, man habe »angesichts der Schwäche auf den wichtigsten Automobilmärkten der Welt ein gutes Absatzergebnis erzielt«, obwohl er dieses Ergebnis mit einem Anstieg der Verbindlichkeiten um noch einmal 8 Milliarden Euro erkauft hat.

Die Parallele zwischen Land und Unternehmen endet allerdings an einem Punkt, der die Zustände in Wolfsburg noch beängstigender erscheinen lässt: Bei VW gibt es keine Opposition. Das Zahlenwerk, das jährlich auf den Tisch gelegt wird, prüfen keine Haushaltsexperten der Gegenseite auf Herz, Nieren und Schattenhaushalte, nur die Wirtschaftsprüfer von PwC werfen ihren – prüfenden? – Blick darauf. Angesichts der vielen Milliarden, die das Unternehmen auch in der offiziell von PwC testierten Bilanz verschlingt, dürfte im Topmanagement des Konzerns kein Verantwortlicher mehr ruhig schlafen.

Zudem verändert kaum ein anderer Konzern so häufig nachträglich seine Zahlen wie VW. In fast keinem Geschäftsbericht tauchen beim Vergleich mit dem Vorjahr die Zahlen wieder auf, die ein Jahr zuvor im Geschäftsbericht als aktuelle Zahlen erschienen. Dabei kann es um beachtliche Beträge gehen. So weist der Geschäftsbericht von 2001 für das vorangegangene Jahr einen Netto-Cash-Flow von minus 5353 Millionen Euro aus, den Wert, den ich für die obige Tabelle verwendet habe. Im Geschäftsbericht für das Jahr 2000 war als Netto-Cash-Flow für den VW-Konzern jedoch ein Minus von 7948 Millionen Euro verzeichnet! Im jüngsten Geschäftsbericht von 2004 sehen die Bilanzdaten von 2003 wiederum ganz anders aus als im Geschäftsbericht 2003. Das Eigenkapital zum 31. Dezember 2003 betrug nicht mehr 24,4, sondern nur noch 23,9 Milliarden Euro, die Bilanzsumme schnurrte von 119,1 auf 118,1 Milliarden Euro zusammen.

Schon wenn man davon ausgeht, dass die Bilanzen der Volkswagen AG tatsächlich ordentlich und gewissenhaft nach den Grundsätzen ehrenwerter Kaufleute erstellt wurden, ergibt sich also ein Bild von der Lage des Konzerns, das unschärfer als nötig gezeichnet wird und dennoch eine bedrohliche Situation zeigt. Ganz anders stellt sich die Lage allerdings dar, wenn die Bilanz tatsächlich unordentlich ist. Wenn Zahlen gefälscht oder erfunden sind, wenn Belege auf falsche Konten verbucht werden, wenn die Prüfer hinters Licht geführt werden oder mit dem Konzern unter einer Decke stecken. Wie die Beispiele zeigen, kommt so etwas immer wieder vor, und das sogar bei bislang hoch angesehenen Firmen.

Ich habe in diesem Buch an einigen Stellen den Verdacht geäußert, dass die Bilanz des VW-Konzerns unordentlich sein könnte: dass Beträge als Investitionen verbucht wurden, obwohl sie gar nicht für Investitionen ausgegeben wurden; dass Ausgaben als Investitionen deklariert wurden, bei denen es sich um schlichte laufende Ausgaben handelte; dass deshalb auch die Angaben über das Anlagevermögen nicht korrekt wiedergegeben sind. Da mir die entsprechenden Daten aus der VW-Finanzbuchhaltung nicht vorliegen, kann ich diese Verdachtsmomente weder beweisen noch widerlegen. Aber ich bin auch keine von den im Aktiengesetz und im Handelsgesetzbuch dafür vorgesehenen Instanzen. Es möge nur hinterher kein Mitglied einer dieser Instanzen behaupten, es habe von nichts gewusst.

Die Zukunft

Es handelt sich nicht um ein Weiß-, sondern um ein Schwarzbuch. Für dieses Genre ist es nicht unbedingt erforderlich, dass man neben all der Kritik auch noch etwas Positives zum Untersuchungsgegenstand beisteuert. Ich könnte es also wie Kurt Tucholsky halten, als er gefragt wurde, wo denn bei ihm das Positive bleibe. Er antwortete nur: »Ja, wo bleibt es denn?!«

Trotz allem, was wir über VW geschrieben haben, gilt für den Konzern, was schon für sein erstes Auto, den Käfer, galt: Er läuft und läuft und läuft. Es handelt sich nämlich nicht um eine Firma wie FlowTex, die von einem auf den anderen Tag von der Bildfläche verschwindet. Konzerne in der Größe der Volkswagen AG verschwinden nicht so einfach. Selbst wenn sie sterben, geschieht das in der Regel über Jahrzehnte. Es handelt sich auch nicht um ein Unternehmen wie den Wirtschaftsprüfer Arthur Andersen, der binnen weniger Monate implodierte, als ihm im Fall Enron Beihilfe zu Bilanzmanipulationen nachgewiesen wurde. Selbst wenn an der gesamten VW-Bilanz kein einziges Wort, keine einzige Zahl wahr wären, würde das die Marke VW so gut wie nicht berühren. Der Wert der Marke beruht nicht auf den Pirouetten, die die Vorstände drehen, während die Aufsichtsräte wegschauen, und auch nicht auf großartigen Leitsätzen, die das Topmanagement zur Hebung der Unternehmenskultur formuliert: Er beruht auf den Autos, die vor jedem zweiten Haus in Deutschland parken, die millionenfach verkauft und multimillionenfach gefahren werden.

Das Schicksal des Konzerns VW und das Schicksal der Marke VW sind also nicht untrennbar miteinander verbunden.

Vielleicht könnte es der Marke sogar helfen, nicht mehr zum Wolfsburger Konzern zu gehören. Denn die vergangenen zehn Jahre waren für alle VWs ein verlorenes Jahrzehnt. Sollte sich das nicht ändern, kommt für die Autos mit den Buchstaben V und W auf dem Kühler das Motto der Bremer Stadtmusikanten in Betracht: »Etwas Besseres als den Tod findest du überall.«

Doch eine solche Entwicklung ist eher ein Worst-Case-Szenario. Es muss nicht so schlimm kommen, dass eine Marke nach der anderen den Konzern verlässt und am Ende nur eine leere Hülle und ein monumentales Industriemuseum in Wolfsburg zurückbleibt. Es wäre sicherlich äußerst wünschenswert, dass einige Marken den Konzern verlassen: Weder Lamborghini noch Bentley noch Bugatti haben etwas im Volkswagen-Reich verloren. Aber der Rest des Konzerns besteht aus passablen bis großartigen Marken. Mit einem ordentlichen Management, einem ordentlichen Aufsichtsrat, einer ordentlichen Konzernrevision und, nicht zu vergessen, einem ordentlichen Betriebsrat haben die wahren Volkswagen große Chancen, sich auf dem Markt zu behaupten und dabei auch ordentliche Gewinne einzufahren. Insbesondere seit Wolfgang Bernhard im Mai die Verantwortung für die VW-Markengruppe übernommen hat, ist die Hoffnung berechtigt, dass die Entwicklung bei VW vielleicht einmal in diese richtige Richtung gehen könnte.

Voraussetzung dafür wäre eine Reform des Konzerns an Haupt und Gliedern – und wenn eine Reform nicht reicht, dann eine Revolution. Wie eine solche Reform aussehen könnte, war zu Beginn der Ära Pischetsrieder für einen Moment in der *Braunschweiger Zeitung* nachzulesen, als diese am 15. August 2003, heimlich souffliert von eben jenem Neuling im Vorstandsvorsitz, die Frage aufwarf: »Was passiert, wenn der jetzige Schutzmechanismus eine noch stärkere VW-Globalisierung nicht mehr verhindern kann und wenn VW dem Wettbewerb wie jeder andere Konzern in Europa ausgesetzt ist?« Die geheimen Papiere sagten unter anderem eine Schließung der Standorte Braunschweig und

Salzgitter voraus. Ohne allfällige Anpassungsmaßnahmen seien die beiden Werke im Vergleich zu Produktionsstätten in Tschechien, Polen (oder gar China) nicht mehr konkurrenzfähig. Es sei überdies ratsam, Braunschweig und Salzgitter aus dem VW-Konzern auszugliedern, wobei VW der Partner bleiben würde. Dazu müsste ein Interessent her, der sich anschließend auf das Weltmarktparkett begibt – mit allen Konsequenzen wie Angleichung der Löhne und der Mitarbeiterzahl. Die Reise ginge »aus einem geschützten Markt in den freien Markt«. Und das ginge nur, wenn auf allen Ebenen bei VW die »Speckschicht« entfernt werde.

Schon diese für den Konzern vergleichsweise kleinen, für die Region sicherlich großen Auswirkungen erregten damals den geballten Wolfsburger Volks- und Genossenzorn. Deshalb war der Moment der Erkenntnis, den die *Braunschweiger Zeitung* und ihr »geheimer« Informant aus der VW-Vorstandsetage mit so viel Offenheit heraufbeschworen hatten, auch schnell wieder vorüber. Kein Wunder: Durch das systematische Verhindern jeder auch nur halbwegs effizienten Aufsicht über das Unternehmen war es der Allianz aus Managern, Gewerkschaftern und Politikern gelungen, den wahren, äußerst Besorgnis erregenden Zustand des VW-Konzerns zu verschleiern. Was fehlte, war der Mut der Verantwortlichen, die vielfältigen Probleme des Konzerns offen anzusprechen, um sie sodann konstruktiv und gemeinsam angehen und beheben zu können. Veränderungen durften deshalb nur in homöopathischer Dosierung vorgenommen werden, und auch das nur auf eine Weise, die die Machtverhältnisse im Konzern und in seiner Stadt und in seinem Bundesland nicht tangierte. Aber wenn ein Patient sich so hartnäckig den kleinen Schnitten verweigert, wird eben irgendwann der große Schnitt fällig. Dieser Zeitpunkt ist jetzt unweigerlich gekommen.

Der Volkswagen-Konzern ist derzeit drauf und dran, die Seele zu verlieren, die ihn über viele Jahre völlig zu Recht zu einem der größten Autobauer der Welt machte. Zuverlässigkeit, Vertrauenswürdigkeit, Stabilität, Sicherheit – Volkswagen, da weiß man, was man hat. »Wer aber«, so fragte Jens Jessen in der *Zeit*, »will seiner behüteten Tochter noch einen VW schenken oder gar von irgendeinem VW-inspirierten Arbeitsmarktmodell hören, wenn das Muster, was damit aufgerufen wird, schon lange nicht mehr die deutsche Ehe von Kapital und Arbeit, sondern ein portugiesisches Bordell ist?«

Die brasilianischen Prostituierten eines Peter Hartz und Klaus Volkert und die Jack-Daniels-Flaschen des Vorstandsvorsitzenden Pischetsrieder auf Firmenkosten, sie mögen in ihren Beträgen wie eine Winzigkeit erscheinen, gemessen am Multi-Milliarden-Umsatz des VW-Konzerns. Aber sie symbolisieren eine Stimmung, in der der Erfolg des Ganzen nichts und der eigene Geldbeutel alles bedeutet. In einer solchen Stimmung lassen sich weder Sparprogramme noch neue Marketingstrategien noch neue Konzepte für neue VWs entwickeln. All das, was der Konzern dringend nötig hat, wird durch die Selbstbedienungsmentalität seiner führenden Mitarbeiter in Management und »Co«-Management blockiert – erst recht die Aufdeckung all der Skandale, von denen wir bisher vermutlich nur einen Bruchteil kennen. Denn die Preise auf den Spesenrechnungen symbolisieren das genaue Gegenteil all dessen, wofür VW in seiner nunmehr 70-jährigen Geschichte sowohl in den Augen der Käufer als auch der Mitarbeiter in den Werkshallen und Konstruktionsbüros stand – und auch in Zukunft wieder stehen muss, wenn nicht nur die Marke, sondern auch der Konzern überleben will.

Die aktuelle Führungsspitze in Management, Aufsichts- und Betriebsrat haben diese Firma und ihre 340 000 Mitarbeiter nicht verdient. Die nachhaltige Gesundung von VW erfordert einen kompletten Neuanfang! Mit einer Konzernspitze, die bis auf den Neuling Bernhard unmittelbar im Betrugssumpf des »Systems VW« steckt, ist das jedoch nicht zu leisten. Ebenso wenig mit einer Justiz, die Betrugsbelege unterdrückt und damit in Kenntnis der kriminellen Vorgänge und der einschlägigen gesetzlichen Vorgaben aktiv Rechtsbeugung und Strafvereitelung im Amt betreibt. Wollen wir es uns wirklich gefallen lassen, dass die einzige Justizbehörde, die im Fall VW unabhängig und ohne Ansehen der Person ermittelt, im nordindischen Bundesstaat Andhra Pradesh sitzt?

Personenregister

Ackermann, Josef 12
Adelt, Bruno 18f.
Adenauer, Konrad 167
Anders, Dieter 157
Augstein, Rudolf 167

Babiak, Paul 65
Badan, Ibrahim 162f.
Barros, Adriana 34
Bernhard, Wolfgang 12, 36, 59, 80f., 92, 130, 196, 218, 220
Binninger, Annette 171
Blechner, A. 123
Bock, Karl Heinrich 125
Boehnisch, Peter 171
Bolkestein, Frits 52
Brandt, Alexander 136
Brandt, Willy 53
Büchelhofer, Robert 19, 39

Chenoy, Dilip 42
Cromme, Gerhard 68ff.

Dierkes, Klaus 131
Diesler, Peter 170
Diez, Willi 105
Döpfner, Mathias 171
Dudenhöffer, Ferdinand 138f.

Eckel, Henning 127
Eichner, Hermann 150
Ermisch, Ralph Henry 51

Feuerhake, Rainer 19
Fischer, Thomas 144
Frenzel, Michael 19, 68, 70
Friedrich II. von Preußen 151, 160

Gabriel, Sigmar 47, 53–56, 58, 169
Gadesmann, Karl 141
Ganninger, Michael 118
Gansäuer, Jürgen 54, 57
Garcia, Juan Manuel Sancha 20
Gebauer, Klaus-Joachim 17, 33–36, 43, 91, 118, 134, 155, 160ff.
Gieraths, Charlotte 164
Glogowski, Gerhard 47, 68, 154
Göring, Hermann 45

Hacke, Heinrich 98
Hare, Robert 65
Hartmann, Ulrich 67
Hartz, Peter 12, 16f., 31, 33–37, 49, 56, 72, 75, 79f., 126, 135f., 169, 198, 207, 220
Henn, Gunter 132
Hildebrandt, Holger 179
Himmler, Heinrich 77
Hirche, Walter 72
Hitler, Adolf 24, 32, 43ff., 77

Jain, Ashok 40
Jessen, Jens 202, 207, 220

Johannsen, Johann 38
Jung, Hans-Manfred 156
Jüttner, Wolfgang 54

Kakalick, Gerhard 84, 114, 156, 185
Kalma, Ludvik 119ff.
Karran, Gillian 18
Kohl, Helmut 124, 171, 212
Köhler, Volkhard 120
Kopper, Hilmar 19, 60
Kraljic, Peter 126
Krüger, Ines 56
Krüger, Ralf 126
Kubicki, Wolfgang 118

Lafferentz, Bodo 32
Langendörfer, Dietmar 19, 121
Lehmann, Lutz 54
Lenz, Günter 162f.
Ley, Robert 32
Liesen, Klaus 66f., 70, 143
Lopez de Arriortua, José Ignacio 25f., 30, 78, 80, 120f., 129, 198

Mazen, Manfred 164
McCreevy, Charlie 52
Mommsen, Hans 125
Moretti, Marco 126
Müller, Fabian 77

Neuber, Frieder 51, 67, 144, 153
Neumann, Jens 12, 18f., 126

Osterloh, Bernd 31

Paki, Asrit 165
Peters, Jürgen 60
Piëch, Anton 21
Piëch, Ferdinand 11, 15, 18–26, 30, 48f., 59–67, 71 f., 76, 78, 86, 90, 102, 104ff., 109f., 124, 143, 175, 198f., 201, 203–208, 211
Piëch, Ursula 126, 205
Pierer, Heinrich von 60
Pischetsrieder, Bernd 11–15, 17f., 27 f., 61, 85 f., 90, 109, 113ff., 155, 158, 175f., 179f., 186f., 190, 192, 198, 203, 215, 218
Popp, Franz Josef 32
Porsche, Ferdinand 21, 24, 32, 44ff., 77, 206
Pötsch, Hans Dieter 12, 191, 198

Raimer, E. 123
Raja, Jagadeesh 39–42
Raschkowski, Anneliese 126
Rau, Johannes 153
Raue, Paul-Josef 176f.
Rautenberg, Erardo 152
Reinicke, Bodo 100, 115
Rexrodt, Günter 43
Ringstorff, Harald 152
Rolf, Ricarda 185f.

Sanz, Francisco Javier Garcia 12, 18ff., 99, 126, 129, 133
Satyanarayana, Botcha 41
Schellecke, Rolf 58f., 113, 123, 126, 136
Schimpf, Eckard 175–178
Schmidt, Helmut 53
Schmidt, Norbert 122f.
Schmidt, Wilhelm 122
Schoefer, Wolfgang 126
Schrempp, Jürgen 12, 202

Schröder, Gerhard 37, 47–53, 71f., 123, 125
Schulte-Noelle, Henning 67
Schumpeter, Joseph 46
Schuster, Helmuth 12, 34, 36–41, 43, 91, 113, 119, 121, 134, 155, 161, 191, 197
Sievers, Klaus 179
Simon, Heinrich 32
Speer, Albert 45
Sprenger, Holger 8, 28, 81–87, 113ff., 117f., 155–160, 163f., 182f.
Steinecke, Werner 125
Strauß, Franz Josef 167
Stürzer, Georg 92
Sudholt, Bernd 143

Tacke, Alfred 129
Thoma, Helmut 168
Tischler, Jürgen 81ff., 165
Tomasek, Oldrich 120

Viereck, Ingolf 56ff., 162
Volkert, Klaus 15, 17, 30f., 34, 36, 43, 66, 79, 112, 122, 126, 133f., 143, 220

Wehner, Herbert 53
Weißgerber, Folker 12, 19, 59, 113, 126, 133
Weissner, Rüdiger 83f.
Weist, Bärbel 126
Wendhausen, Hans-Hermann 56ff., 162
Wesner, Ekkehardt 86
Westphal-Schmidt, Christa 126
Widuckel, Werner 126
Wiedeking, Wendelin 21
Willenbücher, Udo 130f.
Windmüller, D. 123
Winkeljohann, Norbert 141
Winterkorn, Martin 12, 18, 65, 117, 126
Wittig, Detlef 133
Wolters, Rolf 126
Wrocklage, Hartmut 121
Wulff, Christian 47, 65, 71f., 112

Ziehe, Klaus 161
Ziehn, Lars 92